세 상 을 바 꾼 위 대 한 리 더 들 의 힘

STEP으로 리드하라

세 상 을 바 꾼 위 대 한 리 더 들 의 힘

STEP으로
리드하라

정영호 지음

Ⓛ company

STEP으로 리드하라

1판 1쇄 펴냄   2016년 4월 10일

지은이   정영호
펴낸이   김한승
펴낸곳   엘컴퍼니
디자인   디자인 콤마
주소   서울시 강남구 논현동 31-10
전화   02-549-2376

출판등록   2007년 3월 18일(제2007-000071호)

- 값은 뒤표지에 있습니다.
ISBN   979-11-85408-07-1 03320

- 잘못 만들어진 책은 바꾸어 드립니다.
- 저자와의 협의 하에 인지는 생략합니다.

이 도서의 국립중앙도서관 출판예정도서목록(CIP)은 서지정보유통지원시스템 홈페이지 (http://seoji.nl.go.kr)와 국가자료공동목록시스템(http://www.nl.go.kr/kolisnet)에서 이용하실 수 있습니다.(CIP제어번호: CIP2016007399)

의인의 열매는 생명나무라

지혜로운 자는 사람을 얻느니라

잠언 11:30

추천의 글

신명순(연세대 명예교수, 전 연세대 교학 부총장)

저자가 목회자의 길을 걷기 위해 모든 것을 내려놓고 미국으로 떠난 지 만 십 년이 지난 후 다시 한국으로 돌아오면서 리더십의 이야기를 갖고 왔다. 저자가 말하는 리더십의 이야기는 무엇일까. 무척 궁금했다. 요즘 범람하는 처세술이나 성공학 개론 정도의 리더십에 관한 이야기라면 큰 관심을 갖고 들여다보지 않았을 것이다. 그런데 제목부터 신선했다. 『STEP으로 리드하라』. 저자가 밝히고 있듯이 STEP이란 가장 영향력있는 네 개의 리더십 이론들, 즉 서번트 리더십, 변혁적 리더십, 윤리적 리더십, 그리고 공공 리더십의 영문 첫 글자를 합성하여 만든 저자의 독특한 리더십 용어다. 저자는 역사를 변화시켰던 위대한 리더들의 삶과 비전, 그리고 행동을 4개의 리더십의 범주로 분류하여 그들의 리더십의 특징과 스타일, 그리고 교훈을 설명한다. 뿐만 아니라 이러한 범주들을 중심으로 리더십의 본질을 개념화하여 독자들에게 리더십의 참된 의미를 다시 생각하도록 인도하면서 위대한 리더들을 롤 모델로 삼아 독자들에게 좋은 리더, 효율적인 리더가 되는 길을 제시한다.

리더십은 사람에 관한 이야기이다. 리더십의 최고 학습은 리더들 각자가 자신이 사는 시대상황 속에서, 그리고 자신이 속한 조직이나 사회의 변화를 위해 고민하며 비전을 세우고 그것을 현실로 만들기 위해 어떻게 살았는가를 발견하는 것이다. 또한 리더들이 현실에서 직면한 장애물들을 극복하기 위해 싸우면서 성공했던 이야기를 통해 교훈을 얻고 그러한 것을 가능하게 했던 정신을 깨닫는 것이다. 따라서 좋은 리더가 되고자 하는 사람들은 역사 속의 위대한 리더들을 연구하고 이해하고 교훈을 발견하면서 그들의 비전과 리더십의 특성과 스타일을 닮아가기 위해 노력해야 한다.

『STEP으로 리드하라』는 19세기와 20세기에 호흡했던 훌륭한 리더들의 삶과 비전을 소개하면서 그들이 각각 자신의 시대에서 무엇을 고민했고, 어떻게 결단하였으며, 어떻게 사람들의 마음을 움직이면서 목적을 달성해갔는지, 그리고 오늘의 시점에서 그들이 남긴 리더십의 유산은 무엇인지 매우 체계적으로 소개하고 있다. 이 책은 구도가 매우 짜임새있고 간결하다. 그리고 독자들이 쉽게 읽을 수 있다. 저자가 머리글에서 밝히고 있듯이 독자는 관심있는 분야부터 혹은 인물부터 선택해서 읽기를 시작하면 된다. 저자는 먼저 제1부에서 자신의 독특한 용어인 STEP 리더십 이론 체계를 간단하면서도 선명하게 설명한다. 제2부에서 제5부까지는 제1부에서 제시한 틀에 맞추어 16명의 위대한 리더들을 상세하게 분석하고, 마지막 제6부에서는 위대한 리더들로부터 배우는 리더십의 교훈을 개념화하여 체계적으로 설명하면서, 독자들이 STEP 리더가 되도록 격려한다.

이 책은 16명의 훌륭한 리더들의 리더십의 특징과 스타일을 분석적이며 체계적으로 소개하고 있을 뿐만 아니라, 16명의 리더들에 대한 유명한 사건과 일화를 소개하면서 그들의 선택과 결단의 배경을 알게 해줌으로써 리더십의 판단력이 얼마나 중요한 것인가를 새롭게 일깨워준다. 마지막으로 이 책은 독자들에게 훌륭한 리더들을 한 권의 책 안에서 만날 수 있는 유익한 기회와 읽는 재미, 그리고 배우는 기쁨을 제공하고 있기 때문에 많은 분들에게 이 책을 적극 추천한다.

아무쪼록 이 책의 출간을 시작으로 저자가 다양한 리더십 강의와 강연, 그리고 지속적인 리더십 저술활동을 하면서 청년세대에게는 비전을 제시하고, 기성세대에게는 각자의 위치에서 효율적 리더로서 활동하도록 도우면서 우리 사회에서 건강한 리더십의 발전과 확산이 이루어지는데 작은 밀알이 되길 격려하고 소망한다.

2016. 2.

서평의 글들

"이 책은 '창조하는 책'이다. 진정한 리더십의 모형을 구성해 제시한다. 인류 역사에 등장했던 리더들의 특성을 찾고 그것을 범주화한다. 리더십의 본질을 찾는 저자의 천착에 경의를 표하지 않을 수 없다. 이 책은 '파괴하는 책'이다. 저자는 '리더십 입문서'에 관한 우리의 고정관념을 철저히 부순다. '처세술' 혹은 '성공학' 등과 관련해 언급되는 허구적 리더십은 이 책에서 증발된다. 이 책은 '사람 입문서'이다. 이 책은 단순한 리더십 입문서가 아니다. 사람으로 산다는 것이 무엇인가라는 질문에 대한 답이다. 이 책을 읽고 우리는 성찰에 빠진 자신을 발견할 수 있을 것이다. 이것이 저자가 건네주는 고마운 선물이다."

— 곽지선(미국연합감리교단 감리사, 상담학 박사)

"리더십의 부재를 우려하는 목소리가 높은 시점에서 좋은 리더, 효율적인 리더가 되는 길을 안내하는 단비와 같은 좋은 리더십 책이 발간되었다. 이 책은 조직행동론의 관점에서 사람을 다루는 기술을 이야기하는 공학적 차원의 리더십이 아니라 사람의 가치와 도덕, 사상, 그리고 비전의 공유를 통해 조직과 사회를 변화시키는 '지속적인 힘'으로서의 리더십의 본질을 개념화하여 리더십을 이야기한다. 저자는 이것을 자신의 독특한 용어인 'STEP'이란 단어로 범주화해서 역사의 인물들의 삶과 비전을 소개하면서 리더십의 메시지를 독자들에게 설득력있게 전한다. 크고 작은 조직이나 정부, 기업, 그리고 사회에서 활동하는 많은 사람들에게 리더십의 나침반으로서 이 책을 일독하길 적극 권한다"

— 김왕식(이화여대 교수, 대한민국 역사박물관 초대관장)

"역사 속의 훌륭한 리더들은 무엇을 고민했고, 어떻게 사람들의 마음을 이끌었으며, 어떻게 비전을 현실 속에서 실천했을까? 이 책은 리더십의 본질을 다시 한 번 고민하게 하면서 독자로 하여금 리더십의 롤모델을 스스로 발견하도록 돕는다. 그리고 독자가 리더십의 참된 의미와 역할을 이해하고, 나아가 저자의 독특한 용어로 풀어낸 STEP 리더들을 멘토로 삼아 각자가 처해있는 환경에서 스스로 좋은 리더가 될 것을 권한다. 리더십을 새로운 시각에서 체계적으로 이해하는데 많은 도움을 줄 것으로 기대하면서, 나아가 리더십이 필요한 분들에게 이 책을 적극 추천한다."

— 김희정(국회의원, 전 여성가족부 장관)

"리더십의 본질을 다시 한번 깊이있게 생각하고 방향을 잡게 만드는 책이다. 자신의 시대를 소명과 비전으로 살았던 훌륭한 리더들을 한 권의 책 속에서 함께 만날 수 있다는 것 자체가 놀라운 일이다. 저자는 이 책에서 16명의 훌륭한 리더들을 가장 파워풀한 리더십의 틀에 맞추어 그들의 리더십의 특징과 스타일을 매우 핵심적으로 분석한다. 이 책에서 독자들은 16명의 리더들의 다양한 일화와 풍부한 자료들을 통해 그들의 이야기를 생생하게 만날 수 있을 뿐만 아니라 그들의 성공요인과 실패요인을 파악함으로써 자신들이 서 있는 자리에서 어떻게 효율적인 리더로 거듭날 수 있는가를 배울 수 있다."

— 조복래(연합뉴스 콘텐츠융합 상무, 전 연합뉴스TV 보도국장)

"우리 사회에 진정한 리더십의 부재를 걱정하는 목소리들이 드높다. 리더십에 관한 책들은 수도 없이 많지만, 참된 리더십이 무엇인가를 알기는 쉽지 않다. 이런 환경에서 역사 속에 나타난 위대한 리더들의 삶과 그들의 결단의 사례를 살펴봄으로써 독자로 하여금 리더십의 본질이 무엇인가를 깊이있게 생각하도록 만들어 주는 동시에, 스스로 효율적인 리더의 길을 모색할 수 있도록 안내하는 길잡이를 만난 느낌이다. 이 책은 저자가 창안한 STEP 리더십이란 단계를 통해 가장 영향력이 큰 네 가지 유형의 리더십의 핵심을 분석하여 진정한 리더십의 방향과 영감을 제시해 준다. 리더가 되기를 소망하는 이 땅의 많은 분들에게 감히 일독을 권한다."

— 조용경(글로벌인재경영원 이사장, 전 포스코 엔지니어링 대표이사)

머리글
— 리더십을 생각한다

　'리더십'의 시대다. '리더십'이란 말이 범람하고 있다. 그런데 '풍요 속의 빈곤'이라고 할까, 리더십의 부재를 우려하는 목소리가 많다. 정치, 경제, 사회, 그리고 종교 등 우리의 삶에 지대한 영향을 끼치는 대부분의 영역에서 리더십의 부재를 걱정한다. 우리는 항상 좋은 리더 혹은 효율적인 리더를 요구한다. 이러한 요구는 시대에서 시대로, 그리고 세대에서 세대를 이어 계속되어 왔다. 그러나 만족한 답을 얻지 못한다. 그만큼 리더십은 어려운 문제다. 어떤 사람들은 리더십을 개인의 처세나 출세, 그리고 성공의 기술정도로 이해한다. 그들은 리더십을 공학적 차원에서 접근하여 리더십의 기술을 전한다. 그러나 리더십을 개인의 성공이나 지위 상승에 관한 소극적 개념으로만 이해해서는 곤란하다. 리더는 주변의 많은 사람들과의 상호작용을 통해 그들의 사상이나 감정, 그리고 행동에 중요한 영향을 미치는 존재이기 때문이다.

리더십은 신념, 의무, 헌신, 감정, 그리고 공동선을 위한 공유된 비전을 바탕으로 사람들 사이에서 형성된 복잡한 도덕적 관계라고 말할 수 있다. 그래서 리더십은 공동선의 높은 수준의 도덕적 가치들로 사람들과 조직, 그리고 사회를 섬기고 변화시키며 도전하는 힘에 관한 이야기이다. 그것은 공유된 가치들로 사람들을 한데 모으고, 확고한 신념으로 사람들의 마음을 이끌어 비전을 성취하고, 나아가 추종자들에게 권한을 위임하여 그들을 따르는 사람들을 보다 더 나은 미래를 향해 나가도록 용기를 불어 넣는 영감_{Inspiration}이며 권능_{Empowerment}이다.

필자가 이 책을 쓴 목적은 리더십의 부재를 우려하는 현실에서 개인의 처세나 출세의 도구로서 리더십을 이해하는 소극적 자세에서 벗어나 보다 적극적이며 포괄적인 측면에서 그들의 시대를 고민하며 비전을 제시하고, 그것을 성취하기 위해 시대를 이끌었던 위대한 리더들을 중심으로 리더십의 본질을 다시 깨닫고, 도전과 변화를 이끈 효율적인 리더십의 특징을 개념화하여 새롭게 이해하고자 하는 것이다.

'STEP'이란 리더십 이론들 가운데 가장 대표적인 '서번트 리더십_{Servant Leadership}', '변혁적 리더십_{Transformational Leadership}', '윤리적 리더십_{Ethical Leadership}', 그리고 '공공 리더십_{Public Leadership}'의 영문 표기의 첫 대문자들을 모아 만든 필자의 독자적인 용어다. 『STEP으로 리드하라』는 위대한 리더들이 그들의 시대에서 추구했던 가치들을 행동으로 옮기기 위해, 비전을 현실로 만들기 위해, 직면한 장애물들을 극복하기 위해, 분열을 통합하기 위해, 그리고 도전적인 위기들을 성공적인 기회로 만들기 위해, 추종자들의 신뢰를 받으며 그들을 이끌었던 리더십의 이야기를 영향력있는 리더십의 네 개의 기둥들인 서번트 리더십, 변혁적 리더십, 윤리적 리더십, 공공 리더십을 중심으로 분류하여 소개함으로써 독자들에게 리더십의 이론과 사례를 보다 더 쉽게 이해하도록 돕는다.

『STEP으로 리드하라』는 모두 6부로 구성되어 있다. 제1부에서는 STEP 리더십의 이론들을 간략하게 설명한다. 독자들은 여기서 서번트 리더십, 변혁적 리더십, 윤리적 리더십, 그리고 공공 리더십의 의미와 강조점이 무엇인지 기초적인 이해를 할 수 있을 것이다. 제2부, 3부, 4부, 그리고 5부에서는 필자의 기준에 따라 서번트 리더들, 변혁적 리더들, 윤리적 리더들, 그리고 공공의 리더들로 분류하였는데, 독자들은 여기서 이 책의 목적과 관련하여 16명의 위대한 리더들의 행동과 비전, 그리고 리더십의 특징과 유산을 만날 수 있다. 마지막으로 제 6부에서 필자는 독자들에게 STEP 리더들로부터 배우는 리더십의 교훈을 제시하고, 독자들로 하여금 자아성찰과 개발을 통해 STEP 리더들을 자신의 멘토로 삼아 더 좋은 리더로 성장할 수 있도록 격려한다. 그리하여 필자는 독자들이 공공부문이나 기업 혹은 다양한 조직과 사회공동체에서 자신의 위치에서 주어진 과업이나 기대되는 역할을 잘 이해하여 보다 더 성공적인 대안을 마련하여 효율적인 리더로 세워지길 바란다.

이 책에서 소개된 위대한 리더들 한 사람 한 사람이 필자의 분류에 따라 한 가지 리더십을 대표하는 것으로 정의하기란 어렵다. 그들은 네 개의 리더십의 특성을 골고루 지니고 있다. 예를들어 서번트 리더로 소개된 간디는 국가의 경계를 넘나드는 변혁적 리더로, 그리고 엄격한 도덕적 정신을 행동으로 실천하는 윤리적 리더로도 이해될 수 있다. 링컨 역시 변혁적 리더이자 서번트 리더로서, 마르틴 루터 킹과 넬슨 만델라도 변혁적 리더십과 서번트 리더십을, 그리고 조지 마샬도 윤리적이며 공공 리더십의 특성과 스타일 공유하고 있다. 필자는 다만 네 개의 리더십의 주제에 가장 적합하다고 생각되는 위대한 리더들의 특성을 필자의 기준에 의거하여 분류했을 뿐이다.

독자들은 필자의 분류에만 의존하기보다는 각자의 이해에 따라 STEP 리더들의 리더십의 속성과 스타일을 분류하고 적용할 수 있다. 필자는 그것을 환영한다. 독자들의 이해와 적용은 위대한 리더들의 리더십을 다른 관점에서 재해석할 수 있는 긍정적 계기를 마련해줄 뿐만 아니라, STEP 리더십의 공감대 형성과 대화의 공간 확산에 큰 도움이 된다. 이것은 또한 우리 사회의 여러 분야에서 STEP 리더들이 많이 배출되어야 할 필요성을 공감하게 만들 뿐만 아니라, 독자 자신이 STEP 리더가 되는 꿈을 꾸고, 자신의 시대를 리드하고자 하는 비전을 갖도록 돕는다. 이것이 이 책을 통해 얻고자 하는 필자의 작은 기대와 희망이다. 독자 여러분들의 관심과 사랑을 기대한다.

『STEP으로 리드하라』는 독자들의 관심에 따라 다양하게 읽을 수 있다. 독자들은 이 책의 목차를 따라 순서대로 읽어도 좋고, 그렇게 하지 않아도 좋다. 자신이 관심을 갖고 있는 위대한 리더의 이야기부터 읽어도 좋다. 서번트 리더들에 대한 관심이 높으면 그들의 이야기를 먼저 읽을 수 있고, 윤리적 리더들의 이야기를 읽고 싶으면 다른 것보다 먼저 읽어도 좋다. 그리고 '제6부 STEP 리더가 되라'를 먼저 읽어도 된다. 마음이 이끄는 대로 읽어라. 절대로 얽매이지 마라. 그리고 이 책은 STEP 리더들 각자의 이야기가 끝나면 독자들의 독서를 돕기 위해 도움될 만한 책들을 소개하고 있다. 필자가 소개하는 책들 가운데 최소한

1권 정도는 구입해서 읽기를 권한다.

필자는 앞으로 STEP 리더십에 대한 이야기를 주제별로 시리즈로 출판할 계획을 갖고 있다. 『STEP으로 리드하라』는 그 계획 가운데 첫 번째 책이다. 계속해서 다음 책들이 세상에 나올 수 있도록 독자 여러분의 관심과 격려, 그리고 지도를 부탁드린다.

감사의 마음을 전해야 할 분들이 계신다. 무엇보다도 부족한 원고를 처음부터 끝까지 읽고 조언을 아끼지 않았던 박재욱 교수(신라대학교 공공안전정책 대학원장), 최익선 교수(미국 조지아 대학교), 그리고 곽지선 박사(미국UMC 감리사)에게 감사드린다. 그리고 조용히 집중해서 원고를 마무리할 수 있도록 좋은 장소를 허락해주신 뉴욕의 최문섭 장로와 이 책의 출판을 기쁜 마음으로 결정해주신 김한승 사장에게 깊은 감사를 드린다.

끝으로 필자의 작은 바램이 있다면 우리 사회와 독자 여러분 각자가 속한 조직의 건강한 성장을 위하여 'STEP 리더'를 꿈꾸고, 세우며, 그리고 헌신하고자 하는 사람들이 서로의 비전을 함께 나누며 격려하고 지도하는 'STEP Network'를 구축하여 교제를 나누는 것이다. 독자 여러분 모두가 열정과 희망을 가슴에 품고 STEP 리더가 되어 리드하기를 진심으로 격려하고 소망한다.

2016년 1월 새해 아침

뉴욕에서, 정영호

차례

추천의 글 6

서평의 글들 9

머리글 ─ 리더십을 생각한다 12

제 **1** 부   영향력있는 리더십의 네 개의 기둥들 19

서번트 리더십 21

변혁적 리더십 26

윤리적 리더십 31

공공 리더십 37

제 **2** 부   서번트 리더들 43

고통을 짊어지면 상대방의 양심을 일깨울 수 있다 45

생명을 존중함으로 모든 차이를 넘어서라 65

눈물은 정의를 위해 섬기게 한다 79

문 밖으로 나가 사랑으로 세상을 품어라 95

제 **3** 부 변혁적 리더들   111

소통과 포용으로 통합하라   113
국민의 마음 속으로 들어가 눈물을 닦아라   133
꿈을 가지면 세상이 변한다   157
용서와 화해는 통합의 심장이다   177

제 **4** 부 윤리적 리더들   193

힘있는 자들이 도덕적 선을 증진해야 한다   195
도덕적 비전으로 새 일을 행하라   217
올바른 일을 위해 도덕적 용기를 가져라   237
도덕적 힘으로 막힌 담을 허물어라   253

제 **5** 부 공공의 리더들   269

열정과 자율성을 갖고 공익을 위해 헌신하라   271
사람들의 차이와 지리적 경계를 넘어 함께 일하라   289
빈곤을 넘어 위대한 사회를 꿈꿔라   305
공감된 이야기로 마음을 이끌어라   323

제 **6** 부 STEP 리더가 되라   343

STEP 리더들로부터 배워라   345
STEP으로 리드하라   354

제 1 부

영향력있는 리더십의
네 개의 기둥들

(S) 서번트 리더십

(T) 변혁적 리더십

(E) 윤리적 리더십

(P) 공공 리더십

서번트 리더십

66 우리는 다른 사람들을 위해
봉사할 수 있기 때문에 위대해질 수 있다."

— 마르틴 루터 킹 2세

헤르만 헤세_{Hermann Hesse}의 작품 『동방순례_{The Journey to the East}』는 현실에 존재하지 않은 곳으로 여행을 떠나는 한 여행자 그룹이 여행을 통해 경험하는 독특한 이야기를 전한다. 이 여행에는 여행자들을 위해 하찮은 일들을 수행해야 하는 많은 종들 가운데 레오_{Leo}라는 이름을 지닌 한 종_{a servant}이 동행했다. 그는 오랜 여행을 하는 과정에서 여행자들의 짐을 나르는 일을 비롯해 여행자 그룹 대표의 개인적인 일들을 도우며 처리하기도 했다. 그는 자신에게 부과된 모든 일들을 매우 즐거운 마음으로 처리했으며, 때론 자신의 영감이 깃든 노래와 봉사로 여행자들이 지치지 않고 여행을 할 수 있도록 헌신적으로 봉사했다. 레오의 이런 모습은 여행자들의 마음을 사로잡기에 충분했고, 그들은 그를 좋아했다. 그리고 여행자들의 눈에 비친 레오는 무척 겸손한 사람이었다.

그런데 이 종의 존재는 여행자 그룹에게 매우 이례적인 충격을 주었다. 어느 날 레오가 사라져 버린 것이었다. 그가 사라졌을 때, 여행자 그룹은 혼란에 빠졌고 그들은 여행을 포기할 수 밖에 없었다. 여행자들은 레오가 없이는 어떤 짐도 옮길 수 없었다. 게다가 여행의 즐거움마저도 잃어 버리고 말았다. 결국 동방순례에 나섰던 여행자들은 여행을 중단할 수 밖에 없었다. 그들은 레오가 사라져 버리자 뒤늦게 그들을 위해 짐을 나르며 일을 처리하고 봉사했던 그의 존재의 중요성을 깨닫게 되었다. 그들의 깨달음은 실제로 여행자 그룹을 이끌었던 사람은 그들이 아니라 바로 레오였었다는 것을 의미하는 것이었다. 레오는 여행자들을 잘 돌봄으로써 리더로 등장했던 것이다.

로버트 그린리프$_{Robert\ K.\ Greenleaf}$는 헤르만 헤세의 『동방순례』에서 영감을 얻어 '서번트 리더십$_{Servant\ leadership}$' 이론을 개발했다. 그는 헤세의 작품 속에서 위대한 지도자는 서번트처럼 보이는데, 레오는 동방으로 가는 여행 처음부터 리더였지만, 기본적으로 그가 다른 종들과 같은 종이었기 때문에 여행자들 사이에서 종으로 보였을 뿐이었다고 보았다. 이런 이해를 바탕으로 그린리프는 리더로서의 자질은 기본적으로 서번트적 기질이 있는 사람에게만 주어진다고 강조했다.

레오의 모습에서 진정한 서번트 리더의 자질을 발견한 그린리프는 높은 위치에서도 낮은 자가 되어 겸손하게 섬기고 스스로 희생과 봉사를 실천하는 서번트 리더십 이론을 만들어, 그것을 소개하는 *Servant Leadership* (1977)을 출판했다. 그린리프는 이 책에서 서번트란 개념을 중심으로 지배와 명령, 그리고 권위를 중요시하는 전통적인 리더십의 패러다임을 바꾸었으며, 서번트 리더십은 인간의 존엄성과 가치를 바탕으로 사람들을 존중하고, 그들에게 창의력을 발휘할 기회를 제공함으로써 사람들의 성장을 돕는 리더십이라고 정의했다. 그는 리더가 보여주는 서번트적 자질은 추종자들의 신뢰와 존경을 받을 수 있는 매우 중요한 요소라고 말하면서 이것은 미래의 리더십의 핵심이 될 것이라고 강조했다.

그린리프는 강력한 이타적인 윤리적 함축성을 바탕으로 서번트 리더십을 강조한다. 그는 존중, 봉사, 정의, 정직 그리고 공동체 윤리 등 5가지 요소가 서번트 리더에게 요구되는 가장 중요한 윤리적 가치들이라고 보았다. 그린리프에 의하면, 서번트 리더는 자신의 이익이나 이해가 아니라, 추종자들의 관심과, 그들의 요구, 그리고 그들을 어떻게 돌보아야 하며, 그들을 어떻게 양육해야 하는가에 주의를 집중해야만 한다. 리더는 이러한 집중을 통해 다른 사람들의 욕구를 규명하고 충족시키기 위하여 봉사를 하며, 이 과정에서 봉사하는 대상으로부터 희생을 요구받는다. 그리고 봉사와 희생은 리더의 권위와 영향력의 중요한 토대가 된다. 따라서 서번트 리더란 본질적으로 종으로서의 자질을 갖고 있는 사람이어야 하며, 일차적으로 종으로서 자신을 인식해야 한다.

다른 한편으로, 서번트 리더는 추종자들이 보다 더 많은 것을 알고, 보다 더 자유로우며, 보다 더 자율적이며, 그리고 궁극적으로 그들 스스로도 종이 되도록 도와야 한다. 그래서 추종자들이 그들의 존재를 통해 다른 사람들을 풍요롭게 하도록 해야 한다. 나아가 서번트 리더가 되기 위해선, 리더는 자신에게 주어진 제도적 권력을 적게 사용하고 통제를 줄여야 한다. 결국 그린리프에 의하면, 서번트 리더십은 모든 사람들이 공동체적 삶의 영역 안에 포함되도록 가치를 부여해야 하는데 그것은 리더에 대한 존경, 신뢰, 그리고 도덕적 가치들과 개인의 능력에 기초한다.

　그린리프의 서번트 리더십은 오늘날까지 대중들의 관심과 사랑을 받고 있다. 리더십 분야의 베스트 셀러 작가인 제임스 헌터[James C. Hunter (2004)]는 서번트 리더십은 가장 영향력있는 리더십 원리로서 세대에서 세대를 이어 계승하고, 개발 확산시켜야 한다고 말하면서 이것은 시대적 요청이라고 강조했다. 래리 스피얼스[Larry C. Spears (2010)]는 그린리프의 저서들을 통해 발견되는 서번트 리더가 지녀야 할 10가지 특징을 경청, 공감, 치유, 자각, 설득, 개념화, 예견, 청지기 정신, 사람의 성장에 대한 헌신, 공동체 형성이라고 제시했다. 또한 제임스 헌터[(1998)]는 진정한 서번트 리더십의 본질은 '사랑'에 있다고 말하면서, 이것은 인내, 친절, 겸손, 존중, 이타주의, 용서, 정직, 그리고 헌신의 의미를 내포하고 있다고 강조했다. 센자야[Sendjaya (2008)]는 서번트 리더의 중요한 속성으로 자발적 복종, 진정한 자아, 지속적 관계, 책임적 도덕성, 초월적 영성, 그리고 변혁적 영향력 등을 강조했다.

　서번트 리더십의 특징들은 지속적인 학습과 실천을 통해 성숙되어질 수 있다. 서번트 리더는 강함보다는 부드러움으로 자신의 존재를 낮추고 겸손의 모습으로 조직을 포용하고 이끌고, 조직의 구성원들이 잘 성장하도록 도와주면서 조직의 비전과 가치를 실현하기 위하여 헌신적으로 봉사한다. 서번트 리더십은 오늘날 많은 조직과 공동체가 더 좋게, 더 나은 돌봄이 이루어지도록 변화를 창조하는 미래의 희망을 제공한다.

도움이 되는 책들

제임스 C. 헌터. 2002. 『서번트 리더십』. 김광수 옮김. 시대의 창.

Covey, Steven. 1990. *The 7 Habits of Highly Effective People.* New York: Simon & Schuster.

Depree, Max. 1989. *Leadersgip is an Art.* New York: Dell Publishig.

Greenleaf, R. K. 1977/2002. *Servant Leadership: A Journey into the Nature of Legitimate Power and Greatness.* Mahwah, NJ: Paulist Press.

_____, and Spears, Larry C. 1998. *The Power of Servant-Leadership.* Berrett-Koehler Publishers.

Hunter, James. 2004. *The World's Most Powerful Leadership Princilple.* New York: Crown Business.

Kouzes and Posner, 2007. *The Leadership Challenge.* San Fransico, CA: Jssey-Bass.

Sipe, James W. and Don M. Frick. 2009. *Seven Pillars of Servant Leadership: Practicing the Wisdom of Leading by Serving.* Paulist Press.

Sendjaya, S., Sarros, J. C. & J. C. Santora. 2008. "Defining and measuring servant leadership behavior in organizations." *Journal of Management Studies,* 45(2).

Spears, Larry C. ed. 1998. *Insights on leadership: Service, Stewardship, Spirit and Servant-Leadership.* New York, NY: John Wiley & Sons.

_____, and Lawrence, Michele. 2001. *Focus on Leadership: Servant-Leadership for the 21st Century.* John Wiley & Sons.

_____, 2010. "Character and Servant Leadership: Ten Characteristics of Effective, Caring Leaders," *The Journal of Virtues & Leadership,* Vol. 1 Iss. 1.

변혁적 리더십

> 66 특정한 신념을 지닌 것은 아니었다. 단지 우리의 명분이
> 정의롭고 강렬했다는 점, 그리고 시간이 갈수록 많은 지지를
> 받았다는 사실을 믿었을 뿐이다."
>
> — 넬슨 만델라

　　오늘날 리더십의 이론과 실천 분야를 학문 영역에서 정당한 분야로 자리매김하도록 평생 노력했던 제임스 맥그리거 번즈James MacGregor Burns가 매릴랜드 대학의 대학원 고위과정 수업 시간에 학생들에게 "아돌프 히틀러는 리더였는가?"라는 질문을 했다. 그 때 수업에 참여했던 한 여성이 히틀러가 나쁜 사람이었지만 그는 독일 국민의 희망과 증오의 거울이었으며, 그는 선거에서 승리했고, 그의 추종자들이 원했던 노선을 따라 독일 국민들에게 도전을 주면서 자신의 약속을 실천했다고 말했다. 그러면서 그녀는 어떻게 그를 리더라고 부르지 않을 수 있는가라고 반문하면서 히틀러는 리더였다고 확신을 갖고 말했다. 물론 이 여성은 역사 속에서 가장 보편적으로 혐오스러운 인물로 인식되었던 히틀러를 추종하는 사람은 아니었다. 다만, 이 여성의 답변에서 느끼는 문제는

히틀러에 관한 것이 아니라 리더십의 본질에 관한 혼돈이었다.

　번즈는 히틀러는 리더, 즉 "번혁적 리더였는가?"라는 질문에 대해 히틀러가 독일의 틀을 바꾸었다할지라도, 그는 독일을 패배와 파멸로 몰아넣었다고 지적했다. 그리고 번즈는 자유와 평등이라는 계몽주의적 가치의 측면에서 히틀러를 평가한다면, 그는 자유와 평등의 적으로서 (번즈가 강조하는) 변혁적 가치를 결코 실현하지 못했다고 말했다. 번즈는 히틀러는 독일을 이끈 것이 아니라 지배했을 뿐이라고 말하면서 그는 결코 변혁적 리더십을 보여주지 못했다고 평가했다.

　변혁적 리더십은 번즈에 의해 주창되었다. 번즈는 퓰리처상_{Pulitzer Prize}을 수상한 자신의 저서 *Leadership* (1978)에서 리더십_{Leadership}과 팔로워십_{Followership}의 역할들을 연계하고자 하는 시도를 했다. 번즈가 이 책에서 씨름하였던 두 가지 리더십의 개념은, 거래적 리더십_{Transactional leadership}과 변혁적 리더십으로서 그는 이 두 개념이 리더십에 내재되어 있는 사람들 상호간의 관계들, 동기들 그리고 가치들에 근거한 리더십의 일반이론의 본질을 규명하는 데 있어서 매우 중요한 것임을 보여 주고자 했다.

　번즈는 리더십이란 '관계'라고 이해한다. 달리 이야기 하자면, 리더십이란 리더와 추종자 둘 다 동기, 욕구 그리고 가치가 일관적인 특별한 목적을 위한 권력 관계다. 번즈가 이해하는 '관계'는 거래적 리더십과 변혁적 리더십 개념들을 논할 때 매우 중요하다. 권력, 목적, 그리고 관계의 요소들을 충분히 이해하기 위해, 번즈는 동기와 가치에 관한 주장을 비롯해 그러한 것들이 목적과 행위에 미치는 영향에 크게 의존한다. 이것으로부터, 번즈는 변혁적 리더들과 '권력을 휘두르는 사람들_{power-wielders}'을 구분한다. '권력을 휘두르는 사람들'은 그들 자신의 목적을 실현하기 위하여 권력을 행사한다. 그러나 리더들은 추종자들의 동기를 만족시키고 그들과 가치를 공유할 뿐만 아니라, 그들 자신과 추종자들의 요구, 바램, 그리고 가치를 강조한다. 이와는 달리, 자신들이 권력을 사용할 대상자들과 목적, 동기 그리고 가치를 공유하느냐 마느냐 하는 것은 '권력을 휘두르는 사람들'이 신경쓸 문제가 아니다. 그리고 리더들에게 통합과 가치의 공유라는 문제는 그들의 존재이유이며, 변혁적인 영향의 근원이다. 이러한 정의에 따르면, 예를 들어 히틀러는 리더가 아니었으며, 오히려 그는 '권력을 휘두르는 사람'이었다.

번즈는 거래적 리더십과 변혁적 리더십을 구분한다. 거래적 리더십은 리더와 추종자 사이에서 발생하는 교환행위에 초점을 맞춘다. 예를 들어 정치인들은 선거에 출마하면 유권자들에게 세금 감면이나 교육환경 개선, 그리고 일자리 창출 등과 같은 선거캠페인을 통해 지지를 끌어냄으로써 거래적 리더십을 과시한다. 기업의 경영자들은 회사의 이익창출이나 부서의 목표달성을 이루면 고용인들에게 승진기회를 약속함으로써 거래적 리더십을 보여준다. 교실에서 이루어지는 교사와 학생들 사이의 교환행위도 거래적 리더십을 보여준다. 거래적 리더십이 보여주는 교환행위의 차원은 모든 조직에서 공통적으로 나타난다.

이와는 달리, 번즈는 변혁적 리더십은 리더들과 추종자들이 서로를 더 높은 수준의 동기와 도덕성으로 끌어 올리는 것으로서 한 사람 혹은 여러 사람이 다른 사람들과 관계할 때 발생한다고 강조한다. 물론, 그들의 목적은 서로 별개로 시작되었지만 서로가 관계되어 있는 측면에서 거래적 리더십의 경우와 마찬가지로 서로 결합된다. 그러나 변혁적 리더십에서 리더들과 추종자들은 각각이 지니고 있는 권력의 근거들은 평형추로서가 아니라 공동목적을 위해 서로 연계되어 있다. 그리고 서로의 관계는 도덕적이다. 따라서 변혁적 리더십은 궁극적으로 리더와 추종자 모두의 인간적 품행과 윤리적 열정의 수준을 끌어 올릴 정도로 도덕적이 되며, 결국 그것은 리더와 추종자 모두에게 변혁적 효과를 가져다 준다.

번즈가 제시하는 변혁적 리더십의 대표적인 사례는 링컨, 간디, 프랭클린 루스벨트, 그리고 모택동이다. 번즈에 의하면, 그들은 국민의 일차적인 요구를 접했으나 그것들을 권력에 편승시키기 보다는 자신들의 보다 높은 목적, 요구 그리고 바램에 민감하도록 남겨두었다. 그렇게 함으로써, 그들은 그러한 목적, 요구 그리고 바램을 알려줄 뿐만 아니라 국민이 그것들의 성취에 더욱 가까이 다가가도록 봉사했다.

변혁적 리더십은 그들의 목적과 동기에 상응하여 리더들이 추종자들의 요구와 바램, 그리고 목표에 반응하며 이러한 방식으로 그들의 동기와 만나고, 리더들과 추종자들 모두의 가치와 동기가 조화를 이루는 변화를 가져온다. 그리하여 변혁적 리더는 합의된 가치에 따라 다른 사람들을 발전시키고 향상시키기 위하여 공동의 가치, 목표, 요구, 그리고 바램을 형성하고 만들어감으로써 적절한 변화를 촉진시킨다. 번즈(2003)는 미국 독립선언문이 강조하는 양도될 수 없는 권리로서 "생명, 자유, 그리고 행복을 추구할 권리"는 모든 사람들의 동의를 이끌어내는 가치였다고 말했다. 그는 또한 제2차 세계대전 이후 세계질서가 냉전체제로 나뉘어지는 과정에서 서방세계의 정치지도자들이 세계인권선언Universal Declaration of Human Rights이라는 놀라운 비전을 제시한 협정을 만든 것은 전인류의 보편적인 권리들로 자유, 정의, 평등, 행복, 그리고 질서

등과 같은 공적 가치에 대한 공통된 합의가 있었기 때문이라고 보았다. 이러한 공적 가치의 체계는 변혁적 리더십의 중요성, 특성, 그리고 영향을 평가하는 최고의 기준들로서 리더의 공유된 가치는 놀라운 변화를 일으키는 힘이 된다는 사실을 강조한다.

 도움이 되는 책들

제임스 맥그리거 번즈. 2008.『역사를 바꾸는 리더십』. 조중빈 옮김. 지식의 날개.

Bass, Bernard M. Bass and Ronald E. Riggio. 2005. *Transformational Leadership*. Psychology Press.

Burns, James MacGregor. 1978. *Leadership*. New York: Haper Torchbooks.

ㅡㅡㅡㅡㅡㅡㅡ. 2003. *The Transforming Leadership*. New York: Grove Press.

Burns, James MacGregor and Susan Dunn. 2001. *The Three Roosevelts: Patrician Leaders Who Transformed America*. Grove/Atlantic, Inc.

Crowley, Mark C. 2011. *Lead From The Heart: Transformational Leadership For The 21st Century*. Balboa Press.

Dobbs, Randy and Paul Robert Walker. 2010. *Transformational Leadership: A Blueprint for Real Organizational Change*. Dobbs Leadership.

Kouzes and Posner, 2007. *The Leadership Challenge*. San Fransico, CA: Jssey-Bass.

윤리적 리더십

> 66 윤리로부터 분리된 리더십은
> 단순한 기술공학에 불과하다."
>
> — 제임스 맥그리거 번즈

　2012년 12월 초에 남미의 전직 대통령 9명이 미국 조지아 주 애틀란타 시에서 모였다. 그들이 모인 목적은 남미가 직면한 문제에 대해 논의하기 위함이었다. 그들이 모인 컨퍼런스를 '글로벌 피스 컨벤션 2012Global Peace Convention 2012'라고 부른다. 이 컨벤션에 참석했던 남미의 전직 국가 수반들은 남미의 경제발전, 민주화, 남북미의 화합 등에 대하여 광범한 논의를 하면서 많은 의견을 주고 받았다. 여기서 그들은 현재 남미 국가들에게 필요한 것은 '윤리적 리더십'이라고 공통된 의견을 보여주었다. 그들은 자신들의 재임기간의 경험을 바탕으로 현재 남미 국가들이 겪고 있는 정치, 경제, 사회 등 전반에 걸친 문제들을 극복하기 위해 필요한 것은 지도자들의 윤리적 리더십이라고 공통적으로 강조했다.

　리더십과 관련하여 윤리의 문제는 리더들은 무엇을 하며 그들은 누구인가 하는 것과 관계가 있다. 그것은 리더들의 행태와 그들의 덕성의 본질에 관심을 갖는다. 어떤 의사결정을 내려야 하는 상황에서, 윤리적 이슈들은 암시적으로든 명시적으로든 항상 내포되어 있다. 리더들이 내리는 선택과 그들이 특정의 상황에서 어떻게 반응하는가 하는 것은 그들의 윤리에 의해 영향을 받고 유도된다. 그러므로 리더들이 행사하는 영향력의 본질과 추종자들로 하여금 공동의 목적을 성취하도록 참여를 유도해야할 필요성과 조직의 가치들을 세우는데 있어서 리더의 임팩트 때문에, 윤리는 리더십의 심장이라고 말할 수 있다.

윤리적 리더십은 조직의 가치들을 세우고 강화시키는데 도움을 준다. 모든 리더는 확연하게 구분되는 철학과 관점을 소유해야 한다. 모든 리더들은 그들이 테이블 위에 올려놓기를 원하는 아젠다, 일련의 신조들, 목적, 가치, 사상, 그리고 이슈들을 소유하고 있다. 그리고 리더에 의해 촉진된 가치들은 조직이 보여준 가치들에 중요한 영향을 끼치며, 리더들의 영향력 때문에 리더들은 그들의 조직의 윤리적·도덕적 분위기를 형성하는데 있어서 매우 중요한 역할을 담당하게 된다.

윤리적 리더들은 사명에 대한 강력한 헌신, 개인에 대한 존경과 배려, 그리고 가치와 공정성을 근거로 한 정의, 개인적 양심과 도덕에 기초한 정직을 강조한다. 그들은 이러한 특징들을 바탕으로 공동체를 세우고 추종자들에게 영향력을 행사한다. 번즈는 윤리적 리더십은 열망, 가치, 변화, 그리고 헌신으로 구성된다고 보았다. 그리고 그린리프는 섬김, 비전, 사명, 그리고 가치가, 사피로Shapiro는 헌신, 존경, 배려와 평등이 리더십의 윤리적 특성을 구성하는 중요한 요소라고 보았다.

리더십의 윤리적 특성을 보여주는 가장 대표적이며 공통적인 세가지 요소는 존경_{Respect}, 가치_{Value}, 그리고 봉사_{Service}다. 첫째, 윤리적 리더들은 다른 사람들을 존경한다. 임마누엘 칸트는 다른 사람들을 존경심을 갖고 관계해야 하는 것이 우리의 의무라고 말했다. 칸트의 말은 다른 사람들은 수단으로서가 아니라 목적으로 대해야 한다는 것을 의미한다. 사실 우리는 조직이나 공동체 속에서 다른 사람들을 수단으로 다루고자 하는 유혹을 자주 받는다. 그러나 다른 사람들은 그들 나름대로 자신들이 자율적으로 세운 목표들을 소유하고 있다. 다른 사람들을 자신의 사적인 목표들에 대한 수단으로 관계해서는 안된다. 다른 사람들을 존경하는 리더들은 창의적인 바램과 욕구를 갖고 그들이 자신들처럼 되도록 인도한다. 그런 리더들은 다른 사람들을 관계할 때 아무런 조건없이 그리고 각 개인이 지닌 가치적 차이를 존중한다.

존경은 다른 사람들의 생각에 신빙성을 주는 것과 그들을 인격적으로 상대하는 것을 포함한다. 다른 사람들을 존경하는 것은 아주 복잡한 윤리다. 윤리적 리더들이 지녀야 할 존경이란 생각이나 견해가 다른 사람들의 이야기에 인내와 아량을 갖고 귀를 기울이고 듣는 것을 의미한다. 훌륭한 경청은 존경심 없이 불가능하다. 존경이란 아랫 사람들의 신조, 태도, 그리고 가치들을 인정하면서 그들을 대하는 것을 의미한다. 리더가 아랫 사람들에게 존경을 보여줄 때, 그들은 일터에서 자신감을 느낄 수 있다. 그러므로 존경을 보여주는 리더들은 다른 사람들을 가치있는 존재들로 상대한다.

둘째, 윤리적 리더들은 가치의 공유를 통해 공동체를 세워간다. 리더의 가치는 조직의 구성원들을 하나로 연결하는 핵심이다. 그것은 다른 사람들의 감정, 요구, 그리고 관심의 적극적 대상이자 도덕적 판단과 상대에 대한 반응이기도 하다. 리더의 비전도 가치의 공유가 없이는 성취할 수 없기 때문에 리더의 가치가 조직의 가치와 결합되면 엄청난 파급 효과를 발휘하게 된다.

역사가 에드워드 깁본_{Edward Gibbon}은 기독교가 로마의 박해와 기존의 다른 종교들을 상대로 승리를 거둘 수 있었던 것은 기독교 교리가 지닌 논리적 설득력과 기독교인들의 신앙의 열정 때문이었다고 보았다. 막스 베버_{Max Weber}는 서구에서 자본주의가 형성·발전될 수 있었던 것은 부에 대한 성서적 가르침에 대한 믿음과 기독교인들의 금욕적이며 청빈한 삶을 실천하는 기독교 윤리 의식에 있었다고 보았다. 깁본과 베버가 제시한 사례는 기독교적 가치가 기독교인들에게 얼마나 큰 영향력을 미쳤는가를 보여주는 것으로서 '가치'가 지니는 힘의 위대함을 설명한다.

마지막으로, 윤리적 리더들은 다른 사람들을 위해 봉사한다. 윤리이론에는 두 가지가 있는데, 하나는 자신에게만 관심을 갖는 '윤리적 자기중심주의_{ethical egoism}'와 다른 사람의 이익에 관심을 갖는 '윤리적 이타주의_{ethical altruism}'가 있다. 봉사, 즉 섬김의 원리는 윤리적 이타주의의 가장 분명한 사례이다.

서번트 리더들은 이타적이다. 그들은 자신들의 계획 가운데서 추종자들의 복지를 가장 먼저 생각한다. 어떤 조직이나 공동체에서 이타적인 섬김의 행위는 멘토링, 권한의 위임, 팀 구성, 그리고 성숙한 시민의식에 바탕을 둔 행위들과 같은 행동들 속에서 잘 관찰될 수 있다. 과거 수십년 간 이 섬김의 원리는 로버트 그린리프_{Robert K. Greenleaf (1977)}, 막스 드프리_{Max Depree (1989)}, 스티븐 코비_{Stephen R. Covey (1990)}, 쿠제스와 포즈너_{Kouzes}

and Posner (2007) 등에 의해 집중적으로 연구되어왔다. 그들은 섬김의 원리를 윤리적 리더십의 가장 우선 순위로 다루었다. 리더의 섬김 뒤에 있는 생각은 다른 사람들의 선에 기여하는 것이다. 섬김의 원리를 실천할 때, 윤리적 리더들은 자신이 아닌 추종자들을 중심에 두어야 하며, 그들의 일터에서 추종자들의 이익을 가장 먼저 고려하고, 그들에게 혜택이 돌아갈 수 있는 방법으로 행동한다.

지도자에게 있어서 윤리적이며 도덕적 가치는 그로 하여금 보다 많은 사람들에게 접근하고 그들을 중심으로 폭넓은 지지자들을 형성하는 능력을 한층 강화시키면서 동의와 지지 기반을 확충시킨다. 이것은 결국 통치와 지지의 토대를 구성하여 지도자에게 힘을 실어준다. 궁극적으로 지도자의 윤리적 가치는 지도자의 이상과 고귀한 목적을 높은 수준에서 실현하기 위해 추종자들의 지지와 동의를 끌어들여 사회를 변혁하고자 하는 리더십을 위한 강력한 힘의 원천이 될 수 있다. 리더십이 이것을 충족시켰을 때 그 영향력은 대단할 것이며, 그것은 도덕적 정당성을 인정받는다. 윤리적 리더십의 진정한 힘이 여기에 있다.

 도움이 되는 책들

Burns, James MacGregor. 1978. *Leadership*. New York: Haper Torchbooks.

Ciulla, Joanne B. 2002. *The Ethics of Leadership*. Wadsworth Publishing.

_____. 2004. *Ethics, the Heart of Leadership*. Praeger.

Finser, Torin M. 2003. *In Search of Ethical Leadership*. Steiner Books.

Fluker, Walter Earl. 2009. *Ethical Leadership: The Quest for Character, Civility, and Community*. Fortress Press.

Gardner, John W. 1990. *On Leadership.* New York: The Free Press.

Greenleaf, Robert K. and Larry C. Spears. 2002. *Servant Leadership: A Journey into the Nature of Legitimate Power and Greatness.* Paulist Press.

Heifetz, Ronald A. 1994. *Leadership Without Easy Anwers.* Harvard University Press.

Millar, Carla and Eve Poole. 2011. *Ethical Leadership: Global Challenges and Perspectives.* Palgrave Macmillan.

Pops, Gerald M. 2009. *Ethical Leadership in Turbulent Times: Modeling the Public Career of George C. Marshall.* Lexington Books.

Starratt, Robert J. 2004. *Ethical Leadership.* Jossey-Bass.

공공 리더십

> 66 정부의 목적은 국민이 안전하고 행복하게 살 수
> 있게 하는 것이다. 정부는 통치자가 아니라 국민의
> 이익을 위해 존재한다."
>
> — 토마스 제퍼슨

　　미국독립선언문은 인간의 자유, 평등, 그리고 행복을 추구할 권리와
같은 도덕적 가치들을 구현하기 위하여 시민은 정부를 선택할 권리가
있다고 주장한다. 미국 정부의 권위는 이러한 도덕적 가치들을 근거로
제정된 헌법에서 유래하고 있다. 모든 민주정부의 권위도 헌법에 근거
한다. 그리고 민주정부의 도덕적 권위는 시민의 집단적인 신념, 태도
및 가치로부터 나온다. 정부의 도덕적 권위는 공동체적 가치, 사상, 그
리고 이상에서 파생된 책임과 의무를 구성하는데, 이것은 모든 민주주
의 국가의 정부들의 공통된 요소다. 민주주의의 관점에서 보면, 권위의
본질은 형식과 내용에 있어서 도덕적이어야만 한다. 그렇지 않으면 사
회적 폭력, 혼돈 및 강제가 규범 혹은 표준이 될 것이다. 따라서 도덕적
권위는 공동체적 가치와 이상, 그리고 시민의 집단적 신념과 태도에 근

거한 시민의 자발적 동의를 전제한다. 이것 없이는 민주주의는 존재할 수 없으며, 공공 리더십은 권위를 인정받기 어렵다.

공공 리더십은 정부의 도덕적 권위에 근거한다. 공공 리더십은 공공 정책을 구현하기 위하여 자원들을 효과적으로 동원한다. 리더의 특성과 기술, 비전과 창의성, 그리고 기타 다른 요소들로 리더는 충분히 좋은 결실을 맺을 수 있다. 그러나 공공 리더십은 보다 더 중요하게 윤리와 도덕을 포함한다. 예를 들어, 공동선_{Common good}은 개인의 삶에서 긍정적이며 유익한 차이를 만드는 정도에 따라 전체 사회, 혹은 사회 일부에 유익함을 주는 것을 목적으로 하는 공유된 가치이다. 따라서 공의롭고 진정한 공공 리더들은 공동선을 추구한다. 그들은 이 목적을 위하여 국민에게 영감을 불어 넣고 일종의 집단행동을 취하도록 요구하며, 사회구성원들간의 다양한 이해관계의 대립의 경계선을 무너뜨리는 혁신적인 개혁을 취하기도 한다. 이 모든 과정에서 공공 리더십은 정부의 도덕적 권위와 정당하게 결정된 법과 공공정책들을 정의롭게 공정하게 집행한다.

린든 존슨_{Lyndon B. Johnson}은 존 F. 케네디 대통령의 암살로 충격에 휩싸인 미국사회와 시민들의 불안과 혼란 속에서 대통령에 취임했다. 그는 대통령에 취임하면서 케네디 대통령이 추구해왔던 정책을 그대로 계승할 것임을 약속하고 케네디 대통령의 내각과 백악관을 수용하는 포용성을 발휘하면서 대내적인 안정을 빠른 속도로 회복했다. 그는 대통령으로서의 공공 리더십을 가장 이상적으로 대내정치에서 발휘했다. 그의 리더십은 민권법 제정과 위대한 미국건설이라는 '아메리칸 드림'에서 빛을 발휘했다. 존슨은 이 두가지 정책을 통해 정부의 도덕적 권위에 근거한 공공 리더십이 추구하는 공동선의 이상을 실현하는 가장 대표적인 모델을 보여주었다.

존슨은 마르틴 루터 킹의 인권투쟁을 다루는 과정에서 헌신적으로 국민들의 의견을 청취했고, 내부의 대립과 갈등의 실체를 파악하고, 경쟁관계에 있는 모든 세력들과 끊임없이 이어져왔던 대화들을 법률과 정책으로 변환시키는 리더십을 성공적으로 발휘했다.

존슨은 또한 미국에서의 인간의 빈곤과 실업에 대한 '전면전$_{\text{all-out war}}$'을 선포했다. 그는 모두가 풍요를 꿈꾸는 위대한 사회를 세우기 위해 역사상 가장 광범위한 감세정책과 소비증진, 국민건강 프로그램, 역사상 가장 효율적인 대외원조 프로그램의 달성, 보다 더 효과적인 교통수송 정책, 더 많은 학교, 더 많은 도서관, 그리고 더 많은 병원을 세워야 할 것임을 강조하면서 개혁을 촉구하고 추진했다. 이것은 미국의 '아메리칸 드림'이었다. 존슨 대통령의 '빈곤과의 전쟁 선포'와 이를 추진하고자 하는 개혁의지는 보다 나은 사회를 만들고자 하는 공공 리더십의 의무와 비전의 중요성을 깨닫게 한다.

오늘날 현실 세계에서 공공 리더십은 커다란 변화와 도전에 직면해 있다. 세계화와 분권화는 국가적인 경계와 문화를 바꾸었다. 그리고 정보통신기술의 발전은 일과 소통의 방법들을 바꾸었다. 21세기의 새로운 도전과 변화들은 특성상 국가적$_{\text{national}}$인 것이 초국가적$_{\text{transnational}}$인 것으로 변하게 했다. 자본과 인력의 자유로운 국제이동이 보편화되어 정부는 금융서비스 개선, 국내 노동시장의 유연성, 시장 규제완화, 일자리 창출과 기업혁신 유도 등 다양하고 역동적인 움직임과 요구들에 대해 정부의 효과적인 대응이 강조된다. 게다가 사회부문에서 민주적인 역량이 강화되었을 뿐만 아니라 정보창출 능력이 더욱 증대되고, 공공부문이 독점하던 정보들이 사회적으로 공유되는 추세로 부분적으로는 정부의 권위와 신뢰의 수준이 매우 약화되어 공공 리더십의 일반적인 위기 상황이 세계적으로 확산되어 있다.

정부가 이러한 요구와 위기에 대하여 효과적으로 대응하기 위해서는 공공 리더십에 대한 새로운 인식의 전환이 필요하다. 전통적으로 정부가 어떤 서비스와 혜택을 제공하는 역할에만 머무는 것이 아니라 정부 자신과 공공부문의 혁신을 통한 시장창출이라는 개혁적 리더십이 요구된다. 공공 리더십이 도덕적 권위에 근거하여 이와같은 과감한 개혁을 통해 혁신적인 국가 혹은 정부_Innovative state or government 를 창조하는 것이 오늘날 시대가 요구하는 공공 리더십의 미래일 것이다.

우리는 이미 영국병을 치유했던 마가렛 대처의 작은 정부 혁신에서 이것을 경험했다. 이런 의미에서 공공 리더십은, 혁신은 새로운 결합을 가져온다는 슘페터_Joseph Scumpeter 의 '창조적 파괴_Creative destruction '의 의미를 새롭게 인식할 필요가 있다. 또한 공공 영역에서 리더와 추종자의 지휘와 통제라는 전통적인 관계에 따른 순응이 아니라 공공 리더들의 도덕적 권위와 자발적 헌신을 통해 추종자들의 헌신을 끌어내는 리더십의 변화가 필요하다. 이것은 장기적으로 공공부문의 부패를 방지하는 도덕적이며 윤리적인 힘으로 작용할 것이며, 공공 리더십이 국민의 신뢰와 사랑을 받는 요체가 된다. 결국 공공 리더십의 생명은 도덕성에 있으며, 공공 리더의 도덕성은 민주주의 국가와 정부를 더욱 공고화하는 핵심이 된다.

도움이 되는 책들

Bowman, James S., Jonathan P. West, and Marcia A. Beck. 2009. *Achieving Competencies in Public Service: The Professional Edge.* Routledge.

Cohen, Jeffrey E. 2015. *Presidential Leadership in Public Opinion: Causes and Consequences.* Cambridge University Press.

Crosby, Babara C. and John M. 2005. *Leadership for the Common Good: Tackling Public Problems in a Shared-Power World.* San Francisco, CA: Jessey-Bass.

Edwards III, George C. and Stephen J. Wayne. 2009. *Presidential Leadership: Politics and Policy Making.* Wadsworth Publishing.

Gardner, John W. 1990. *On Leadership.* New York: The Free Press.

Hart, Paul. 2014. Understanding Public Leadership. Palgrave Macmillan.

Henry, D. J. 2009. *Public Administration and Public Affairs.* Pearson.

Nye, Joseph S. 2014. *Presidential Leadership and the Creation of the American Era.* Princeton University Press.

Perry. James L. ed. 2009. *The Jossey-Bass Reader on Nonprofit and Public Leadership.* Jossey-Bass Publishers.

Sims, Ronald R. and Scott A. Quatro. 2005. *Leadership: Succeeding in the Private, Public, and Not-for-profit Sectors.* Routledge.

Terry, Larry D. 2002. *Leadership of Public Bureaucracies: The Administrator as Conservator.* Sharpe, M. E. Inc.

Wart, Montgomery Van. 2012. *Leadership in Public Organizations: An Introduction.* New York: Routeledge.

_____, and Dicke, Lisa. 2015. *Administrative Leadership in the Public Sector.* New York: Routeledge.

제 **2** 부

서번트 리더들

Servant Leaders

 고통을 짊어지면 상대방의 양심을 일깨울 수 있다

 생명을 존중함으로 모든 차이를 넘어서라

 눈물은 정의를 위해 섬기게 한다

 문 밖으로 나가 사랑으로 세상을 품어라

비폭력은 인류가 활용할 할 수 있는 가장 강력한 힘이다.

— 마하트마 간디(1869~1948)

고통을 짊어지면 상대방의 양심을 일깨울 수 있다

마하트마 간디

> 66 **나는 폭력을 반대한다.**
> **폭력이 긍정적인 결과를 불러온다 하더라도 어디까지나**
> **일시적인 현상이고, 폭력에 의해 파생된 악은 영원하기 때문이다."**

마하트마 간디는 진리와 비폭력의 위대한 모델로서 서번트 리더십의 특성을 가장 잘 보여주는 지도자다. 그는 위대한 자유의 투쟁자였으며, 비폭력 시민불복종 운동을 통해 그 시대에 중요한 정치 지도자의 한 사람이 되었고, 국가의 경계를 넘어 세계적인 지도자가 되었다. 마르틴 루터 킹과 넬슨 만델라와 같은 위대한 인권운동가들은 간디의 비폭력 사상에 영감을 받았으며, 간디의 서번트 리더십은 오늘날 전 세계에 걸쳐 수많은 지도자들의 교훈이 되고 있다. 알버트 아인슈타인Albert Einstein은 간디를 "다가오는 세대의 등불"이라고 말했다.

1947년 8월 14일 인도는 독립국가가 되었다. 그러나 인도의 독립은 인도와 파키스탄에 살고 있었던 힌두교도들과 무슬림들 사이의 심각한 갈등을 가져왔다. 이 때 간디는 비록 자신이 힌두교도였지만, 비폭력 수단으로 무슬림과의 평화를 정착시키기 위해 노력했다. 그러나 이것 때문에 1948년 1월 30일, 간디는 기도원으로 가는 도중 힌두교 광신자에 의해 암살당했다. 그가 사망하던 날, 세계 모든 국가들은 간디에게 경의를 표했다. 유엔_{UN}은 반기를 달았고, 세계는 그를 추모했다. 간디는 비폭력 저항운동을 전개할 때 어떤 정부와 국제기구와도 연결고리가 없었던 유일한 인물이었다. 위대한 영혼이란 의미의 '마하트마_{Mahatma}'라는 용어를 대중화시킨 사람은 타고르_{Rabindranath Tagore}였다. 간디는 그의 위대한 이상과 한 국가로서 인도의 발전에 기여한 이유로 마하트마 간디로 불렸다.

사상과 행동의 일치를 보여준 삶

1869년에 간디는 인도 아라비아 해안가 근처 포르반다르에서 태어났다. 그의 가족은 상업과 농업에 종사하는 인도 사회의 중간계층인 바이샤 계급에 속해 있었다. 간디의 가문은 동일한 계급의 다른 가문들에 비해 도덕적 기준이 높았다. 간디의 어머니는 신앙심이 매우 깊었으며, 그녀는 금식을 자주했다. 아버지는 엄격했으며, 법률적인 문제들을 매우 잘 처리하는 능력을 지녔었다. 간디가 법학을 공부하고 높은 도덕적 차원을 유지하는 삶을 살 수 있었던 배경에는 부모의 영향이 있었다. 소년 시절의 간디는 수줍음이 많은 평범한 아이였지만, 같은 또래 아이들에 비해 마음을 다스리고 도덕적 진심을 지키기 위해 노력한 소년이었다.

간디는 19살이 되던 해인 1888년에 주변의 만류에도 불구하고 법학을 공부하기 위해 그의 인생을 완전히 바꾸게 될 영국으로 유학을 떠났다. 영국에서 보낸 유학시절은 청년 간디에게 많은 영향을 끼쳤다. 그는 영국에서 이질적인 문화를 체험했다. 그가 경험했던 영국의 다양한 정치적, 사회적, 그리고 정신적 환경은 그에게 충격적이었다. 특히 만국박람회를 방문하기 위해 파리를 방문한 이후 유럽에서 보낸 3년의 경험은 인도인으로서 간디의 정체성을 더욱 확고하게 했다. 영국에서 간디의 변호사 생활은 그리 성공적이지 못했다. 그러나 간디는 많은 독서와 풍부한 삶의 체험을 통해 자신의 사상적 기초를 든든하게 할 수 있었다. 이 시기에 간디는 기독교 관련 서적을 중심으로 많은 종교서적들과 신지학_{Divine wisdom} 등에 관한 서적들을 읽었고 평화주의와 같은 새로운 이념 운동에 대한 지식을 습득했다.

1891년에 간디는 영국 생활을 정리하고, 인도로 돌아왔다. 그는 인도에서 변호사로서 유익한 일들을 많이 하고 싶었지만 별다른 보람을 느끼지 못해 이곳에서 변호사로서의 미래가 불투명하다고 판단하여 인도를 떠나고자 했다. 그러던 어느날 남아프리카 더반에서 한 소송사건을 맡아 달라는 요청을 받게 되어 1893년에 간디는 주저없이 인도를 떠나 남아프리카 더반으로 갔다. 간디는 이곳에서 변호사로서 유능함을 인정받았다. 어느 정도 세속적인 성공도 이루었다. 더반에서 그는 자신에게 주어진 역할과 삶을 무척 즐겼다. 어렵고 힘든 법정 논쟁이었지만, 간디는 남아프리카에서 변호하는 사건을 해결하는데 많은 기쁨을 누릴 수 있었다. 그는 당시 자신의 경험과 기쁨에 대해, "나의 기쁨은 끝이 없었다. 나는 참된 법 집행을 배웠고, 인간본성의 더 좋은 면을 발견했고 그런 인간의 마음 속으로 들어가는 것을 배웠다."고 자신의 전기(2012)에서 기술했다.

남아프리카에서 활동했던 20년 동안, 간디는 장차 세계적인 지도자로 부각되는데 기반이 되는 자신의 목표와 신념, 그리고 가치체계 등을 내면적으로 확립하면서 그것들에 근거한 실천사상을 개발하고 행동으로 옮기는 삶을 살 수 있었다. 남아프리카에서 인도인의 지위는 매우 불투명했다. 인도인은 이미 영국에서 노예제도가 폐지되었기 때문에 노예가 아니었으며, 법률적으로 그들은 유럽계 주민들과 동등한 시민이었다. 그러나 실제적으로 인도인은 경멸과 착취의 대상이었고, 그들은 반야만인 취급을 받았다. 인도인은 당국의 허가없이 보도를 걷거나 밤에 바깥을 돌아다닐 수도 없었다. 이와같은 인도인에 대한 인종편견과 부당한 차별대우가 만연된 남아프리카의 현실은 간디가 인도인을 이끄는 지도자로 부상하는 배경이 되었다.

간디는 인도인이 정치 사회적으로 동등한 권리를 갖지 못한 현실에 깊은 모욕감을 느꼈고, 이러한 부당한 환경을 개선하기 위하여 조직을 만들고 출판물을 간행하고 변호사로서 각종 청원서를 제출하면서 지속적으로 투쟁했다. 이와 같은 간디의 저항방법은 평화적인 것이었다.

다른 한편, 이 시기에 간디는 영국의 사회 이론가 존 러스킨John Ruskin 과 러시아의 대문호 레오 톨스토이Leo Tolstoy의 작품들과 미국의 사회 사상가 헨리 데이빗 소로Henry David Thoreau의 시민불복종에 관한 글들을 읽으면서 적극적인 행동가다운 자신의 사상과 철학을 형성하고 그것을 실천할 수 는 길을 찾기 위해 노력했다.

인도인의 지위 개선을 위한 다양한 저항 방법과 지적 경험을 통해 체계화된 간디의 비폭력 원리는 자신의 내면적 가치와 도덕성을 근거로 이루어진 것으로서 그는 물질세계를 초월하고 금욕적인 삶을 통해 남아프리카에서 인도인이 그의 투쟁원리에 적극적으로 참여하도록 이끌었다. 그의 비폭력 원리를 가장 잘 보여주는 대표적인 것이 바로 '사티아그라하$_{Satyagraha}$'라고 알려진 운동이다. 이것은 인종편견과 부당한 차별에 대하여 비폭력적으로 저항하면서 죽음도 감수하는 운동이었다. 이 운동은 평화적 저항으로서 서로의 견해가 달라도 비폭력적 방법을 사용한다면 서로의 차이를 넘어 일치와 연합을 이룰 수 있다는 간디의 철학을 반영하였다.

1914년 말, 간디가 남아프리카에서 변호사 생활을 정리하고 다시 고국 인도로 돌아왔을 때, 그는 인도가 처해있는 부당하고 억압적인 현실들을 개선하기 위해 비폭력 원리를 실천한 투쟁을 전개했고, 이 과정에서 여러 차례 투옥되기도 했다. 1918년 간디는 인도 중서부 도시인 아흐메다바드$_{Ahmedabad}$에서 공장근로자들과 공장 소유주들 간의 분쟁이 일어났을 때, 그들간의 평화로운 타협을 유도하기 위해 단식투쟁을 결행했고, 다양한 투쟁방법을 고안해 실천하여 양측이 모두 공정한 해결책에 도달하도록 노력했다. 그는 이 사건을 해결하는 과정에서 자신의 강한 신념을 위해 자기의 존재, 자기의 생명을 걸었다. 결국, 아흐메다바드의 사태는 평화적으로 해결될 수 있었다. 간디는 아흐메다바드 사태를 통해 그가 인도에서 펼칠 비폭력 저항인 사티아그라하 운동이 생명력있는 운동임을 확인했을 뿐만 아니라 이 운동의 도덕적 권위를 확보할 수 있었다.

1930년 3월 12일 간디는 유명한 '소금행진$_{Salt\ March}$'을 주도했다. 그는 추종자들과 함께 아흐메다바드를 출발해서 잘라푸르 근처의 해안 지방인 단디_{Dandi} 바닷가로 24일에 걸쳐 241마일을 행진했다. 소금행진은 영국이 소금에 부과한 세금에 항의하는 것으로서 간디와 시위대는 모래를 한 움큼씩 움켜쥐고 바닷가에 섰다. 이 시위로 인해 수많은 사람들이 무장경찰에 의해 폭행을 당했고 그들은 손에 움켜쥔 모래를 풀며 그대로 바닷가에 쓰러졌다. 폭력이 난무하고 유혈사태가 눈 앞에서 펼쳐지는 비참한 광경을 보면서도 소금행진 시위대는 비폭력적으로 대응했다. 결국 소금행진의 유혈사태는 세계 여론의 비난을 받았고, 영국은 인도에 대한 도덕적 지배권을 영원히 상실하게 되었다.

소금행진은 간디가 남아프리카 공화국에서 시작했던 비폭력 운동의 원리인 사티아그라하 정신을 전 세계에 보여주었다. 이로 인해 간디는 도덕적으로 세계적인 지도자로 부각되었고, 훗날 간디의 명예와 도덕성은 인도의 독립에 커다란 영향을 키쳤다.

사명감과 비전

간디는 사명감이 충만한 비전의 사람이었다. 그는 남아프리카에 거주하는 인도인의 권리와 자유를 위하여 투쟁하며 평등한 인간사회를 세우기 위해 헌신했다. 그는 당시 인도가 처했던 시대적 상황에서 인도인에게 새로운 정신, 즉 자기존중과 그들의 문명에 대한 강한 자부심을 심어주어 인도를 새롭게 소생시킨 영감있는 지도자였다. 간디의 비전은 인종차별 철폐와 인도의 독립, 그리고 인도의 힌두교도와 무슬림교도들의 연합이었다. 그는 단순한 정치인이 아닌 그 이상의 위대한 정치 지도자였으며 비전의 사람이었다.

남아프리카에서 간디는 자신의 사명감을 깨닫는 중요한 사건을 경험했다. 어느 날 간디는 남아프리카 나탈 주에서 트란스발 주의 프레토리아$_{Pretoria}$로 여행을 가기 위하여 기차를 탔는데, 이곳에서 간디의 인생을 바꾼 결정적인 사건이 발생했다. 간디는 1등석 표를 구입해 그곳에 앉아 있었는데, 한 백인 승객이 유색인종과 같은 공간에 있기를 거부하자 승무원은 간디에게 3등석으로 자리를 옮기라고 지시했다. 그러나 간디가 이에 불응하자 결국 그는 기차 밖으로 쫓겨 났고, 기차역 대합실에서 추위를 떨며 밤을 보내야만 했다. 뿐만 아니라 여행 중 그가 투숙한 호텔도 마찬가지였다. 그는 자신에 대한 부당한 대우에 분노했다. 프레토리아에 도착한 후 간디는 인도인에 대한 부당한 차별에 대해 논의하기 위하여 그곳에 사는 모든 인도인들을 소집했다. 여기서 간디는 인종차별의 부당한 현실을 고발하고 억압받는 인도인을 위하여 자신의 삶을 바치기로 결심했다. 훗날 간디는 자신이 이러한 비전과 사명을 품게 되었던 계기는 기차역에서 추운 밤을 지새웠던 그날 밤에 있었다고 고백했다.

"나는 인도인 정착자들의 힘든 상황을 글로 읽고 귀로 들어서 뿐만 아니라 내 몸으로 직접 체험해서 자세하게 알 수 있었다. 남아프리카는 자존심이 있는 인도인이 살 곳이 못된다는 것을 알았고, 어떻게 이런 상태를 개선시킬 것인가 하는 문제에 내 마음은 점점 더 사로잡혔다."

간디는 자신의 목표, 가치, 신념, 그리고 행동에 있어서 필요한 변화를 인식하고 자신의 내면을 새롭게 정립하면서 섬김에의 소명과 사명감을 고취시켰다. 그는 자신의 물질적 세계를 포기했고, 희생은 자신의 삶의 법칙이라는 생각을 가졌다. 그는 변호사로서의 모든 지위도 포기했다. 나탈과 트란스발에서 그는 인종편견과 차별을 철폐하기 위하여 자신의 모든 열정에 헌신했다. 동시에 그는 이러한 투쟁의 헌신적 삶을 통해 인도인을 자유케하라는 소명을 믿었다.

남아프리카에서 전개된 저항운동이 널리 알려지자 간디는 인도에서도 유명 인사가 되었다. 간디는 자신의 정치적 동지이자 인도 문제에 대해 조언을 아끼지 않았던 인도 국민회의 지도자 가운데 한 사람인 고팔 크리슈나 고칼레_{Gopal Krishna Gokhale}의 도움으로 인도 전역을 여행할 기회를 얻었다. 그는 일부러 3등칸 기차를 타고 조국의 현실을 직접 눈으로 확인했고, 여행 중 접한 그리고 알게된 모든 상황들을 마음에 새겨두면서 앞으로 자신이 조국을 위해 무엇을 할 수 있는지 그 방향과 목적, 그리고 행동지침 등을 구상했다.

1914년 말 그가 인도로 돌아 온 후, 조국이 영국의 지배를 받고 있는 현실에서 간디의 비전은 인도의 독립을 구하는 것이었으며, 그리고 독립과 분리 이후, 그의 비전은 힌두교와 무슬림이 복수와 보복이 아니라 연합하여 사는 것이었다. 간디는 영국의 지배로부터 인도를 자유케하고, 그의 생애 마지막날 까지 힌두교와 무슬림 사이의 증오를 철폐하고 인도인들이 조화로운 삶을 살도록 하는 것이 자신의 사명이라고 믿었다.

비폭력 운동의 원리 '사티아그라하'

간디의 서번트 리더십을 이해하는데 중요한 정신이자 사상은 '사티아그라하'이다. 간디는 이것을 바탕으로 말과 행동의 일관성을 철저하게 지켰던 지도자였다. 그는 자신의 삶을 통해 그것을 증명했다. 그는 이 과정을 통해 자기 존재의 정체성과 의미를 확연하게 드러냈고, 그가 이러한 삶을 통해 남겨 놓은 귀중한 유산은 영국으로부터 인도의 독립을 쟁취하는데 큰 도움이 되었을 뿐만 아니라 남아프리카와 인도에서 그가 평생 전개했던 비폭력 저항을 통해 어려운 문제들을 해결하는데 크게 기여했다.

간디는 '사티아그라하' 운동을 비폭력 원리를 바탕으로 일관성을 유지하며 전개했다. 간디가 펼쳤던 사티아그라하 운동의 사상적 기초는 풍부한 독서를 통해 형성되었다. 그는 토마스 카알라일Thomas Carlyle, 랄프 왈도 에머슨Ralph Waldo Emerson, 그리고 토마스 헉슬리Thomas Huxley와 같은 동시대 작가들의 작품을 즐겨 읽었을 뿐만 아니라 헨리 데이빗 소로의 시민 불복종 운동에 관한 글들과 성경이나 코란, 그리고 바가바드 기타와 같은 종교 서적을 많이 읽었다.

그러나 간디가 가장 크게 감명을 받고 그에게 깊은 영향을 끼친 작가는 톨스토이였다. 그는 톨스토이의 작품들을 통해 목적 달성의 수단으로서 폭력에 호소하는 것으로부터 벗어났을 뿐만 아니라, 인간의 권리보다는 의무, 그리고 인간의 문제에서는 사랑이 중요하다는 사실에 주목하게 되었다. 이러한 경험과 영향은 간디에게 비폭력 원리를 세우는데 크게 기여했다.

간디가 처음으로 사티아그라하에 대해 공개적으로 말한 곳은 남아 프리카였다. 그는 진리와 사랑에서 태어난 힘이란 뜻을 강조하기 위해 이 용어를 사용했다. 간디가 사용한 이 용어의 목적과 사상의 본질에 대해 하워드 가드너 Howard Gardner (2006) 는 다음과 같이 설명한다.

"그것은 오랜 세월 인도인들이 자기에게 가해진 불의에 사람들의 이목을 집중시키고 같은 지역내에 존재하는 사람들간의 보다 인간적이고 동등한 관계를 확보하기 위해 실천했던 방법이었다. 사티아그라하는 두 세력이 그 내부에서 불화와 반목 상태에 놓여 있는 공동체의 존재를 전제한다. 사티아그라하의 신봉자는 폭력과 고통 혹은 위협을 통해 서로 대결하는 대신, 몸소 고통을 짊어짐으로써 상대방의 양식과 양심을 일깨운다. 이를 통해 진리파지자 satyagrahis 는 상대방을 개심시키고 그들이 자진해서 동반자가 되기를 바라는 것이다."

사티아그라하 운동은 힘이 아닌 정신으로 감당하는 운동이다. 간디는 폭력적인 방법으로 정부의 법률이나 정책이 폐기 혹은 변경되도록 하는 것은 이미 힘을 사용한 것이나 다름 없다고 생각했다. 그러나 법에 복종하지 않고 그로 인해 어떤 처벌을 받는다면 그것은 영혼의 힘을 사용한 것이 된다고 믿었다. 따라서 이러한 선택은 자기의 희생이 절대적으로 요구된다. 사티아그라하 사상에 근거한 간디의 비폭력 원리에서 우리는 서번트 리더십의 중요한 요소로서 자기 희생의 원리를 발견한다.

겸손과 온전함

서번트 리더로서 간디는 겸손과 온전함을 잘 보여준 사람이었다. 간디는 겸손한 지도자였다. 겸손은 한 인간의 자아를 가장 올바르게 평가할 수 있는 능력이다. 간디는 영향력을 행사하는 위치를 바라지 않았다. 그가 인도 국민회의 지도자였지만, 네루Jawaharlal Nehru와 같은 젊은 리더들이 나타났을 때, 간디는 그들에게 국민회의 지도자들이 되도록 길을 내주었다. 인도 독립 후, 간디는 정부 내 어떤 자리에도 오르지 않았지만, 인도가 안고 있는 문제들을 해결하기 위하여 자신의 삶을 희생했던 겸손한 종으로 남아 있었다.

온전함이란 말과 행동의 일관성이다. 간디는 높은 수준의 온전함을 유지했다. 1896년 중반에 간디는 남아프리카에서 인도로 돌아갔다. 그는 인도에서 약 6개월 간 머물면서 남아프리카에서 인도인이 받는 부당한 차별에 대하여 캠페인을 벌였다. 이 일은 남아프리카 언론에 의해 과장 왜곡되어 보도되었고, 이것은 남아프리카 백인들 사이에서 맹렬한 분노를 일으키는 원인이 되었다.

1896년 12월 말, 간디는 다시 남아프리카로 돌아갔다. 1897년 1월 13일 간디가 남아프리카 해변에 도착하자마자, 수많은 군중들이 그를 에워쌌고, 그들은 간디를 향해 돌, 벽돌, 그리고 달걀을 던졌다. 군중들은 간디의 터반을 벗겨 찢어 버렸고, 그를 발로 차고 때렸다.

수일 후, 나탈 당국은 간디에게 그를 가해했던 사람들을 체포할 수 있도록 그들의 신원을 알려줄 것을 요청했다. 간디는 여러 명의 가해자들을 알고 있었지만 그들을 기소하는 것을 거부했다. 그는 이 일은 그들의 잘못이 아니었다고 말했다. 간디는 그의 가해자들을 용서했다. 간디는 항상 인도인에게 비폭력 저항운동을 위하여 용서를 설교했었고, 그의 말과 행동은 일관성을 유지했다. 간디는 모든 사건들은 일상적인 관점에서가 아니라 다른 사람들에 대한 섬김이라는 한 정신의 관점에서 보았다. 그는 자신의 철학을 실천했고, 그의 원칙을 따라 살았다.

높은 수준의 도덕성

서번트 리더들은 추종자들에게 높은 이상, 도덕적 가치, 그리고 높은 수준의 어떤 것들을 요구할 때, 그들은 언제나 깊은 사유를 통해 자신이 추구하는 목적과 사용하는 수단이 도덕적으로 합당하고, 정당하다는 확신을 갖는다. 간디가 영국과 투쟁할 때, 사용한 것이 사티아그라하였는데, 이것은 문자 그대로 진리에 대한 확고한 주장을 의미한다. 간디는 영국의 부당한 행위에 대하여 사랑, 비폭력, 용서, 그리고 평화적 시민불복종으로 대응했고, 인도인을 무혈혁명으로 성공적으로 이끌었으며, 마침내 독립을 쟁취했다. 이와 같은 간디의 도덕적 용기는 자신이 어떤 개인적 이익을 추구하고자 하는 것이 아니며, 추종자들에게 자신이 하고 있지 않은 희생이나 자신이 당하고 있지 않은 피해를 감수하라고 요구하는 것이 아님을 보여주는 것으로서 그로 하여금 비폭력 원칙을 지키도록 했으며, 이러한 행동은 훗날 마르틴 루터 킹과 넬슨 만델라에게 지대한 영향을 끼쳤다.

간디는 올바른 일을 하기 위해서는 그것을 정당화할 수 있는 도덕적 사유를 하도록 사람들에게 영향을 끼쳤다. 그는 모든 사안에 대해 도덕적 정리를 만들어서 해답을 찾으려 했다. 자신이 예측치 못한 일탈행위를 했을 때 그는 두번 다시 이런 행동을 하지 않겠다고 자신에게 약속했다. 이러한 도덕적 자기 사유는 그의 행동의 정당화와 정신적 평화, 그리고 자기실현에 없어서는 안될 매우 핵심적인 것이었다.

자신의 행위를 정당화하는 도덕적 사유와 관련한 대표적인 사례는 인도가 영국으로부터 부당한 대우를 받고 있었지만, 제1차 세계대전 당시 영국을 도운 사건을 들 수 있다. 영국은 1914년 8월 4일에 제1차 세계대전을 선포했다. 그리고 간디는 이틀 후인 8월 6일에 영국에 도착했다. 인도가 비록 영국 정부의 지배를 받고 있고, 인도가 독립을 위해 투쟁하고 있는 중이라 할지라도, 간디는 많은 인도인을 동원하여 그들과 함께 부상당한 수 많은 사람들을 치료하고 돌보았다. 이것에 대해 간디(2012)는 다음과 같이 말했다.

"만일 우리가 영국의 도움과 협조로 우리의 지위를 개선할 것이라면, 그들이 필요로하는 시간에 그들의 편에서 그들이 승리하도록 돕는 것이 우리의 의무였다. … 나는 영국의 필요가 우리의 기회로 전환되지 않을 것이며 전쟁이 지속되는 동안 그것은 우리의 요구들을 압박하게 될 것이라고 생각했다. 그래서 나는 나의 조언을 따르는 자원봉사자들을 초대했다. 실제적으로 자원봉사들 가운데는 모든 지역과 모든 종교들이 고루 참여하는 좋은 반응이 있었다."

간디가 높은 수준의 도덕적 삶을 유지할 수 있었던 중요한 수단은 청빈한 삶과 극도의 자기절제를 나타내는 극기와 같은 수행 방법 때문이었다. 그는 남아프리카에서 비폭력 저항운동을 실천할 때 자신의 모든 물질적 소유를 포기했었다. 그는 세속적인 소유를 물리치고 검소한 생활을 실천했고, 본인 스스로 자신의 옷을 만들어 몸에 걸치고 다님으로써 안락한 삶을 멀리했다.

어린 시절 어머니로부터 보고 배웠던 단식은 간디의 금욕적 삶을 지탱해주는 가장 큰 유산이었다. 단식은 간디가 자신을 따르는 사람들에게 금욕적 삶의 수행을 통해 인간이 얼마나 내적 평화의 힘을 소유할 수 있는가를 보여 주었을 뿐만 아니라, 이것은 인도의 독립을 촉구하는 운동과정에서 간디의 정치적 설득의 도구가 되기도 했다.

간디는 이처럼 인간이 물질적 자원이 부족한 환경에서 어떻게 생존할 수 있는지를 직접 보여줌으로써 추종자들로부터 높은 수준의 도덕적 권위를 인정받을 수 있었으며, 자신 또한 이러한 행위들을 통해 추종자들에게 도덕성을 요구할 수 있었다.

자발적 복종

간디의 서번트 리더십에서 중요한 자질들 가운데 하나는 자발적 복종Voluntary subordination이다. 이것은 다른 사람들을 위한 종이 되기 위해 자발적으로 자신을 포기하는 일종의 자기혁명적 의지다. 간디는 다른 사람들에 대한 하나의 섬김의 상징이었다. 대부분의 지도자들은 그들이 이끄는 사람들 보다 자신을 높은 위치에 올려놓기 위해 힘의 상징들과 자신을 동일시한다. 그러나 간디는 스스로 자신이 섬기고 있었던 사람들을 상징했다. 그는 자신이 섬기는 사람들과 같이 천조각으로 두른 옷을 입었고 자발적인 가난을 실천했다. 그는 힘이 아니라 섬김을 상징했다.

간디는 종으로서 그의 삶에서 섬김의 행위들과 결합된 자발적 복종을 나타내는 탁월한 자질을 갖고 있었다. 지도자의 내면에 있는 종의 자질은 서번트 리더들을 우선적으로 그들 자신을 지도자가 아닌 종으로 바라보게 한다. 간디$_{(2012)}$는 자신이 어떻게 사람들을 섬기는 일에 기쁨과 특권을 가졌는가에 대해 다음과 같이 말했다.

"가난한 사람들을 위해 봉사한다는 것이 나의 진정한 욕망이 되었다. 그리고 그 욕망은 언제나 나를 가난한 사람들 속으로 끌어 넣었고, 그들과 함께 나 자신을 동일시 하도록 나를 이끌었다."

"…섬김$_{Service}$은 사람이 그것에 즐거움을 느끼지 못한다면 아무 의미가 없다. 공공여론을 위해 혹은 그것에 두려워 봉사를 할 때, 그것은 사람을 퇴화시키고 정신을 타락시킨다. 기쁨이 없는 섬김은 봉사든 수고든 어떤 것에도 도움이 되지 못한다. 그러나 모든 다른 즐거움과 소유는 기쁨의 정신으로 행해지는 섬김 앞에서 아무 것도 아니다."

서번트 리더 간디

마르고 볼품없는 외모, 탁월하지 않은 연설 실력, 그리고 부족한 카리스마를 지녔던 간디는 어떻게 인종차별주의와 싸우고, 분열된 민족을 하나로 묶어 인도의 독립을 쟁취하고, 힌두교와 무슬림의 연합과 일치를 위하여 헌신적인 삶을 살면서 인도의 민족 지도자로, 그리고 세계의 위대한 지도자로 우뚝 설 수 있었을까. 그는 인도의 명문가 출신도 아니었고, 막대한 부를 소유한 기업가도 아니었고, 정치사회적으로 권력을 행사할 수 있는 높은 지위에 있었던 것도 아니었다. 그는 연약한 인간에 불과했다. 그러나 그의 정신과 행동은 오늘날 세계에서 가장 위대한 서번트 리더십의 자질을 보여주는 것으로서 그는 우리의 위대한 멘토로 영향을 끼치고 있다.

간디는 자기 이익과 물질적 성공을 초월하게 하는 가치들을 더욱 증진시키는 전인적이며 통합적인 삶을 살기 위해 노력했다. 간디는 그의 재산과 개인적인 소유물들, 그리고 자신의 경력을 포기하고 남아프리카에서 인종편견과 차별을 위한 비폭력 시민운동을 전개했다. 간디의 비폭력 운동은 폭력을 거부하는 행위의 차원을 넘어 적극적인 사랑의 실천이자 힘이었다. 간디에게 있어서 비폭력은 인간이 행위로 나타낼 수 있는 가장 최선의 사랑이었다.

간디의 소명과 목표, 그리고 가치에 대한 열정과 헌신은 인도의 독립을 위한 비폭력 저항주의로 나타났고, 인도 독립 후 힌두교와 무슬림의 연합을 위한 섬김의 삶을 살아가도록 이끌었다. 간디는 전인적인 통합된 삶을 실천적으로 보여준 위대한 서번트 리더였다.

간디의 업적과 공헌은 인도를 넘어 세계로 퍼졌으며, 그는 부당한 차별과 현실에 대하여 저항할 때, 폭력이 아닌 비폭력을 통해 자신의 명예를 지키고 어떤 물리적 힘이나 권력도 그 정신을 제압할 수 없다는 사실을 세계인들에게 가르쳤다. 홈즈_{Holmes (1985)}는 간디의 업적을 다음과 같이 서술했다.

"인도의 독립이 마침내 이루어졌을 때, 어떤 다른 인도인보다도 인도 독립의 기여는 간디에게 돌려질 것이다. 또한 그들의 고귀한 문화를 회복하고, 그들의 개인적 존엄성에 대한 의식과 자기존중을 깨닫고, 나아가 자신을 통제하는 내적 삶을 훈련함으로써 그들을 정치적으로나 영적으로 자유롭게 만듦으로써 독립의 가능성 뿐만 아니라 그들을 가치있게 만드는 일에 대한 광대한 성취에 대한 기여는 간디에게 돌려질 것이다. 이것에 더하여, 고통의 굴레로부터 찢어지게 가난한 삶으로부터 인도인들을 구해내는 것은 간디의 위대한 업적이다."

마르틴 루터 킹은 "자유를 위해 투쟁하는 억압받는 사람들에게 도덕적으로나 실천적으로 바람직한 방법을 제공했다."고 말했다. 알버트 아인슈타인은 "간디는 통상적인 정치적 술수와 책략의 교활한 게임이 아니라 도덕적으로 뛰어난 실천으로도 엄청난 군중을 모을 수 있다는 사실을 보여주었다. 극심한 도덕적 부패가 만연한 이 시대에서 차원 높은 인간관계를 위해 앞장섰던 진실한 정치가였다. … 후세대는 그런 인간이 실제로 땅 위를 활보한 적이 있었다는 사실을 믿지 못할 것이다."라고 말하면서 인류사회를 위한 간디의 위대한 공헌의 의미를 강조했다(하워드 가드너, 2007). 그리고 영국 옥스포드 대학교 석좌교수 길버트 머레이Gilbert Murray(1985)는 간디에 대하여 다음과 같이 평가했다.

"국가 통치자들이 점점 더 무력에 의존하고 국가들이 법률과 형제애를 부정하는 것을 표현하는 시스템에 그들의 삶과 희망을 의뢰하는 세계에서, 간디는 외롭고 가장 인상적인 인물로 부각된다. 그는 사람들이 그를 두려워해서가 아니라 그를 사랑하기 때문에 수백만명의 사람들이 복종한 통치자이다."

간디는 마키아벨리와 같은 책략이나 권모술수가 아닌 한 인간의 내면의 진성성과 온전함, 그리고 자발적 복종과 자기절제에 근거한 높은 수준의 도덕적 우월함이 돋보이는 삶의 실천을 통해 더 높은 수준의 인간관계를 만들기 위해 자기 희생의 삶을 살았던 최고의 서번트였다.

간디는 서번트 리더의 의미를 우리의 삶 속으로 가져오면서 평범한 대중들에게 그들 자신의 선한 사회에 대한 위대한 꿈을 심어 주었고, 그들의 자발적 복종을 통해 섬기며 스스로 돕도록 권한을 부여해 주었다. 인류의 역사에서 간디와 같은 서번트 리더가 존재했다는 사실은 여전히 차별과 억압, 그리고 불평등 구조가 해소되지 않은 이 시대를 살아가는 우리에게 희망이 아닐 수 없다. 간디가 우리의 서번트 리더십의 멘토로서 교훈적일 수 밖에 없는 이유가 여기에 있다.

 도움이 되는 책들

제프리 에쉬. 2004. 『간디평전』. 안규남 옮김. 실천문학사.

에릭 H. 에릭슨. 2015. 『간디의 진리』. 송제훈 옮김. 연암서가.

루이스 피셔. 2015. 『간디의 삶과 메시지』. 박홍규 옮김. 문예출판사.

파스칼 앨런 나자렛. 2013. 『간디의 위대한 리더십』. 진영종 옮김. 홍익출판사.

하워드 가드너. 2006. 『열정과기질』. 임재서 옮김. 북스넛.

_____. 2007. 『통찰과 포용』. 송기동 옮김. 북스넛.

Easwaran, Eknath. 2011. *Gandhi the Man: How One Man Changed Himself to Change the World*. Nilgiri Press.

Desai, Ashwin. & Goolam Vahed. 2015. *The South African Gandhi: Stretcher-Bearer of Empire*. Stanford University Press.

Gandhi, M. K. 2012. *An Autobiography: The story of My Experiments with Truth*. Mahadev H. Desai (Translator). Washington DC: Public Affairs Press.

_____. 2014. *Freedom's Battle: Being a Comprehensive Collection of Writings and Speeches on the Present Situation*. The Floating Press.

Holmes, J. H. 1985. "The nature of Gandhi's greatness," in S. Radhakrishnan, (Ed.), *Mahatma Gandhi-Essays and Reflections on His Life and Work*. Jaico.

Murray, G. 1985. "Gandhi's Spiritual Authority," in S. Radhakrishnan, (Ed.), *Mahatma Gandhi-Essays and Reflections on His Life and Work*. Jaico.

Omer, Haim. 2004. *Non-Violent Resistance*. Cambridge University Press.

인간의 삶의 목적은 다른 사람들을 섬기는 것이며,
그들을 돕는 열정과 의지를 보여주는 것이다.

— 알버트 슈바이처(1875~1965)

생명을 존중함으로
모든 차이를 넘어서라

알버트 슈바이처

> 인간은 소년시절의 이상주의 안에서 진리를 발견하지
> 않으면 안된다. 소년 시절의 이상주의야 말로 그 무엇과도
> 바꿔서는 안되는 재산이다."

20세기의 역사적 인물들 가운데 알버트 슈바이처만큼 국제적 명성
과 존경을 받은 사람은 거의 드물다. 아프리카 원주민들 사이에서 그
가 이룬 업적을 인식하지 못할 정도로 배우지 못한 사람은 아마도 세계
에서 없을 것이다. 슈바이처는 철학자, 신학자, 음악가, 그리고 의사였
다. 철학자로서 그는 임마누엘 칸트에 대한 연구로 박사 논문을 작성했
고, *The Philosophy of Civilization*을 윤리 철학으로 발전시켰다. 신학
자로서 슈바이처는 20세기 예수 연구에 가장 큰 영향력을 끼친 위대한
작품들 가운데 하나로 평가되는 책 *The Quest of Historical Jesus*를 포
함하여 예수와 바울에 관한 획기적인 저서들을 출판했다. 또한 루터교
목사로서 슈바이처는 여러 해 동안 설교를 했고, 신학대학교의 학장으
로서 행정가의 면모도 보여주었다. 음악가로서 슈바이처는 그 시대 최

고의 오르간 연주자 가운데 한 사람이었으며, 바하 음악에 대한 탁월한 해석서들을 저술한 학자였다.

　의사로서 슈바이처는 적도 아프리카에서 병원을 세워 다양한 질병들로 고통받던 수많은 아프리카인들을 의술로 섬겼다. 아프리카 가봉의 랑바레네_{Lambaréné}에서 그는 병원 건축가요, 건설자요, 병원장이요, 그리고 의사였다. 그는 지칠줄 모르는 열정과 에너지로 아프리카 대륙에서 나병, 말라리아, 상피병_{elephantiasis}, 백일해, 그리고 각종 성병으로 고통당하는 수많은 사람들과 여러 사악한 질병을 앓고 있는 어린 아이들을 섬겼다.

　슈바이처가 자신의 삶과 사상을 통해 성취한 모든 것들 가운데 가장 위대한 것은, 그가 자신의 자서전 *Out of My Life and Thought* (2009)에서 밝혔듯이, '생명외경_{Reverence of Life}'사상이다. '생명외경'이란 말은 그가 오구웨 강에서 배를 타고 지나가던 중 뇌리 속을 스쳤던 통찰력으로부터 나왔다. 훗날 그는 이것은 실제적으로 "예수의 윤리", "보편적으로 확산된 사랑의 윤리"와 같은 것이라고 말했다. 슈바이처는 은퇴한 이후, 세계 평화를 위협하는 핵무기 개발과 실험을 맹렬하게 반대하는 세계 평화주의자로서 이상적인 삶을 살았다. 1952년 그는 자신이 평생 살았던 인류애적이며 헌신적인 섬김의 삶으로 노벨 평화상을 수상했다. 슈바이처는 어둠의 대륙을 계몽하기 위하여 실제적으로 자신의 삶을 헌신했던 20세기 최고의 서번트 리더 가운데 한 사람으로, 많은 사람들은 아무 주저함없이 그를 성자_{聖者}의 반열에 올려놓았다.

어린 시절과 사상의 형성 배경

슈바이처는 1875년 1월 14일 오늘날은 프랑스 영토이지만, 당시엔 독일 영토였던 알자스-로렌의 카이저스버그에서 태어났다. 그는 어린 시절을 그의 아버지가 목회를 했던 알사스의 군스바흐_{Gunsbach}에서 보냈는데, 아버지가 복음주의적인 루터교 목사였던 관계로 참된 기독교 신앙에 근거한 종교적 관용을 배우며 성장했다. 이러한 종교적 분위기는 인류에 대한 사랑의 감정을 갖도록 그의 신앙적 감정에 영향을 미쳤다. 슈바이처가 성장했던 알사스 지방은 프랑스와 독일의 국경지대로서 두 나라의 문화가 공존해있던 곳이었다. 언어와 풍습은 게르만적이었지만 인간의 의지와 감정과 같은 내면적 특성은 프랑스의 영향을 받았다. 이러한 지역적 특성은 어린 슈바이처의 내적및 외적 성품을 형성하는데 큰 영향을 미쳤다. 일반적으로 슈바이처의 철학자와 신학자로서의 언어적 특성은 독일의 영향을, 그리고 음악과 같은 예술적 감성과 재능은 프랑스의 영향을 받았다고 말한다. 특히 그의 부모는 어린 시절부터 슈바이처를 내면적 감성세계를 풍부하게 소유한 자유인으로 교육하고 양육하였다.

슈바이처의 감성교육은 훗날 그의 열정과 결합되어 모든 생명체에 대한 사랑의 마음을 갖게 하는 원천이 되었다. 사실 그는 학생시절에 자신은 좋은 부모를 만나 행복하게 살고 있지만, 자신의 주변에 두려움과 고통을 당하며 사는 사람들이 많은 것을 보고 인간의 삶의 조건의 차별과 갈등에 대해 고민했다. 자신의 주어진 환경에서의 체험을 통해 그는 인간은 행복한 삶을 살 권리가 있다는 생각으로 자신의 행복을 이웃과 함께 나누는 삶을 살아가야 하겠다고 다짐했다.

슈바이처의 인격형성에 중요한 영향을 미친 것은 음악이었다. 그는 아버지가 목사였기 때문에 어려서부터 교회음악과 친밀한 관계를 유지할 수 있었으며, 성장과정에서 오르간 연주에 대해 천부적 재능을 유감없이 발휘했고, 오르간 연주를 통해 자신의 인격의 완성을 추구하는 경험을 하기도 했다. 그는 전통적인 오르간 연주를 높이 평가하면서 좋은 오르간에 대한 싸움은 자신에게 있어서 진리에 대한 투쟁의 일부라고 말했다.

1893년 슈바이처는 몰하우스 고등학교Moulhouse High School를 졸업했는데, 이곳에서 그는 오르간 연주가인 유진 뮤니히Eugène Munch로부터 오르간 연주기법을 배웠다. 뮤니히는 십대시절에 풍부한 감성을 소유했던 슈바이처에게 독일의 국민음악가 리차드 와그너Richard Wagner의 음악에 대한 열정을 심어주었다. 고등학교를 졸업한 후 그는 프랑스의 유명한 오르가니스트 찰스 마리 위도르Charles-Marie Widor를 만나 연주를 했는데, 이 연주는 슈바이처가 오르간 연주에 타고난 재능을 갖고 있음을 보여주어 위도르는 그에게 레슨비를 받지 않고 오르간을 가르쳤다. 이 일로 슈바이처는 위도르와 오랜 우정을 돈독하게 쌓을 수 있었으며, 위도르와의 깊은 교제는 훗날 그가 바하 음악에 대한 심취와 탁월한 해석, 그리고 전통 오르간Traditional Organ과 오르간 설치Organ Building 개혁운동을 펼치는데 큰 힘이 되었다.

1893년부터 슈바이처는 스트라스부르그에 있는 카이저 빌헬름 대학Kaiser Wilhelm Universität에서 신학을 공부하기 시작했다. 그는 이곳에서 와그너의 오페라들과 음악을 다양하게 경험하였다. 1898년에 슈바이처는 파리 소르본느 대학Sorbonne University에서 칸트의 종교철학에 관한 연구로 박사

학위 논문을 완성하고, 다음 해에 튜빙겐 대학University of Tübingen에서 신학 학위를 마치고 그의 박사학위 논문을 출판했다. 그는 이 시기에 변함없이 음악에 대한 관심을 계속 이어갔다. 1901년 슈바이처는 세인트 토마스 신학대학Theological College of Saint Thomas의 학장이 되었고, 1903년엔 종신교수가 되었다.

아프리카로의 부르심과 헌신

1904년 슈바이처는 자신의 인생의 전환을 맞이했다. 그는 파리선교협회The Society Of The Evangelist Missions of Paris에서 당시 프랑스 식민지였던 아프리카 가봉에서 의사를 구한다는 소식을 듣고, 평탄했던 자신의 삶을 내려놓고 의사가 되는 어려운 선택을 해야하는 부르심에 순종하기로 결심했다. 이때 그의 나이는 불과 30세였다.

슈바이처가 다른 사람들을 위해 살기로 결단하게 된 배경에는 예수의 삶을 분리해서 결코 생각할 수 없다. 그는 어린 시절에 이미 예수에게 사로잡혔고, 예수를 떠난 자신의 삶의 미래를 생각해본 적이 없었다. 그는 예수사랑을 자신의 삶에서 실천하는 것이 곧 다른 사람들을 위해 자신의 삶을 헌신하며 섬기는 것이라고 믿었다. 슈바이처는 일찍이 신약성경 마태복음 16장 25절, "누구든지 제 목숨을 구원하고자 하면 잃을 것이요, 누구든지 나를 위하여 제 목숨을 잃으면 찾으리라."는 예수의 말씀에 깊은 감동을 받았었다. 그리고 21세 청년시절에 가족과 함께 행복한 시간을 보내면서 자신만 이런 행복을 누려도 되는가라는 생각을 하면서, 자신의 주변에 어렵고 힘들게 갈등하며 사는 사람들을 보고, 그들을 위해 섬기는 삶을 살아갈 것을 다짐했다. 그리고 그는 30세까지는 자신을 위해 학문과 예술에 집중하여 살고, 그 후에는 다른 사람들을 섬기는 삶을 살기로 결심했다.

어린 시절부터 기독교 신앙으로 내면의 의지와 열정의 토대를 닦았던 슈바이처가 프랑스 선교협회의 소식지를 통해 하나님의 음성을 듣고, 자신의 삶의 모든 것을 내려놓고 그가 일찍이 결심했던 것처럼 30세 이후 이웃을 섬기는 삶을 살기 위해 의사가 되는 것은 그에게 너무나 당연한 것이었다. 그의 가족과 친구들, 그리고 지인들은 슈바이처의 결정을 만류했다. 그들은 신학대학의 종신교수직을 보장받았고, 훌륭한 오르간 연주가요 음악가로서 명성을 얻고 있는 슈바이처가 자신의 명예와 안락한 삶의 자리, 그리고 보장된 미래를 포기하고 30세에 다시 의과대학에 입학하여 7년간 의학공부를 하는 것은 매우 비현실적인 선택이라고 생각했다.

그러나 슈바이처는 주변의 만류에도 불구하고 프랑스 선교협회를 통해 그를 부르시는 하나님의 음성을 외면하지 않고, 자신의 모든 것을 내려놓고 의과대학에 진학했다. 그는 7년간 의학공부를 하면서 자신이 갖고 있었던 이전의 지식과 경험만이 아니라 철학과 의학 그리고 신학의 접목을 통한 새로운 사상을 발견하는데 많은 노력을 기울이기도 했다. 마침내 1911년에 슈바이처는 그의 연구를 마치고, 〈예수의 정신질환치유연구 The Psychiatric Study of Jesus〉라는 학위논문을 발표했다. 이러한 그의 노력은 훗날 아프리카에서의 의료활동을 토대로 위대한 '생명외경'의 사상을 만드는 초석이 되었다.

1912년 학위를 받은 후 슈바이처는 아프리카 가봉의 오구웨 강_{Ogooué}
River에 위치한 랑바레네에서 자신의 비용으로 파리선교협회 파송 의사
로 사역을 하기로 결정했다. 그는 그곳에 작은 병원을 세우기 위해 음
악회를 개최하여 기금을 마련했다. 그리고 1913년 따뜻한 봄 어느 날
그는 아내 헬레네와 함께 아프리카의 가난하고 소외된 그리고 병든 자
들을 위한 의료 사업에 자신의 삶을 헌신하기 위해 모든 직책에서 물러
나 랑바레네로 왔다.

슈바이처는 아내와 함께 오구웨 강 입구로부터 약 2백 마일 떨어진
곳에 작은 진료소를 세웠다. 첫 9개월간 그는 아내와 함께 무려 2천 명
의 환자들을 진료했다. 그들 가운데 많은 환자들은 치료를 받기 위해 여
러 날에 걸쳐 거의 수백 킬로미터를 여행했다. 그들 대부분은 아프리카
토속질병들과 문둥병, 열병, 말라리아, 탈장, 괴사 등 다양하고 심각한
질병들을 앓고 있었다. 슈바이처 부부는 그들의 심각한 질병들을 헌신
적으로 최선을 다해 치료했다. 결국 슈바이처는 1917년 과도한 진료로
거의 탈진하여 열대성 빈혈증에 감염되어 가레손_{Garaison}으로 이송 격리
되어 치료를 받기도 했다.

해가 거듭될수록 운영자금이 부족해진 슈바이처는 병원 운영에 많
은 어려움을 겪게 되었다. 마침 과도한 진료로 건강이 나빠진터라 1차
세계대전 말기인 1918년 7월에 슈바이처는 휴가를 얻어 스트라스부르
그로 돌아와 그곳에서 문명철학_{The Philosophy of Civilization}에 대한 프로젝트를
발전시켰다. 1920년 즈음에 그의 건강은 회복되었고 그는 다시 가봉으
로 돌아가 병원운영에 필요한 기금을 모우기 위해 오르간 연주회를 개
최했다. 1922년에 슈바이처는 옥스포드 대학에서 데일 메모리얼 강좌

Dale Memorial Lectures를 이끌었고, 1923년에 그의 유명한 저작『문명의 파괴와 회복*The Decay and Restoration of Civilization*』과『문명과 윤리*Civilization and Ethics*』를 출판했다. 이 책들은 그의 강의를 토대로 저술되었는데, 이 기간 동안 슈바이처는 강연과 저술 활동, 그리고 각종 연주회를 통해 병원을 운영할 기금 모금을 위해 유럽 각지를 순회했다.

1924년에 슈바이처는 가봉으로 돌아왔는데, 전쟁의 여파로 그의 병원 건물은 완전히 무너져 있었다. 다행히 여러 곳에서 지원금이 들어와 병원을 다시 세울 수 있었다. 슈바이처는 빅터 네스만 박사*Dr. Victor Nessmann*, 마크 로터버그 박사*Dr. Mark Lauterberg*, 그리고 간호사 미스 코트만*Miss. Kottmann*과 함께 병원 사역을 다시 시작했다. 1925년에서 1926년 동안 슈바이처는 나환자를 수용할 수 있는 거주지를 추가로 세우고, 그곳 백인들을 위한 병실도 마을 한 지역에 세웠다. 병원이 다시 세워지자 많은 의료팀들과 원주민 직원 봉사자들이 구성되었고, 의료봉사활동은 더욱 활발하게 진행되었다. 그 후 병원이 안정적으로 운영되자 슈바이처는 1927년에 유럽으로 돌아왔다.

섬김의 원리 '생명외경'

슈바이처는 역사적 예수를 연구하면서 예수의 사랑을 실천하는 삶이 생명을 존중하는 거룩한 삶이라는 것을 깨달았는데, 후에 그의 깨달음은 '생명외경*Reverence of Life*'이라는 그의 도덕적이며 윤리적 삶의 원리로 발전했다. 슈바이처는 자신의 전 생애를 걸쳐 이 사상을 완성하고 실천했다. 그는 기독교의 본질은 세계 긍정에 있다고 믿었다. 이러한 긍정의 믿음은 인류의 미래에 대한 낙관적 사고와 희망을 그에게 불어 넣었다. 이것은 그의 진리에 대한 믿음이었다. 이 믿음은 고통당하고 갈등하는 인간과 모든 생명체의 고통을 자신의 가슴에 끌어안고 함께 느낄 때 절대적인 예수의 사랑이 우리 안에 충만해짐으로써 비로소 사랑의 윤리를 실천하도록 만든다.

기독교의 본질을 윤리적 세계긍정에서 발견한 슈바이처는 이 발견을 인간긍정으로 발전시켰다. 그는 세계에 대하여 인간이 아는 것이 있다면, 세계에 존재하는 모든 것은 인간 자신과 마찬가지로 '생명에의 의지 Will to Live'라는 현상이라고 믿었다. 그는 인간은 자기 자신과 자기 주위의 세계에 대하여 생각하면 언제나 자신뿐만 아니라, 자신의 주변 세계에 존재하는 모든 생명체도 살려고 하는 의지를 가진 존재라는 사실을 파악하게 된다고 했다. 따라서 인간이 아무리 세계부정을 하고 인간의 삶을 부정하려고 해도 살려고 하는 의지가 존속하기 때문에 인간은 세계와 인간을 부정할 수 없다고 보았다.

슈바이처는 이러한 깨달음은 궁극적으로 인간으로 하여금 세계나 인간의 삶을 긍정하게 함으로써 자신의 생존의 의미를 자기 내부에서 주어지고 있음을 알게 하여 이웃과 더불어 함께 살려고 하는 의지와 사상을 형성케하고, 생명에 대한 외경심을 갖고 세계긍정과 인간긍정의 윤리적 삶을 살도록 한다고 강조했다. 슈바이처는 우리가 이러한 윤리적 긍정의 세계관을 소유하면 우리가 살려고 하는 의지를 무한한 생명에 대한 의지에 헌신하는 삶을 살도록 인도하며 그것은 궁극적으로 인류와 모든 생명체에 대하여 사랑의 윤리를 실천하는 의지로 나타난다고 보았다.

슈바이처의 사랑의 윤리에 근거한 섬김의 삶은 그의 '생명외경' 사상에 근거하고 있으며, 이 사상 안에는 인간의 무한한 겸손, 세계긍정, 그리고 도덕적 선의 추구라는 윤리관이 깊게 담겨있다. 슈바이처는 모든 생명은 신비하고 신성하다고 믿었다. 그는 생각하는 능력을 지닌 인간이 선하다고 인정하는 것은 생명을 존중하는 것이며 생명을 배양하고 생명을 끝없이 펼쳐가게 하는 것이라고 보고, 인간이 생각하는 습관을 통해 자기 생명의 가치를 인식할 때 자신의 주변의 생명의 존귀함을 알게 되어 생명에 대한 경외심을 갖게 된다고 말했다. 그는 이것이 도덕의 절대적 근본원리라고 강조했다.

20세기 가장 존경받는 서번트 리더

슈바이처는 1939년부터 1948년까지 제2차 세계대전이 치러지는 동안 랑바레네에 머물렀다. 전쟁이 끝나자 그는 다시 유럽으로 돌아가 미국을 비롯하여 유럽 여러 지역을 여행했다. 1928년 그는 괴테상을 수상했고, 1952년에 슈바이처의 생애를 다룬 영화 '닥터 슈바이처의 생애_{Dr. Schweitzer' Il est minuit, docteur Schweitzer}'가 제작되었다. 그리고 그 해에 그는 자신의 평생을 통해 실천하고 완성한 '생명외경' 사상으로 노벨 평화상을 수상했다.

그의 노벨 평화상 수상 연설 제목은 〈현세계의 평화문제_{Das Problem des Friedens in der heutigen Welt}〉였다. 그의 연설은 지금까지 이루어진 노벨 평화상 수상 연설 가운데 가장 뛰어난 연설 중 하나로 평가되고 있다. 그는 이 연설에서 자신이 평생에 헌신하고 섬겼던 삶의 원리로서 '생명외경'을 다시 한번 강조하면서 오늘날 세계의 전쟁으로 인한 공포와 두려움, 그리고 갈등 가운데 고통스런 삶을 사는 이웃들에 대한 사랑의 윤리를 실천하고 인간과 세계의 회복을 추구하는 사명을 강조하면서, 연설 마지막에, "할 수 있거든 너희로서는 모든 사람과 더불어 화목하라." (롬 12:18)는 사도 바울의 말을 가슴 속에 담아 두기를 소망하면서, 이 말씀은 개인 뿐만 아니라 모든 나라들에게도 동일하게 적용되며, 이 말씀의 정신을 살려 세상의 모든 나라들이 평화를 유지하기 위해 노력할 것을 당부하면서 수상 소감 연설을 마쳤다.

슈바이처는 평생 생명외경의 사상을 사랑의 윤리와 섬김으로 실천했다. 그는 노벨 평화상을 수상하기 이전까지 정치적 발언을 거의 하지 않았다. 그러나 1952년 노벨 평화상 수상 연설을 계기로, 세계 평화가 점점 멀어져 가는 냉전 시대에서 세계긍정의 사상을 평생 소중하게 여겼던 슈바이처는 인간과 모든 생명체에 죽음의 공포를 안겨주는 핵무기의 실험과 개발을 반대하는 의사를 적극적으로 표현했다. 그는 알버트 아인슈타인, 버트란드 러셀, 그리고 존 에프 케네디 대통령에게 자신의 입장을 밝히는데 주저하지 않았다. 1957년과 1958년에 그는 4차례에 걸쳐 라디오 오슬로_{Radio Oslo}에서 반핵을 주제로 연설을 했다. 특히 1957년 4월 23일 그는 전세계를 향해 핵무기 폐지를 호소하는 〈양심선언_{Conscience Declaration}〉이란 유명한 연설에서, "원자폭탄 실험의 종말은 고통받는 인류가 갈망하는 최초의 희망의 태양빛이 될 것이다."라는 유명한 말을 남겼다. 1958년에 이 연설들은 『평화냐 원자 전쟁이냐?_{Peace or Atomic War?}』로 출판되었다.

많은 사람들은 슈바이처가 제2차 세계대전 중에도 랑바레네에 남아 가난하고 소외된 그리고 수 많은 질병들로 고통받는 아프리카와 그 땅의 사람들을 헌신적으로 섬기는 모습을 보고 그를 "아프리카의 성자_{A saint of Africa}"라고 부르는 것을 주저하지 않았다. 미국의 시사잡지 〈타임_{TIME}〉은 그가 노벨 평화상을 수상하기 이전에 이미 1949년 7월 11일 커버 스토리에서 그를 "세계에서 가장 위대한 사람_{The Greatest Man in the World}"이라고 극찬했다. 슈바이처는 노벨평화상의 상금으로 고통받는 그 땅에 나환자촌을 세웠다. 그는 자신의 생명이 존재하는 한 자신의 내면에서 우러나오는 뜨거운 생명에의 의지를 사랑의 윤리로 실천하기 위해 평생 헌신적인 섬김의 삶을 살았다. 1965년에 슈바이처는 사랑하는 사람들의 축복 가운데 자신의 90세 생일을 보내고 이틀 후인 9월 4일에 세상을 떠났다.

서번트 리더는 섬김의 삶을 살기 위해 소명과 도덕적 가치를 바탕으로 자기 희생적 삶을 실천한다. 슈바이처는 아프리카의 흑인들이 의사가 부족하여 고통받고 있는 현실을 통해 하나님의 부르심을 들었다. 그는 고통당하는 아프리카 대륙의 귀한 생명들을 위해 자신이 의사가 되어 섬기는 것이 하나님께서 자신에게 위임하신 소명이라고 믿었다. 그리고 그는 조건없는 예수의 사랑의 윤리가 생명외경의 실천윤리임을 깨닫고 자신의 도덕적 가치를 실천하며 자기희생적 삶을 살았다. 슈바이처의 도덕적 가치와 자기희생은 우리 자신을 변화시키고 이타적 사랑으로 세상을 변화시키는 서번트 리더십의 힘이다.

슈바이처는 오늘날 우리에게 섬김을 통해 어떻게 화목하며 더불어 살아갈 수 있는지 글로벌 차원에서의 윤리를 제시했다. 철학적이며 종교적인 전통들과 세계의 다양한 윤리적 주장들이 반영된 생명외경 사상은 오늘날 지구적 상황 속에서 윤리와 종교에 대한 토론의 핵심주제가 되고 있다. 세계 여러 지역에서 겪는 다양한 분쟁들의 중심에는 종교문제가 자리하고 있다. 종교적 갈등에서 비롯되는 국제분쟁 혹은 국내정치 문제는 슈바이처의 생명외경 사상에 대한 심각한 고민을 하게 만든다. 슈바이처의 생명외경은 모든 생명체에게 적용된다. 그리고 이 사상은 모든 인간의 차이에도 불구하고 그들을 존중하고 사랑의 윤리로 섬기게 하는 인류보편적 행위의 귀중한 가치를 발견하게 한다. 따라서 오늘날 21세기에서 우리는 슈바이처의 비전을 새롭게 평가하고 주목해야 할 필요가 있다. 다양한 방법을 통해 우리는 생명외경을 탐구하고, 개발하고, 나아가 그러한 윤리적인 삶을 살아가기 위해 노력해야 할 것이다.

 도움이 되는 책들

알베르트 슈바이처. 2003. 『슈바이처의 유산』. 이종인 옮김. 시공사.

_____ . 2006. 『열정을 기억하라』. 심재관 옮김. 좋은 생각.

Brabazon, James. 2005. *Albert Schweitzer: Essential Writings*. Orbis Books.

Gire, Ken. 2013. Answering the Call: The Doctor Who Made Africa His Life: The Remarkable Story of Albert Schweitzer. Thomas Nelson.

Meyer, Marvin. 2002. *Reverence for Life: The Ethics of Albert Schweitzer for the Twenty-First Century*. Syracuse University Press.

Schweitzer, Albert. 1987. *The Philosophy of Civilization*. Prometheus Books.

_____ . 1997. *Memoirs of Childhood and Youth*. Syracuse University Press.

_____ . 2009. *Out of My Life and Thought: An Autobiography*. Johns Hopkins University.

우리 모두 오랜 외로움을 안다. 우리 모두 유일한 해답은
사랑임을, 그 사랑은 공동체와 함께 오는 것임을 이제 안다.

— 도로시 데이(1897~1980)

눈물은 정의를 위해 섬기게 한다

도로시 데이

> 나는 가난하고 정결하며 순명하기를 원했다. 나는 살기 위하여 죽고 싶었고, 낡은 인간을 벗어버리고 그리스도를 입고 싶었다. 다른 말로 하자면 나는 사랑하고 있었다. 그리고 사랑에 빠진 모든 여인들처럼 나는 나의 사랑과 일치하고 싶었다"

미국을 처음 방문한 교황 프란치스코_{Pope Francis}는 2015년 9월 24일 미국 의회에서 행한 자신의 역사적인 기념 연설을 통해 미국 역사에서 4명의 유명한 인물들의 이름을 소개했다. 그들은 모두 기독교인들이었으며, 그 가운데 두 명은 프로테스탄트였고, 다른 두 명은 카톨릭이었다. 두 명의 프로테스탄트는 미국 역사에서 너무나 유명한 아브라함 링컨과 마르틴 루터 킹이었고, 다른 두 명의 카톨릭 신자는 미국의 기독교 역사를 통해 널리 알려지지 않은 도로시 데이_{Dorothy Day}와 토마스 머튼_{Thomas Merton}이었다. 도로시 데이는 사회정의를 위하여 자신의 믿음을 바탕으로 카톨릭 근로자 운동_{Catholic Worker Movement}을 설립한 여성 지도자다. 1940년 미국 시사 주간지 〈타임〉은 그녀에 대해 "가난한 자들을 돌보

는 미국의 그리스도인들 가운데, 로만 카톨릭 교회들보다 비이기적인
열정으로 카톨릭 근로자 운동을 섬김으로써 더 많은 축복을 받은 사람
은 없다."고 말했다. 그리고 1980년 도로시가 세상을 떠났을 때, 〈타
임〉은 그녀가 카톨릭 행동주의에 미친 영향은 논란의 여지가 없었다
고 설명했다.

　교황 프란치스코가 미국 의회에서 오늘날 미국 사회가 경험하며 갈
등하는 다양한 사회 문화적 전쟁에 대한 강박관념 때문에 도로시 데이
의 이름을 언급한 것은 아니다. 그는 이미 80년전 대공황$_{Great Depression}$의
상황에서 도로시 데이가 받았던 시대의 부름이 오늘 미국사회에 필요
하다는 것을 강조하기 위해 그녀의 이름을 불렀다. 교황은 "오늘날 사
회적 관심들이 매우 중요한 이 시기에, 나는 카톨릭 근로자 운동의 설
립자인 하나님의 종 도로시 데이를 언급하지 않을 수 없다. 그녀의 사
회적 행동주의, 정의와 억압받는 자들을 위한 그녀의 열정은 복음과 여
러 성자들에 의해 영감을 받았다."고 말했다. 교황은 이보다 앞서 2014
년 필리핀을 방문했을 때에도, 세계는 절대적으로 관용, 반전, 그리고
비폭력적 사랑의 혁명에 대한 도로시 데이의 소명을 필요로 한다는 것
을 강조하여 도로시 데이에 대한 높은 관심을 표명했다.

　도로시 데이는 작가이자 저널리스트, 그리고 사회 운동가였다. 그녀
는 카톨릭 교회의 프리즘을 통해 평화주의와 여성의 참정권과 같은 사
회적 이슈들을 위해 일했던 행동주의자였다. 그녀는 자신의 삶과 의식
의 변화를 통해 경험된 것들로부터 비롯된 사회적 행동주의와 종교적
회심을 통해 발견한 깊은 영성의 만남, 그리고 하느님과의 친밀함과 사
회정의에 대한 열정의 조화를 그녀의 삶의 자리에서 실천하며 사는 삶

의 소명과 비전을 추구한 사람이었다.

　도로시 데이는 미국 대공황의 깊은 시름 속에서 가난하고 소외된, 그리고 아무것도 소유하지 못한 사람들과 산업사회의 그늘에 가려 고통받는 수많은 근로자들의 삶의 조건의 개선과 사회정의를 위하여, 그리고 여성인권신장과 전쟁없는 평화의 시대를 위해 자신의 삶을 열정적으로, 헌신적으로 바치고 섬김으로써 그녀가 숨쉬고 살았던 시대를 이끌었다. 역사가 데이빗 오브린$_{David\ J.\ O'Brien}$은 카톨릭 잡지 〈커먼윌$_{Commonweal}$〉에서, "도로시는 미국 카톨릭 역사에서 가장 중요하고 흥미로운 그리고 영향력있는 사람이었다."고 평가했다. 카톨릭 영성가 토마스 머튼은 "도로시 데이는 가장 존경받을 만한 사람이면서도 존경받겠다고 나서지 않았다. 그런 일을 가지고 사람들에게 떠벌리지도 않았다."고 말하면서 그녀의 겸손한 삶을 높이 세웠다.

어린 시절 그리고 삶의 의미를 찾아서

　도로시 데이는 1897년 11월 8일 뉴욕 브룩클린$_{Brooklyn}$에서 태어났다. 그녀가 여섯 살 되던 해에 그녀의 가족은 아버지가 스포츠 기자로 새로운 직장을 얻게 되어 캘리포니아로 이사했다. 그러나 1906년 샌프란시스코 지진으로 신문사가 무너져 그녀의 가족은 시카고로 이사하여 12년간 그곳에서 살았다. 그녀가 열살 때, 그녀의 가족은 집 근처에 있는 영국 성공회 교회에 등록하여 매 주일 예배에 참석하기 시작했으며, 그녀는 교리문답서를 공부하고 세례를 받을 수 있었다. 도로시는 제1차 세계대전 전까지 평범한 중산층 가정에서 성장했다. 그녀는 시카고에 살면서 아버지를 따라 대부분의 시간을 책을 읽고 글을 쓰는 일로 보냈다. 이 시기에 그녀는 손에 잡히는대로 책을 읽었다. 그녀는 휴고_{Hugo}, 디킨슨_{Dickens}, 스티븐슨_{Stevenson}, 쿠퍼_{Cooper}, 포우_{Poe}, 그리고 싱클레어 루이스_{Sinclair Lewis}의 사회적 의식을 담은 작품들을 많이 읽었다.

그녀가 16세가 되던 해에, 도로시는 일리노이 대학_{University of Illinois}에 등록했다. 매우 영리한 학생이었던 도로시는 일리노이 대학에 재학중이었던 2년 동안 다른 학생들과의 깊은 우정의 교제를 나누었고, 대학신문 기자로서 사회문제를 바라보는 날카로운 시각을 발전시켰다. 특히 지역 신문에 기사를 제공하면서 그녀는 부자와 가난한 자 사이의 차이가 무엇인지 관찰했다. 대학시절 그녀는 도스토예프스키의 작품들을 탐독하면서 기독교 신앙에 많은 도움을 받았지만, 절망적인 사람의 역경을 완화해주는 것은 아무것도 없다고 생각했기 때문에 조직화된 종교를 거부했다.

이 시기에 그녀는 가난한 생활을 했기 때문에 세탁과 아이들 돌보기 등의 일을 하면서 가족을 부양했는데, 이런 일들은 그녀가 기존 사회에 대해 비판적 시각을 형성하는데 영향을 미쳤다. 또한 그녀는 이때 이미 교회의 지도자들이 불평등한 사회질서를 바꾸기 위해 그들이 서 있어야 할 자리에 서 있지 않는 현실에 대한 비판적 의식을 통해 기존교회와 지도자들에 대한 회의적 입장을 가졌다.

도로시가 18세가 되던 해에 그녀의 가족은 뉴욕으로 이사하게 되어 그녀는 더 이상을 학업을 계속할 수 없었다. 뉴욕에서 도로시는 그녀가 살았던 그린위치 빌리지_{Greenwich Village}의 문학적이며 자유적인 분위기에 빠지게 되었다. 극작가 유진 오닐Eugene O'Neil은 당시 그녀의 친구들 가운데 한 사람이었다. 도로시는 1910년대와 20년대 뉴욕에서 저널리스트로 활동하면서 *New York Call*과 *The Masses*와 같은 사회주의 신문사들과 진보적인 출판사들을 위해 많은 글들을 썼다. 그녀는 또한 사회주의자들, 노동운동가들, 그리고 미국의 제1차 세계대전 참전을 반대한 여러 자유주의 사상가들을 비롯하여 무정부주의자들과 교제를 하면서 레온 트로츠키Leon Trotsky를 포함하여 그 시대 사람들의 관심을 끌었던 많은 대중적인 인물들을 인터뷰했다.

도로시가 처음으로 감옥에 가게된 사건은 한 여성참정권 그룹과 함께 백악관 앞에서 벌인 시민불복종 시위 때문이었다. 감옥에 있는 동안, 도로시는 10일간의 단식투쟁에 가담했는데, 이 경험을 통해 도로시는 인간이 다른 사람에게 가할 수 있는 엄청난 악한 감정과 커다란 감정적인 고독함으로 고통을 겪었다. 이때 도로시는 성경을 읽었고, 시인의 슬픔과 희망을 표현한 시편으로부터 큰 위로를 얻었다. 그러나 그녀는 이러한 패배의 상황에서도 하느님에게로 나가길 원하지 않았다. 감옥에서의 경험은 도로시에게 관찰에서 참여로, 열정적인 이상주의자로부터 행동가로 옮겨가는 매우 의미있는 것이었다. 대중들과 함께 한 삶의 경험에서 발견된 그녀의 정체성은 매우 실제적이 되었다.

진보적인 운동가이자 예술가적 보헤미언으로서 그녀의 경험을 통해, 도로시는 1924년에 자신의 자전적 소설 *The Eleventh Virgin*을 출판하면서 이름이 널리 알려졌다. 이 무렵에, 그녀는 생물학자이자 자신과 정치적 견해를 나누었던 무정부주의자 포스터 배터햄Foster Batterham과 결혼했다. 1926년에 도로시는 타마 테레사Tamar Teresa라는 딸을 낳고, 자신의 딸에게 카톨릭 교회에서 영세를 받게 하였는데, 이 결정은 훗날 그녀를 영적 각성의 길을 인도하는 매우 중요한 것이 되었다. 죄 혹은 슬픔으로 하느님 앞에서 회심을 한 많은 성인들이나 신앙인들과는 달리, 도로시는 기쁨으로 하느님에게로 돌아섰다. 그녀는 자신의 자서전에서 하느님에게로 자신을 이끈 사랑하는 딸의 출산과 자연의 아름다움을 통해 그녀의 삶에서 그 시기에 그녀가 경험했던 것은 기쁨이었다고 고백했다. 그녀는 자신의 딸의 출산을 계기로 자신의 삶에서 이전에 결코 경험해보지 못했던 기쁨과 사랑의 감정을 홍수처럼 경험했다. 이러한 사랑과 기쁨은 그녀로 하여금 하느님을 예배하고 경외해야 할 필요를 느끼게 만들었으며, 그녀는 영과 육으로 충만한 사랑을 통해 하느님을 알게 되었다. 이 행복한 시기에 그녀는 기도를 하기 시작했고 매주일 미사에 참석하고, 마침내 사랑하는 딸에게 교회에서 영세를 받게 하였다. 그리고 도로시는 마침내 1927년 12월에 카톨릭으로 개종했다.

사회정의와 카톨릭 근로자 운동의 비전

1932년 저널리스트로서 도로시는 자신의 삶을 사회정의를 위한 행동가로 전환하는 특별한 경험을 하게 되었다. 카톨릭 잡지 〈커먼윌〉은 도로시를 워싱턴 D.C.에서 벌어지는 기아행진에 대한 취재기사를 쓰도록 요청했다. 기아행진은 당시 실업에 대한 사회적 입법, 연금보장, 그리고 어머니들과 아이들의 구제와 보호에 대한 입법을 촉구하는 것을 목표로 했다. 도로시는 행진대열을 바라보면서 행진에 참여한 사람들을 마음 속으로 격려했을 뿐만 아니라, 그녀는 자신이 그들과 분리되어 있다는 사실을 발견하고 괴로워했다. 당시 그녀는 저널리스트로서 기아행진을 보면서 독자들의 양심에 호소하는 글을 쓸 수 있었고, 시위도 할 수 있었지만, 사회정의를 외치고 질서를 변화시켜야할 카톨릭 지도자들은 어디에 있었는지 의문과 분노의 마음을 멈출 수 없었다.

그녀는 기사를 완성한 후 워싱턴 D.C.에 있는 임마큐레이트 컨셉션 처치Immaculate Conception Church로 갔다. 그리고 그곳의 사제에게 특별기도를 요청했다. 훗날 그녀의 고백에 의하면, 그날 그곳에서의 기도는 눈물과 분노의 기도였으며, 이 기도를 통해 그녀는 자신의 친구 근로자들과 가난한 자에 대해 그녀가 소유한 은사들을 사용하도록 자신의 마음을 열었다고 고백했다.

도로시가 워싱턴 D.C.의 기아행진 취재를 마치고 뉴욕으로 돌아왔을 때, 그녀는 마치 자신이 워싱턴 D.C.에서 드렸던 기도가 한 알의 씨앗이 된 것처럼 자신의 인생의 커다란 전환을 가져온 중요한 사람을 만났다. 그는 바로 피터 모린Peter Maurin이었다.

피터 모린은 프랑스 농부로 그곳에서 교사를 하던 중 캐나다로 이민온 사람으로서 평신도 수도자였다. 그는 라살 크리스찬 형제회De La Salle Christian Brothers에서 가난한 사람들을 가르치는 교사였는데, 캐나다로 이민왔다가 다시 미국으로 들어와 시카고에서 불어를 가르치고 여러 곳에서 일을 하다가 뉴욕에 왔다. 그는 뉴욕에서 지독한 가난 가운데서도 여러가지 일들을 하면서 혼자 공부하고, 기독교 사상을 연구했고, 카톨릭의 사회적 가르침을 통해 사회질서의 변화에 대한 비전을 품은 진보주의자였다. 피터는 성 아시시의 프란치스코Saint Francis of Assisi로부터 자발적 빈곤의 삶을 살도록 영감을 얻어, 카톨릭 교회의 사회적 교리를 대중화하는데 헌신하기로 결심한 사람이었다.

피터는 도로시와 지속적인 교제와 대화를 통해 자신의 비전과 공동체 운동의 사상 등을 소개하면서 미래의 비전을 함께 나누었다. 피터의 비전은 단순했지만 멀리 내다보는 것이었다. 그의 행동 프로그램은 폭넓은 대화와 토론을 통해 그리고 여러 생각들을 체계적으로 정리하여 준비된 것이었다. 그는 도로시와의 교제를 통해 그녀에게 '환대의 집 House of Hospitality'을 세워 그곳에서 자비의 사역들을 펼치고, 거리의 사람들을 위해 신문을 발간하여 이러한 비전을 대중화하는 것을 제안했다.

피터는 또한 그의 개인적인 철학과 프랑스의 개인주의 작가들을 도로시에게 소개했다. 이것을 통해 피터는 모든 사람들은 하나의 공통된 인간성을 함께 나누고, 우리 각자는 궁핍한 우리의 형제 자매들에 대해 개인적인 책임을 가져야 한다는 믿음을 도로시에게 가르쳐주었다. 피터는 모든 사람들이 더욱 쉽게 선해지고 그들이 선할 때 그들이 행복하다는 것을 알게하는 새로운 사회를 세울 필요가 있다는 것을 역설하기도 했다. 또한 그는 개인적인 희생으로 자비의 사역을 수행할 필요가 있음을 변함없이 강조했다.

도로시 데이의 비전은 피터 모린의 비전을 함께 나누는 과정에서 자연스럽게 형성되었다. 도로시는 피터에게 비전의 구체적 실행을 위하여 그가 먼저 카톨릭 근로자 운동 Catholic Worker Movement 을 시작할 것을 주장했다. 그들은 이 운동의 첫 출발로 신문을 발행하기로 결심했다. 그러나 신문을 발행할 자금이 턱없이 부족했고 도로시의 근심이 커졌다. 이 때 피터는 도로시에게 성인들의 역사를 돌아보면 그들은 기도로 모든 역경을 극복했음을 가르쳐주었다.

마침내 1933년 5월 1일, 대공황의 늪이 점점 깊어져 가던 때에, 도로시와 피터는 그들의 비전의 첫 출발로 〈카톨릭 근로자_The Catholic Worker〉신문을 발행했다. 그들은 신문 초판으로 2,500부를 발행했다. 도로시와 몇몇 사람들은 직접 뉴욕 유니온 스퀘어_Union Square로 나가 행인들에게 신문 1부에 1페니씩 팔았다. 피터와 도로시는 이 신문이 사회적 및 정치적 도덕성이 결핍된 카톨릭에 영향을 줄 것을 기대했다.

신문은 또한 광범한 의미에서 근로자들을 위한 것이었다. 왜냐하면 이 신문은 손이나 두뇌로 일하는 사람들, 육체적, 정신적, 혹은 영적인 일을 하는 사람들을 강조했기 때문이다. 그러나 피터와 도로시는 일차적으로 가난한 사람, 아무것도 소유하지 못한 사람, 그리고 착취당한 사람들을 생각하면서 이 신문을 창간했다. 따라서 〈카톨릭 근로자〉신문은 미국의 대공황 시기에 무너진 근로자들과 가난한 자들의 생존과 권익을 위한 사회정의의 횃불이었다.

신문 발행은 성공적이었다. 일년도 되지 않아 누적된 발행부수가 무려 10만 부를 넘었다. 많은 자원봉사자들이 신문발행을 도왔다. 음식, 옷, 그리고 자금 지원도 계속되었다. 홈리스들_Homeless과 직장을 잃은 사람들을 돕는 공동체도 빠르게 성장했다. 마침내 도로시와 피터가 꿈을 꿨던 '환대의 집'이 문을 열었다. 새롭게 회심한 카톨릭 여성 평신도와 한 프랑스 농부가 사회를 변혁하고자 하는 비전에 불을 붙여 시작된 일이 하나의 운동이 되었다. 지성적이며 평범한 신도들이 전심을 다해 사회와 개인의 변혁이라는 비전이 구체화된 것이었다. 많은 사람들이 오직 공산주의자들만 대중들을 돌본다고 생각했던 그때에 도로시와 피터의 대안은 국가와 사회 모두에게 설득력있는 것이었다.

1933년에 시작한 이 운동을 도로시는 "영구적 혁명_permanent revolution"이라고 불렀다. 이것은 그녀가 워싱턴 D.C.의 기아행진 이후 교회에서 드렸던 눈물과 분노의 기도에 대한 응답이었다. 도로시는 이 운동 초기에 최선을 다했다. 그녀는 가난한 사람들의 노예와 다를바 없는 삶의 조건들에 대해, 특히 근로자들과 그들의 열악한 일터 환경에 대한 글들을 많이 썼다. 그녀는 카톨릭의 사회적 가르침과의 조화를 이루는 것을 추구했고, 그러한 방식으로 자원봉사자들, 성직자, 심지어 주교_Bishop 들에게까지 영감을 주었다.

카톨릭 근로자들의 집_Catholic Workers House 은 전국적으로 확산되어 세워졌다. 이 운동을 시작한지 불과 수년 안에 32개의 카톨릭 근로자 하우스들이 문을 열었다. 신문 발행과 더불어 환대의 집들을 통하여 근로자들과 가난한 사람들을 위한 자비의 사역들이 활발하게 펼쳐졌다. 카톨릭 근로자 운동은 사회정의를 위한 저항에도 적극 참여했고, 시위에 참여한 근로자들과 많은 사람들을 위하여 숙소와 음식을 제공하기도 했다. 그들은 저임금과 열악한 근로환경에 처해 있던 사람이 있는 일터들의 보이스카웃이라고 불리기도 했다

그러나 카톨릭 근로자 운동은 저항을 받기도 했다. 스페인 시민내전_Spanish Civil War 기간 중 도로시의 반전과 평화지지는 근로자 운동 내부의 분열을 가져왔다. 여러 학교에서 이 운동에 대한 설명회를 취소했다. 그럼에도 불구하고, 도로시는 반전과 평화에 대한 자신의 입장을 굳게 지켰으며, 그녀는 기회가 주어지는 대로 적을 사랑하라는 산상수훈_Sermon on the Mount 의 그리스도의 명령에 근거하여 반전과 평화에 대해 연

설하고 글을 썼다.

도로시는 지속적으로 반전과 평화의 메시지를 전했다. 그녀는 제2차 세계대전 당시 미국의 참전을 반대하며 마지막까지 평화의 메시지를 전한 소수의 카톨릭 평신도 지도자였다. 카톨릭 교회 내부에서 여러 주교들의 비판이 있었다. 그들은 카톨릭 근로자 운동의 전쟁관을 포기할 것을 강요했다. 뿐만 아니라 이 일은 도로시와 환대의 집들 내부에서도 갈등을 야기시켰다. 많은 집들이 문을 닫았다. 그러나 도로시는 누구도 교회의 권위를 경멸하지 않기를 바랐다. 그녀는 성 어거스틴St. Augustine의 "하느님을 사랑하고 네 뜻대로 행하라."는 말을 자신의 표어로 삼았다. 그녀는 이 말씀 속에서 자유를 느꼈고 가슴 속에 품은 이상을 포기하지 않는 용기를 발견했다. 피켓을 들고 시위를 하거나 감옥에 가더라도 그녀는 매일 미사와 로사리오 기도, 최소한 하루 2시간의 성서 묵상을 거르지 않은 부단한 기도로 자신을 단련시켰다. 그러면서도 그녀는 추기경께서 기도를 멈추라고 명령하신다면 따르겠다고 말했다.

1950년대 카톨릭 근로자 운동은 일본 히로시마에 원자폭탄이 투하된 이후 반핵에 대해 많은 논쟁을 벌였다. 그리고 이 주제는 도로시 데이에게 개인적인 명분을 제공했다. 1955년 그녀는 한 근로자의 집과 다른 사람들과 함께 뉴욕시의 시민 방어법New York's civil defense law 반대 시위를 이끌었다. 그녀는 공습훈련은 사람들이 핵공격으로부터 살아남을 수 있다고 믿도록 속이는 것이라고 주장했다. 공습훈련은 6년 동안 반복되었다. 도로시는 이 기간 동안 계속해서 반대시위를 펼쳤고, 이 일로 그녀는 세번이나 투옥되었다. 이런 경험으로부터 그녀는 옥중의 삶에 대해 여러 차례 강력한 기사들을 작성했다.

1960년대에 도로시와 카톨릭 근로자 운동은 인권운동에 적극적인 반응을 나타냈다. 1933년 운동이 시작된 이래, 〈카톨릭 근로자〉신문은 인종주의, 흑인노동 착취와 소수자의 정의에 대한 기사들을 보도했다. 1960년 시민인권운동이 활발하게 전개되자, 모든 인종들 사이의 평등과 정의에 대한 분명한 목소리를 전달하는 기사들을 많이 실었다. 마르틴 루터 킹이 살해되었을 때, 도로시는 〈카톨릭 근로자〉신문(1968.4)에 실은 자신의 칼럼에서 그의 죽음을 애도하며 다음과 같이 말했다.

"사도 바울이 말했듯이 마르틴 루터 킹은 날마다 죽었다. 그는 매일 죽음에 직면했고 그는 여러 차례 자신은 그의 내면에 있는 믿음 때문에 죽게 될 것임을 알고 있었다고 말했다. 그것은 사람들은 형제들로서 함께 살 수 있다는 믿음이었으며, 비폭력에 대한 복음의 가르침에 대한 믿음이었으며, 인간은 사랑으로 변하고 성장하고 자나랄 수 있다는 믿음이었다."

사회정의로 가난한 자들을
헌신적으로 섬긴 서번트 리더

도로시 데이의 비전은 〈카톨릭 근로자〉신문을 계속 발행하면서 사회정의를 위하여 신문의 영향력을 확대시키는 것이었다. 도로시는 그녀의 전 인생을 저널리스트로 살았다. 그녀는 자신이 살았던 20세기 중심적 사건들인 전쟁, 경제공황, 계급투쟁, 핵위협, 그리고 시민운동 등에 대해 논평하며 살았던 저널리스트였다. 〈카톨릭 근로자〉 신문과 그곳에 기고한 엄청난 기사들은 수많은 사람들이 그러한 이슈들과 싸운 것처럼 언제나 복음의 빛으로 우리의 양심에 초점을 맞춰 우리를 깨우쳐주는 내용들이었다. 그 당시 이와같은 세계적인 이슈들과 인류의 고통은 여전히 더 나은 세계를 만들고자 하는 양심적인 사람들에게 도전을 주었다. 그녀는 이 신문을 통해 오직 복음의 정신으로 옛 비전을 새 것으로 바꾸려고 시도했다. 그녀의 이러한 비전은 당시 미국 사회로 하여금 공동체, 믿음의 성장, 그리고 가난한 자들을 섬기도록 도전을 주었다. 그녀의 비전은 미국을 위한 해방의 모델이었다.

1972년 도로시가 75세가 되었을 때 〈카톨릭 근로자〉신문은 그녀와 그녀가 40년간 열정을 바쳤던 카톨릭 근로자 운동에 대해 전면을 헌정했다. 교회와 사회에 대하여 그녀가 기여한 것을 기념하면서 편집자는 지난 40년간 미국 카톨릭 공동체의 열망과 행동을 최고로 상징한 단 한 명을 선택한다면, 그 사람은 분명히 도로시 데이라고 평가했다. 실제로 1933년 이래, 도로시 데이와 피터 모린이 뉴욕에서 카톨릭 근로자 운동을 설립하고 신문을 발행했을 때, 가난한 자와 근로자들을 대신하여 투쟁하면서 살았던 도로시의 자발적 빈곤의 삶과 절대적인 비폭력, 그리고 평화주의는 모든 교단의 차이를 넘어 그리스도인들과 비그리스도인들에게 영감을 불어넣었다.

1980년 83세의 일기로 도로시 데이는 사랑하는 딸의 품에 안긴채 뉴욕에서 세상을 떠났다. 오늘날 미국의 카톨릭 근로자 공동체들은 전국에 2백개 이상 있다. 그 가운데 하나는 도로시 데이의 이름으로 명명되었다. '도로시 캐톨릭 근로자의 집The Dorothy Catholic Worker House'은 1981년 노스웨스트 워싱톤Northwest Washington의 록 크릭 처치 로드Rock Creek Church Road에 세워졌다. 이곳은 매주 정기적으로 펜타곤_{Pentagon} 과 백악관_{White House} 앞에서 반전시위를 벌인다. 도로시 데이가 세상을 떠난 이후 그녀에 대한 대중의 관심은 지금까지 계속되고 있다. 2000년 3월 16일 바티칸은 그녀를 성인으로 추대하는 하는 절차를 밟기로 시작했다고 공표했다.

오늘날 그녀는 무엇보다도 그리스도의 십자가 아래에서 그리고 그분의 메시지를 세상 속에 전하고자 하는 신실한 여성들에게 신앙적이며, 용기있는, 그리고 예언자적 제자도의 모델이 된다. 그 이유는 20세기에서 그녀가 그토록 갈망하며 헌신했던 거친 이슈들은 21세기 세계에서도 동일하게 울려퍼지고 있기 때문이다. 또한 도로시 데이의 삶은 오늘날 카톨릭 교회를 비롯하여 세상의 모든 그리스도의 교회들이 사회정의에 대한 헌신과 하느님과의 친밀함 사이에는 어떤 간격이 있어서도 안된다는 것을 분명하게 보여주었다. 이것은 교회와 사회의 관계에서 교회의 사명과 역할이 무엇인가를 말해준다. 도로시 데이의 삶은 그리스도에 대한 사랑의 깊은 체험으로 부정의에 대한 비폭력 저항의 실천이 중요하다는 사실을 우리에게 가르쳐준다. 그리고 그녀는 미국의 카톨릭 역사에서 다른 지도자들의 중요성을 무시하지 않으면서 21세기 미국 카톨릭주의의 진보적 양심으로 남아있다.

도로시 데이의 삶과 유산은 진보적 운동, 복음과 교회에 대한 신실함, 그리고 개인과 사회 모두의 변혁을 목표로 하는 그 시대의 사회적 이슈들에 대한 열정과 몰두라고 말할 수 있다. 폭력, 비인간적 정부, 얄팍한 인간들 사이의 약속들, 그리고 자기 만족을 위한 탐닉에 의해 특징지어진 한 시대에서, 도로시의 영성은 비폭력, 우리들 안의 가난한 자들에 대한 모든 사람의 인간적 책임, 그리고 공동체와 하느님에 대한 충성으로 가득차 있었다.

　도로시 데이는 오늘날 수많은 그리스도인들, 특별히 사랑과 정의의 힘으로 버려진 땅에서 가난하고 소외된 그리고 억압과 착취의 구조 속에서 삶의 정체성과 방향을 잃어버린 사람들을 위하여 하느님의 부르심에 헌신하며 섬김의 삶을 살아가고자 하는 그리스도인들에게는 영감을 불어주고 용기를 주며, 그리고 귀중한 교훈을 전해주는 사랑과 희생의 위대한 서번트 리더의 멘토로 남아있다. 마더 테레사는, "오직 하나님만을 위해 그렇게도 많은 사랑과 희생을 바친 도로시 데이는, 예수라는 포도덩굴의 너무나도 아름다운 가지였다."고 말했다.

 도움이 되는 책들

윤해윤. 2013. 『도로시 데이』. 나무처럼.

도로시 데이. 2010. 『고백-도로시 데이의 영적 순례기』. 김동완 옮김. 복있는 사람.

로버트 콜스. 2011. 『환대하는 삶』. 박현주 옮김. 낮은산.

Day, Dorothy. 2003. *Loaves and Fishes: The Inspiring Story of the Catholic Worker Movement*. Orbis Books.

Ellsberg, Robert. 2005. Dorothy Day: Selected Writings. Orbis Books.

Merriman, Brigid O'Shea. 1994. *Searching for Christ: The Spirituality of Dorothy Day*. University of Notre Dame Press.

O'Connor, June. 1991. *The Moral Vision of Dorothy Day: A Feminist Perspective*. Crossroad.

Piel, Mel. 1982. *Breaking bread: The Catholic worker and the origin of Catholic radicalism in America*. Temple University Press.

가장 비참한 가난은 외로움이며, 사랑받지 못한다는 느낌이다

— 마더 테레사(1910~1997)

문 밖으로 나가 사랑으로
세상을 품어라

마더 테레사

> 66 가난한 사람들은 매우 훌륭한 사람들이다. 그들은 우리에게 아름답고
> 소중한 것을 가르쳐준다. … 가난한 사람들은 매우 경이로운 사람들이다.
> … 우리가 서로 사랑할 수 있는 능력은 하느님이 주신 것이다."

세계에서 가장 존경을 받는 위대한 서번트 리더들 가운데 20세기 전반에 알버트 슈바이처가 있었다면, 20세기 후반에는 마더 테레사가 있었다. 그녀가 세상을 떠났을 때, 가난한 자, 병든자, 나병환자들, 고아들, 그리고 죽어가는 자들을 돌보았던 마더 테레사의 열정과 헌신, 그리고 비전에 대해 세계는 아낌없는 찬사를 보냈고 그녀를 영예롭게 여겼다. 세상을 떠나기 전 마지막 해에도, 그녀는 세계 여러 나라들을 다니면서 불과 5피트 밖에 되지 않는 작은 키에 깊게 패인 얼굴의 주름을 지닌 채 허약한 육체를 이끌고, 자신이 평생 헌신하기로 다짐하면서 입었던 얇은 흰색과 푸른색의 옷을 입고 웃으면서 수많은 사람들에게 자신의 모습을 나타냈다. 마더 테레사는 자신이 설명하였듯이 자신의 중요한 과제는, "계급, 신조, 국적이나 인종을 무시하고 가난하고 궁핍한

자들을 자유롭게 섬기는 것"이었다.

노벨 위원회는 1979년 그녀를 평화상 수상자로 지명하면서 마더 테레사의 사역을 "평화를 위협하는 빈곤과 절망을 세상에서 극복하기 위한 투쟁을 짊어진 사역"이라고 높이 평가했다. 그때 그녀는 짧막하게 "나는 자격이 없습니다"라고 말했다. 그녀는 스스로 낮아지는 것을 부끄러워 하지 않는 참된 서번트 리더였다.

2003년 10월 19일 세계선교 주일에 교황 요한 바오로 2세 는 성 베드로 광장에 모여든 30만 명의 군중들 앞에서 마더 테레사를 "언제나 가까이 느꼈던 사람"이라고 말하면서, "그녀는 20세기 가장 위대한 선교사들 가운데 한 사람이며, 우리 시대의 가장 중요한 인물들 가운데 한 사람이었다."고 축복의 메시지를 전했다. 백명 이상의 추기경들과 수많은 감독들이 동행했던 그 자리에서 교황은 세계에서 가장 위대한 극빈자의 종을 축복했다. 그리고 바티칸은 9월 5일을 마더 테레사의 축일로 선포했다.

신앙심이 깊은 소녀의 소명과 결단

마더 테레사는 1910년 8월 26일(혹은 27일) 마케도니아의 수도 스코페_{Skpoje}에서 세자녀 가운데 막내로 태어났다. 당시 마케도니아는 15세기와 16세기에 걸쳐 광대한 영토를 다스렸던 오스만 제국의 지배를 받았었는데, 1918년 이곳이 유고슬라비아의 영토가 되자 그녀의 가족은 1934년까지 스코페에서 살았다. 테레사의 본명은 아그네스 곤자 보야

지우_{Anges Gonzhe Bojaxhiu}이며, 그녀는 경제적으로 비교적 안정적인 독실한 카톨릭 가정에서 성장했다. 아그네스가 9살 되던 해에, 아버지가 세상을 떠나자 그녀의 행복하고 안락했던 어린 시절은 더 이상 지속되기 어려웠다. 그녀는 스코페의 한 공립학교에 입학했는데 그곳에서 해외선교에 중점을 둔 학교서클의 회원이 되어 처음으로 자신의 종교적 관심을 보였다. 이 시기에 아그네스는 특히 인도 벵갈_{Bengal}에서 활동하는 유고슬라비아 제수잇_{Jesuit} 선교사들의 선교활동 보고서들을 접하면서 깊은 영감을 받고 하느님의 부르심을 들었다. 이때 그녀의 나이는 열두 살이었는데, 그녀의 신앙심은 불과 열두 살의 어린 나이에 가난한 자들을 돕는 일에 소명을 갖게 하였을 정도로 깊었다.

18세가 되던 해에 아그네스는 자신의 전 생애를 통해 펼쳐질 그러나 아직은 알 수 없었던 것으로 보이는 길을 가기로 결심했다. 그녀는 17세기에 어린 소녀들을 교육하기 위해 설립된 선교와 교육사역을 중점적으로 펼치는 아일랜드 더블린_{Dublin}의 로레토 수녀원_{Sisters of Loretto}에서 종교적 삶을 새롭게 시작했다.

수녀원에서 훈련을 받는 동안, 수녀원의 한 자매는 그녀를 매우 작고, 조용하고 부끄러움을 타는 소녀로 기억했고, 다른 자매는 그녀를 평범한 사람으로 기억했다. 아그네스는 비록 자신이 종교적 공동체에서 생활하는 것을 늦게 결정했어도, 로데토 수녀원의 자매들과 친밀하고 밀접한 교제를 나누기 위해 노력했다. 그리고 그녀의 삶 전체를 통해 그녀가 지켰던 확고한 헌신과 자기훈련은 언제나 로레타 수녀원에서 그녀의 삶의 중요한 부분이었다. 일년 후인 1929년, 아그네스는 수녀 훈련을 위해 인도로 보내졌고, 히말라야 산 기슭에 있는 다즐링_{Darjeeling}

에서 3년 간의 교육과정과 훈련의 시간을 보냈다.

1931년에 아그네스는 다즐링에서의 모든 과정을 마치고 '테레사$_{Teresa}$'라는 이름을 받으면서 처음으로 서약을 했다. 그녀가 회중 앞에서, 그녀의 내면의 깊은 바램을 따라 행하는 서약은 하느님의 백성을 섬기기위해 그녀의 삶을 시작하는 새로운 '테레사'가 되는 순간이었다. 이후그녀는 캘커타에 있는 세인트 매리$_{St. Mary}$ 여자고등학교로 파송되었다. 여기서 그녀는 역사와 지리를 가르치면서 15년간 헌신했고, 나중에는이 학교의 교장이 되었다. 세인트 매리 여자 고등학교는 캘커타의 극빈자들이 모여 사는 지역을 한 눈에 내려다 볼 수 있는 높은 언덕 위에있었는데, 이 학교의 학생들은 대부분이 부유한 가정의 아이들이었다.

어느 날 테레사는 몇명의 학생들을 데리고 빈민가로 들어갔다. 그곳은 헐벗고 굶주린 노인들, 언덕길에 지저분하고 남루한 옷차림으로 누워있는 가난한 사람들, 거리에 버려진 아이들, 어린아기를 안은채 가슴을 드러내놓고 힘 없이 앉아 있는 여성들, 그리고 하천에 숨진채 버려진 갓난 아기들, 테레사와 학생들이 눈으로 목격한 빈민가의 현실은너무나 비참하고 충격적이었다. 부유한 가정에서 여유있게 자란 소녀들은 테레사의 지도 아래 배고픔과 죽음, 그리고 가난과 질병들로 고통받는 그들을 돕는 일을 시작했고 이러한 환경은 테레사가 새로운 소명을 갖도록 이끌었다.

새로운 비전, "부르심 안의 부르심"

1946년 9월 10일, 교장으로 재직하던 테레사는 허약해진 몸으로 연례휴가를 갖기 위해 캘커타에서 다즐링으로 향하는 기차에 몸을 실었다. 그녀는 달리는 기차 객실 의자에 자신의 몸을 맡긴 채 잠이 들었다. 얼마나 깊은 잠을 잤을까. 불현듯 누군가 자신을 흔들어 깨우는 것 같은 느낌에 테레사는 잠에서 깼다. 훗날 그녀의 회고에 따르면, 테레사는 이 때 그녀가 말하는 "부르심 안의 부르심_call within a call_"의 영감을 체험했다. 그날 그녀가 결코 설명할 수 없는 사랑과 영혼에 대한 예수 그리스도의 목마름이 그녀의 마음을 붙잡았고, 그분의 목마름을 충족시키고자 하는 욕구는 그녀의 삶을 이끄는 강한 힘이 되었다. 그것은 세상에서 가장 가난한 자들과 함께 일하라는 하느님의 음성이었으며, 그녀는 이 음성을 들으면서 하느님의 임재의 심오한 의미를 체험했다.

그날 이후 수개월간의 말씀 묵상과 비전을 통해, 그리스도는 그녀가 가난한 영혼들에게 예수의 사랑을 베푸는 사랑의 희생자가 되길 바라는 바램을 그녀에게 드러내었다. 그러나 그녀는 혼자 갈 수 없다고 반응했다. 그럴수록 그리스도는 가난한 자들에게 그분의 사랑을 베푸는 일에 헌신하라고 요청했다. 그리스도의 메시지는 너무나 분명했고, 결국 그녀는 부르심에 순종하기로 결단했다. 그녀는 그리스도를 따르기 위해 모든 것을 포기해야만 했다. 이것은 그분의 뜻이었다.

테레사의 결단에 대해 수녀들과 학생들은 그녀의 마음을 바꾸기 위해 노력했지만 그녀의 의지는 그럴수록 더욱 강해졌다. 테레사는 캘커타의 대주교와 교황 피우스 12세에게 자신의 뜻과 의지를 분명하게 밝히면서 하느님의 부르심에 순종하여 수녀원 밖의 가난하고 버려진 그리고 병든 자들과 거리의 아이들을 위해 사역을 할 수 있도록 허락해 줄 것을 요청하는 편지를 여러 차례 보냈다. 그리고 그녀는 지속적인 기도를 통해 끊임없이 자신의 서약을 반복하며 확신했다. 마침내 교황의 허락이 내려졌고, 캘커타 주교단 회의도 가난한 자들을 섬기고자 하는 그녀의 비전을 허락했다. 테레사는 약 2년간의 준비과정을 거쳐 일을 시작했다. 자신이 안락하게 지냈던 수녀원의 모든 가용한 자원들과 기술들은 더 이상 그녀의 것이 아니었다. 그녀는 가난한 자들을 섬기는 사역을 위해 파트나에 있는 미국의료선교수녀회American Medical Missionary Sisters에서 수개월간 의료기술과 간호과정을 훈련받았다.

1948년 9월 17일, 그녀는 늘 입고 있었던 검정색 수녀복을 벗고, 거리의 여성들과 하나가 되기 위해 푸른색 레이스가 붙은 값싼 얇은 흰색 옷을 입고 가난한 자의 세계로 들어가기 위해 그녀가 사랑했던 로레토 수녀원의 문을 열고 용기있게 밖으로 나왔다. 그녀가 거리의 한 가운데 서 있었을 때, 그녀의 새로운 삶의 상황은 분명해졌다. 그녀는 기거할 집도 없고, 돈도 없고, 일터도 없는 철저하게 혼자였다. 그녀는 무엇을 먹어야 할지 어디서 잠을 자야할지 몰랐다. 그녀는 자신이 섬기기를 원했던 사람들처럼 아무것도 소유하지 않은 그들과 같은 비참한 조건에 자신이 처해있음을 발견했다.

그녀는 자신이 무엇을 해야 하는지 그리고 무엇을 할 수 있는지 막막했다. 처음에 그녀가 할 수 있는 일은 거리의 가난한 사람들에게 친절한 인사를 건네는 것과 불편한 사람의 거동을 도와주는 것이었다. 그렇게 몇 일을 보낸 후 테레사는 자신이 가장 먼저 잘 할수 있는 일로서, 거리를 방황하는 빈민가의 어린 아이들을 모아 가르치는 사역을 생각했다. 제대로 된 교육시설을 갖추고 있지 못했던 테레사는 땅바닥에 글을 쓸 수 있는 도구들을 사용해서 가난한 거리의 아이들에게 문자와 기본적인 위생에 대해 가르치기 시작했다. 거리의 아이들이 그녀를 서서히 알게되자, 그녀는 극빈자의 가정을 방문해서 그들의 가족들과 그들 주변의 다른 사람들의 병을 치료하기 시작하면서 그들이 요구하는 필요가 무엇인지 알기 시작했다. 테레사는 그녀가 만났던 가난한 자들의 요구들이 끊임없다는 것을 발견했다. 그녀의 사역이 어려운 시간들의 연속이었다할지라도 그녀는 자신의 모든 사역에 도움의 손길, 힘, 그리고 축복이 임하는 기도를 멈추지 않았다.

새로운 운동 '사랑의 선교회The Missionaries of Charity'

테레사는 오랫동안 혼자이지 않았다. 혼자 외롭게 부르심에 헌신하여 비전사역을 시작한지 일 년이 지나기 전에, 그녀가 예상했던 것보다 많은 도움의 손길들이 모였다. 그녀는 보다 더 체계적인 사역을 위해 재정모금과 자원봉사자들을 모으기 시작했다. 많은 사람들이 그녀의 비전에 자비와 긍휼의 수문을 열기 위해 기다리고 있었던 것 같았다. 젊은 여성들이 자원봉사자로 참여했고(후에 그들은 '사랑의 선교회'의 핵심이 되었다.), 다른 사람들은 음식, 의복, 건물, 의료품과 돈을 제공하는 등 수많은 고통받는 사람들을 향하여 지원과 도움의 손길이 밀물처럼 밀려왔다. 점점 더 많은 지원이 수많은 고통받는 사람들을 향했다.

1950년에 이 조직은 종교적 공동체로서 공식적인 지위를 얻게 되어 캘커타 대주교 관할구 안에 설립되었는데, 이것은 훗날 '사랑의 선교회'로 성장했다. 이 조직에 참여하는 사람들은 첫째, 빈곤으로 개인재산을 소유해서는 안되며, 둘째, 복종으로 개인의 소망과 결정에 대해서는 원장의 조언과 명령을 따라야 하며, 셋째, 순결로 결혼을 하지 않고 금욕과 검소한 삶을 살아야 하는 수녀원의 전통적인 서약을 했을 뿐만 아니라, 거기에 하나 더 추가하여 모든 최극빈자들에게 자신의 일생을 바치며 아낌없는 섬김을 베푸는 서약을 했다.

사랑의 선교회는 놀라울 정도의 공공성을 확보했고, 테레사는 사역을 더욱 활발하게 펼쳐갔다. 1957년에 선교회는 나환자들을 돌보는 사역을 시작했고 캘커타의 초등학교를 중심으로 교육사역을 확장했다. 그들은 캘커타를 중심으로 고아들과 버려진 아이들을 위해 집을 개설했다. 1960년대 테레사는 선교회의 수녀들을 인도 여러 지역에 파송했는데 오래지 않아 그들은 인도 전역에 걸쳐 22개 이상의 도시에서 활동을 펼쳤다. 테레사는 또한 새로운 재단들을 시작하기 위해 스리랑카, 오스트레일리아, 탄자니아, 베네수엘라, 그리고 이태리 등을 방문했다. 1965년 2월 베네수엘라에 선교회의 집을 개설할 때 교황 바오로 6세는 가난한 자들을 섬기는 그녀의 열정과 헌신을 높이 칭찬하며 그녀를 격려하는 교서를 보냈다.

테레사의 사랑의 선교회는 1970년대를 통해 암만, 요르단, 런던 그리고 뉴욕에 계속해서 새로운 선교센터들을 개설하면서 전세계적으로 사역을 확장했다. 그녀는 교황 요한 23세가 수여한 평화상의 상금과 조셉 케네디 2세 재단의 지원금을 받음으로써 그녀의 사역에 대한 국제적 인정과 재정지원 두가지를 모두 받았다. 여러 곳으로부터 후원금이 지속적으로 들어왔고, 자원봉사자들이 밀려왔다. 이러한 환경은 사랑의 선교회의 성장에 새로운 기회를 제공하는 것이었다. 1979년경 테레사의 단체는 전 세계 25개국에서 2백개 이상의 다양한 활동들을 펼치게 되었다.

1986년 그녀는 피델 카스트로에게 쿠바에 선교회의 집을 허락해줄 것을 요청했다. 죽어가는 자들, 고아들을 위한 쉼터들과 정신적 질병을 앓는 자들을 위한 처소들을 제공하는 테레사의 모든 사역들은 이념과 땅의 경계를 넘어 극빈자에 대한 섬김으로 계속되었다. 1988년에 테레사는 사랑의 선교회를 러시아로 파송했고, 샌프란시스코에서 에이즈 감염자들을 위한 처소를 열었다. 1991년에 그녀는 조국 알바니아로 돌아가 수도 타라나에서 가난한 자들을 위한 센터를 개설했는데, 이때 인도에는 이미 168개의 처소들이 활발하게 활동하고 있었다. 1997년 그녀가 세상을 떠나기 전 사랑의 선교회는 세계 107개국에서 활동 중이었고, 최저극빈자들을 섬기기 위해 일생을 바친 수녀가 4천 6백명에 달했다. 오늘날 125개국에서 백만 명이 넘는 봉사자들과 함께 사랑의 선교회는 마더 테레사의 유산을 이어받아 고통받는 이웃을 섬기기 위해 끊임없이 움직이고 있다.

쉼을 얻기 위해 다즐링으로 향하는 기차안에서 가난한 자들과 함께 일하라는 하느님의 부르심을 듣고 자신의 안락했던 수녀원의 삶을 포기하고 캘커타의 거리 가운데서 오직 혼자 외롭게 헌신의 길을 걷기 시작한 테레사의 믿음, 긍휼 그리고 헌신에 의해 잘 양육된 사랑의 선교회는 성경의 겨자씨처럼 착실하게 성장했다. 세계 각 지역으로부터 죽어가는 사람들과 난민들을 위한 보호시설, 고아와 버려진 아이들을 위한 교육, 나병환자들을 위한 병원시설, 알콜중독자 치료를 위한 센터와 보호, 그리고 수많은 홈리스들 등 소외되고 버려진 자들을 돌보는 새로운 일들이 계속 요구되었다.

1997년 그녀가 세상을 떠날 때까지, 테레사는 그녀의 모든 필요를 하느님에 의지하며, 최저 극빈자들 사이에서 사역을 쉼없이 펼쳤다. 그녀가 세상에서 모든 사역을 내려놓고 그녀를 부르시고 그녀의 필요를 채워주신 하느님의 품 안에 안겼을 때, 수많은 사람들은 그녀의 삶과 사역을 높이 평가하고 그녀에게 영예를 돌렸다. 그러나 그녀는 자신을 하느님의 연필, 그것도 하느님이 자신이 좋아하는 것을 쓰는 단지 작은 연필 조각에 불과하다고 생각했다.

영적 고통을 통해 더욱 빛나는 리더의 영성

최극빈자들과 질병으로 고통받는 자들, 그리고 거리의 아이들과 죽어가는 자들을 섬기는 테레사의 삶과 그녀의 수고는 한 신앙인이 하느님과 친밀한 관계를 유지하며 그리스도의 사랑을 실천하고 작은 일조차 신실하게 감당하는 것이 얼마나 위대하고 존귀한 일이며, 그것으로 인해 기쁨을 누리며 사는 것이 얼마나 감사하며 고귀한 것인가를 모든 사람들에게 증거하는 상징이다. 그러나 테레사가 사망한 후에 비로소 세상에 알려진 이 위대한 지도자의 또 다른 역사적 측면이 있었다. 그것은 세상의 모든 사람들의 눈으로부터 감추어졌고, 심지어 그녀와 가장 가까이 있었던 사람들에게도 감추어졌던 그녀의 내면의 영적 고통이었다. 그녀는 하느님으로부터 자신이 분리되어 있다는 깊고도 고통스런 그리고 외로운 느낌을 경험했다.

그녀가 겪는 영적 고통은 심지어 오랫동안 그분의 사랑을 갈망하며 지내온 자신이 하느님에 의해 거부당했다는 감정이었다. 테레사는 자신의 이러한 영적 경험을 "어둠"이라고 불렀다. 그녀의 고통스런 영적 어둠은 가난과 질병, 그리고 고아들과 죽어가는 자들을 섬기는 사역을 적극적으로 펼쳐가던 시기에 시작되었다. 사랑의 선교회를 설립하고 가난한 자들을 위한 그녀의 사역이 활발하게 펼쳐진지 수년이 지난 후, 테레사는 자신의 내적 삶에 어둠이 서서히 드리워지는 것을 느꼈다. 1957년 그녀는 캘커타의 대주교에게 자신이 겪는 영적 갈등에 대해 "나는 어둠의 깊이에 대해 표현할 어떤 말들도 발견하지 못했다."고 말하면서 편지를 썼다.

교회사를 통해 알 수 있듯이 많은 성인들은 자신의 자유로운 영적 삶으로부터 스스로 개인적인 것과는 전혀 관계없는 고통을 추구했다. 예를들어 17세기 "헌신적 삶에 대해_Introduction to the Devout Life_"의 저자 성 프란치스 드 살레_St. Francis de Sales_는 자신은 하느님의 임재를 인식하지 않고 결코 15분 이상 걸을 수 없다고 말했다. 그러나 이와는 달리 십자가의 성 요한_St. John of the Cross_은 하느님에 의해 자신이 버림받았다고 느꼈을 때를 영적으로 "어두운 밤_dark night_"이라고 불렀다. 그러나 테레사의 "어둔 밤"은 여러 성인들이 경험했던 그것과는 다른 규모였다. 구약성경의 시편에서 다윗은 자신의 삶의 위기 가운데서 자신이 하느님으로부터 분리되어 있는 느낌을 토로하면서 하느님의 부재로 인한 영적 고통을 고백했다. 어쩌면 테레사의 영적 어둠은 다윗과 같이 하느님만 의지하며 그분의 사랑을 갈망하며 살았던 자신의 삶 속에서 가난한 이웃을 돌보는 삶을 통해 예수 그리스도의 사랑을 실천해야 하는 인간적인 어려움과 고뇌에서 비롯된 깊은 영적 성찰일 것이다. 때마침 그녀의 영성을 지도해 줄 성직자의 도움으로 테레사는 어둠의 밤으로부터 서서히 벗어 나올 수 있었다. 그녀의 고통스런 영적 어둠은 테레사로 하여금 하느님과의 더 심오한 연합으로 인도했다.

테레사는 이러한 고통스런 경험들이 예수 그리스도가 십자가에 못박혀 있는 동안 그가 느꼈던 포기 뿐만 아니라, 가난한 자가 매일 직면하는 삶의 포기가 자신의 정체성임을 알도록 도울 수 있었다고 결론지었다. 이런 방식으로 테레사는 그녀와 함께 일했던 사람들과 함께 가난한 자들의 삶의 "어두운 웅덩이들_{dark holes}"안으로 들어가길 희망했다.

영원히 살아있는 서번트 리더

1979년 노벨위원회는 마더 테레사에게 노벨 평화상을 수여했다. 그녀는 노벨평화상 수상 연설에서, 우리가 사랑하며 살아야 하는 것은 예수 그리스도가 사랑의 본을 보여주셨기 때문이며, 또한 그것은 그분의 요청이라고 말하면서, 자신이 그분의 부르심에 순종하여 그분을 따르게 된 이유가 무엇인가를 고백했다. 그리고 그녀는 가난한 사람은 신비롭고 훌륭한 존재라고 말하면서 그들을 섬기는 자신의 정체성이 무엇인지 강조했다. 테레사는 연설의 마지막 부분에서 다음과 같이 호소했다.

"우리가 서로를 사랑할 수 있는 능력은 하느님이 우리에게 주신 선물이다. 그리고 예수를 위해 사랑하자. 그가 우리를 사랑한 것처럼 우리도 서로 사랑하자. 우리도 완전한 사랑으로 그를 사랑하자. 그리고 그 분을 사랑하는 기쁨으로 서로를 사랑하자. … 우리가 만나는 모든 생명과 사랑의 기쁨을 함께 나누자. … 예수는 우리의 마음에 있다. 예수는 우리가 만나는 가난한 사람들에게 있다."

마더 테레사는 자신의 헌신과 비전의 삶의 원천이 무엇이며, 그것이 자신에게 어떤 힘과 용기를 부여하는 것인지, 그리고 우리 모두가 어떻게 섬김의 삶을 살아가야 하는가를 감동적으로 가르쳤다. 그리고 그녀는 수상소감 인터뷰에서 "나는 우리 가난한 사람들을 위해 청빈을 선택한다. 그러나 배고프고, 벌거벗고, 집이 없으며, 신체에 장애가 있고, 눈이 멀고, 병에 걸려서 사회로부터 돌봄을 받지 못하고, 거부당하며, 사랑받지 못하며, 사회에 짐이 되고, 모든 이들이 외면하는 사람들의 이름으로 이 상을 기쁘게 받는다."라고 말하면서 자신이 노벨평화상을 받는 것은 가난하고 소외된 자들의 이름으로 받는 것이라고 겸손하게 밝혔다.

겉으로 보이는 테레사는 왜소했지만 에너지가 넘쳤다. 그녀의 얼굴은 주름이 깊게 패였지만, 그녀의 검은 눈은 빛을 발하는 것처럼 힘과 열정이 넘쳤다. 카톨릭 교회내 보수주의자들은 그들이 교회에서 부족하다고 느꼈던 전통적인 종교적 가치들의 상징으로 그녀를 활용했다. 많은 사람들은 그녀를 그 시대를 위한 성인이라고 말했다. 1980년대와 1990년대에 그녀를 성인으로 높이는 많은 책들과 논문들이 발표되었다. 그녀는 자신이 한 모든 일들을 사랑의 선교회의 공으로 돌렸고, 그녀에게 영감을 주신 하느님께로 돌렸다.

1980년 중반 사랑의 선교회는 마더 테레사가 선교회를 위해 쓴 헌장에 의해 운영되었다. 사랑의 선교회의 형제자매들은 처음으로 마더 테레사의 경이로움을 낳게 한 가난한 자를 위한 사랑에 대한 생생한 기록들을 갖게 되었다. 그녀의 이야기는 세계를 비롯해 사랑의 선교회의 다음 세대들에게 영원한 영향력으로 남아있을 것이다. 그녀는 독립된 자신의 선교사역에 대해 일부 중간 계층과 부유한 단체들의 비난이 확산었을 때에도 가난한 자를 섬기는 자신의 신념과 비전을 포기하지 않았다. 마침내 서번트 리더로서의 그녀의 높은 수준의 도덕성과 가치는 1968년 교황 바오로 6세에 의해 "그리스도의 사랑의 두려움을 모르는 메신저"라고 높이 칭송을 받게 했다.

1997년 테레사는 눈을 감았다. 교황 요한 바오로 2세는 그녀를 "캘커타의 복녀 테레사"라고 호칭을 붙였다. 그녀는 하느님의 부르심의 부르심을 따라 스스로 낮은 자가 되어 예수의 사랑을 아무 조건없이 가난, 질병, 고아, 그리고 문맹자들을 섬기는 희생의 삶을 통해 실천했다. 그녀는 확고한 비전과 높은 수준의 도덕적 가치를 소유한 서번트 리더였다. 그녀는 자신의 전 삶을 다른 사람들을 위해 바쳤던 희생적인 종이었다. 오직 사랑으로 가난과 질병의 치유를 위해 그녀가 보여준 서번트 리더십은 전세계를 통해 수많은 사람들과 사회에 매우 이례적인 충격을 주었고, 125개국에서 사랑의 선교회를 통해 무려 1백만명이 넘는 추종자들을 형성하는 영향력을 끼쳤다. 지금도 그녀의 영향력은 계속되고 있다. 마더 테레사, 그녀는 영원히 살아있는 서번트 리더이다.

도움이 되는 책들

마더 데레사. 2010.『마더 데레사의 아름다운 선물』. 이해인 옮김. 샘터사.

마더 테레사, 호세 루이스 곤잘레스 발라도. 2010.『마더 데레사 자서전』. 송병선 옮김. 민음인.

신홍범. 1997.『마더 테레사: 그 사랑의 생애와 영혼의 메시지』. 두레.

North, Wyatt. 2014. *Mother Teresa: A Life Inspired*. Wyatt North Publishing, LLC.

Spink, Kathryn. 2011. Mother Teresa: An Authorized Biography. Harper One.

Teresa, Mother. 2014. *Where There Is Love, There Is God: Her Path to Closer Union with God and Greater Love for Others*. Random House, Inc.

_____, and Thomas Moore. 2002. No Greater Love. New World Library.

_____, and Kolodiejchuk, Brian. 2009. *Mother Teresa: Come Be My Light: The Private Writings of the Saint of Calcutta*. Image.

제 **3** 부

변혁적 리더들

Transformational Leaders

 소통과 포용으로 통합하라

 국민의 마음 속으로 들어가 눈물을 닦아라

 꿈을 가지면 세상이 변한다

 용서와 화해는 통합의 심장이다

내가 노예가 되지 않을 것 같이, 나도 주인이 되지 않을 것이다.
이것이 내가 생각하는 민주주의다.

— 아브라함 링컨(1809~1865)

소통과 포용으로 통합하라

아브라함 링컨

> 66 … 하나님의 보호 아래, 이 나라는 새로운 자유의 탄생을 누리게 될
> 것이며, 국민의, 국민에 의한, 국민을 위한 정부는 이 땅에서 결코
> 사라지지 않을 것이다."

1982년에 미국의 학계를 대표하는 49명의 역사학자들과 정치학자들이 시카고 트리뷴지*The Chicago Tribune*로부터 리더십의 자질, 업적과 위기관리, 정치적 기술, 약속이행, 그리고 성품/온전함 등 5개의 범주들을 중심으로 초대 대통령 조지 워싱턴에서 제39대 대통령 지미 카터에 이르기까지 역대 미국 대통령들에 대해 순위를 메겨달라는 요청을 받았다. 그들이 평가한 순위에서 톱 순위는 아브라함 링컨이었으며, 그의 뒤를 이어 프랭클린 루스벨트, 조지 워싱턴이 2위와 3위로 각각 선정되었다. 놀라운 것은 링컨이 모든 영역에서 압도적인 1위를 차지했다는 사실이다.

2000년에 C-SPAN은 역대 미국 대통령들의 리더십 자질에 대한 학자들의 조사결과를 발표했는데 이 조사에서도 링컨은 1위를 차지했고,

그의 뒤를 이어 프랭클린 루스벨트와 조지 워싱턴이 각각 2위와 3위를 차지했다. 대부분의 미국 역사가들은 링컨을 미국 역사에서 가장 위대한 대통령이라고 평가한다. 그것은 시민전쟁_{Civil War} 기간 중 그가 리더십을 행사했던 방법과 미국의 도덕적 정치적 특성에 그의 리더십이 끼친 영향력 때문이다. 그는 위기의 시대에서 헌법 아래에서 특별한 대통령의 역할을 인식했다. 링컨은 정부 부처 내에서 대통령직만이 헌법을 옹호할 뿐만 아니라, 그것을 보존하고, 보호하고, 그리고 수호한다고 확신했다.

링컨은 그의 가장 중요한 업적들인 미연방의 보존, 민주주의의 수호, 그리고 노예해방에 의해서 평가받는다. 1860년 링컨이 대통령에 당선되었을 때, 노예제도를 유지했던 7개의 주가 남부연합을 구성하기 위해 미연방을 탈퇴했고, 남북 사이에 적대감이 형성되기 시작했을 때, 4개의 주가 추가적으로 남부연합에 가담했다. 링컨이 미연방을 보존하기로 맹세하고 의회 회기를 끝내자 유혈 시민전쟁은 미국 전역에 번져갔다. 시민전쟁은 4년 이상 지속되었고 이 기간 동안 6십만 명 이상의 미국인들이 희생했다. 전쟁 중반에 링컨은 노예해방을 선언했는데, 이것은 미연방 내에 있는 모든 노예들에게 자유를 주었고 시민전쟁의 성격을 미연방을 보존하기 위한 전쟁에서 자유를 위한 전쟁으로 변화시키면서 두 가지 목적을 추구하게 했다. 시민전쟁의 승리로 링컨은 주정부의 주권이 미연방의 권위를 대신한다는 주장을 영원히 종식시켰다. 링컨은 보다 더 완전한 미연방과 새로운 자유의 탄생을 남김으로써 대부분의 미국인들로부터 미국의 가장 위대한 대통령의 명예를 얻었다.

반복된 실패 그러나 값진 성공

링컨은 1809년 켄터키 주의 볼품없는 통나무집에서 사는 가난한 가정에서 태어나, 켄터키와 인디애나에서 성장했다. 이곳에서 그는 대체로 자가학습으로 공부를 했는데, 어려서부터 힘든 일을 하면서 독서를 즐기고 조크를 좋아했다. 그는 한동안 블랙 호크 전쟁Black Hawk War에서 군인으로 복무했고, 스스로 법을 공부했다.

사실 링컨은 실패의 대명사다. 그는 자신의 삶에서 하는 일마다 실패했다. 젊은 시절에 사업에 손을 대었다가 크게 실패했다. 친구에게 돈을 빌려 다시 사업을 해보았지만 또 파산을 했다. 그는 17년 동안 빚진 돈 때문에 고생을 해야만 했다. 그런 과정에서 링컨은 1836년에 변호사 시험에 합격했지만, 곧바로 우울증에 빠져버렸다. 결국 그는 정신과 병원에 입원하여 치료를 받았다. 이때 링컨은 가족에게 주변에 칼이나 예리한 물건을 두지 못하게 했는데 우울증으로 인한 자살의 우려 때문이었다. 그는 자신의 비참한 현실 때문에 늘 괴로워하면서 앞으로도 자신의 인생에서는 제대로 되는 일이 없을 것이라고 비관하기도 했었다. 그러던 어느날 링컨은 창문 밖으로 아침 햇살이 환하게 비쳐올 때, 어둠을 뚫고 햇살 아래 반짝 거리는 잎새들을 바라보면서 절망 가운데 있는 자신의 모습을 깨닫고 다시 일어섰다. 그럼에도 불구하고 링컨의 삶은 오랫동안 실패의 연속이었다.

정계에 진출하는 꿈을 안고 링컨은 여러차례 선거에 도전했다. 그는 일리노이주 의회 의원과 미 의회 하원으로 당선된 것 이외에 대부분의 시간은 패배의 연속으로 힘든 세월을 보냈었다. 링컨은 1838년 주의회

대변인 선거 낙선, 1840년 정부통령 선거위원 낙선, 1843년 하원의원 선거 낙선, 1848년 하원의원 재선거 낙선, 1854년 상원의원 선거 낙선, 1856년 부통령 지명 실패, 그리고 1858년 다시 상원의원 출마 패배 등 1838년부터 1858년까지 20년간 링컨은 무려 7번의 각종 선거에서 패배의 아픔을 겪었다. 그는 평균 3년에 한번 꼴로 낙선의 고배를 마시며 아무 것도 이루지 못한 실패자의 인생을 살았다. 그러나 그는 그때마다 다시 일어섰다. 그의 반복적인 실패와 좌절의 인생에서 링컨을 구한 것은 믿음과 기도였다. 그는 자신의 실패를 기도로 극복해갔고, 마침내 링컨은 1860년 미국 대통령으로 선출되었다.

변혁을 이끈 통합과 자유를 위한 투쟁

링컨은 1830년대와 1840년대에 휘그당 소속으로 일리노이주 의회 의원으로 활동했다. 1847년에 링컨은 미국 의회 하원의원으로 당선되어, 의회에서 미국-멕시코 전쟁을 반대하는 자신의 주장을 적극적으로 펼쳤다. 1850년대 중반, 링컨은 휘그당을 떠나 새로 출범하는 공화당에 합류했다. 1858년에 그는 당시 미국 정치에서 가장 대중적인 정치인들 가운데 한 사람인 스테반 더글라스_{Stephen Douglas} 상원의원과 연방의회 상원의원 선거를 치렀다. 링컨은 그 선거에서 패배했지만, 선거과정에서 더글라스에 대항하여 미국을 휩쓸었던 유명한 토론을 벌였는데, 특히 노예제 문제에 대한 토론에서 링컨은 미국인들에게 특별한 인상을 심어 주었다. 링컨과 더글라스의 토론은 미국 정치사에서 오랫동안 기억될 훌륭한 토론들 가운데 하나가 되었다. 그리고 불과 2년 후 이 일은 링컨을 1860년 공화당 대통령 후보 지명전의 경쟁자로 만들었다.

1860년 대통령 캠페인에서 링컨은 자신이 노예제도를 반대하고 1850년 멕시코와의 전쟁으로 획득한 새로운 영토까지 노예제도가 확산되는 것을 막을 것이라는 자신의 결정을 강력하게 표현했다. 링컨의 대통령 선거의 승리는 국가에게 새로운 위기를 가져다 주었다. 대부분의 남부 민주당원들은 링컨이 남부에서 노예제도를 철폐하기 위해 움직이기 전부터 이 문제를 두려워했다. 머지 않은 장래에 흑인들이 자유로운 시민이 될 것이라는 현실을 맞이하는 것 보다는 남부의 많은 백인들은 이 제도가 계속 유지되어야 한다고 주장했다. 그들은 주정부의 권리는 마땅히 보호받아야 한다는 생각을 갖고 있었다. 링컨은 설사 이것이 전쟁을 피할 수 없다는 것을 의미하더라도 미연방을 보존할 것이라고 맹세했다. 그는 결국 남부의 2백만 명의 군대에 대항하여 북부에서 약 3백만 명의 육군과 해군을 소집했고, 시민전쟁은 치열하게 전개됐다. 버지니아에서 캘리포니아에 이르는 전투에서 (물론 대부분의 전투는 버지니아, 미시시피강 계곡, 그리고 여러 주의 경계들을 따라 치러졌다. 필자) 미국은 갈갈이 찢어졌다.

1863년 1월 링컨이 노예해방을 선포했을 때, 미연방을 보존하고 민주주의를 수호하기 위해 시작되었던 전쟁은 자유를 위한 전투와 노예해방을 위한 전쟁이 되었다. 링컨은 1863년 의회에서 행한 연두교서에서 노예해방의 길을 걷는 자신의 의지에 대해 다음과 말했다.

"노예에게 자유를 줄 때, 우리는 그 자유가 우리가 주고 보존하는 것과 같은 명예로운 자유라고 확신한다. 우리는 이 땅의 마지막이자 최고의 희망을 고귀하게 구하거나 아니면 초라하게 잃어버릴 것이다. 이것은 실패하지 않는다. 우리가 따르기만 한다면 그 길은 쉽고, 평화롭고, 관대하고 정의로운 길이다. 세계가 영원히 박수를 보낼 것이다. 그리고 하나님께서 영원히 축복하실 것이다."

노예해방 선언이 미국의 모든 노예들에게 자유를 가져다 주지는 않았지만, 그것은 미연방을 자유와 노예제도 폐지로 일체화하는 중요한 상징적 제스처였다.

노예해방선언과 별개로, 링컨은 흑인 남성들에게 연방의 육군과 해군으로 입대할 것을 촉구했다. 전쟁이 끝날 무렵, 거의 2십만 명의 아프리칸 아메리칸들이 미연방을 위해 싸웠다. 그리고 링컨은 그들이 미연방의 승리를 위하여 절대적으로 필요하다는 것을 강조했다. 전쟁이 격렬하게 되면서, 링컨 역시 사랑하는 아들의 죽음과 아내 매리_{Mary}의 우울증으로 개인적인 큰 고통을 겪었다. 그는 전쟁의 고통과 개인적인 상실로 깊은 상심에 빠졌지만, 종종 개인의 분노를 유머로 다스리거나 전국을 불태우는 위대한 전쟁의 의미를 유창한 말로 표현하면서 고통의 순간을 이겨냈다.

시민전쟁을 승리로 이끈 후 링컨이 게티스버그_{Gettysburg}에서 행한 연설과 1865년 그의 두번째 대통령 취임연설은 미국 역사에서 가장 위대한 연설들 가운데 하나로 당당히 자리잡고 있다. 링컨은 게티스버그 연설에서 자신과 수많은 젊은이들이 무엇을 위해 싸웠는지, 자신이 추구한 도덕적 가치가 무엇이었는지 감동적으로 밝히면서 자유와 민주주의의 가치는 영원히 존속할 것이라고 말하면서 이 고귀한 가치들은 이제 남아 있는 자신과 많은 사람들이 지속적으로 추구해야 할 것이라고 강조했다.

"우리 앞에 남겨진 그 위대한 과업을 이루기 위해 여기 이곳에 헌신해야 할 사람들은 오히려 우리들이다. 이곳에서 영예롭게 죽어간 이들로부터 그들이 마지막 힘을 다 바쳐 지키고자 했던 그 일에 대해 우리는 지속적으로 헌신해야 한다. 우리는 그들의 죽음이 헛되지 않도록 하겠다고 굳게 다짐해야 한다. 하나님의 보호 아래 이 나라는 새로운 자유의 탄생을 누리게 될 것이며, 국민의, 국민에 의한, 국민을 위한 정부는 이 땅에서 결코 사라지지 않을 것이다."

시민전쟁은 4백만 명의 아프리칸 아메리칸들_{African Americans}에게 자유를 주었고, 그들은 자유시민으로서 전후 경제와 사회체제에 적극 참여했다. 이전에 노예신분이었던 대다수의 사람들이 자유시민이 되었다. 그러나 그들 중에 글을 읽고 쓸 수있는 사람은 극히 적었다. 그들 대부분은 전쟁의 혼란이나 노예제도 폐지로 가족이 흩어졌기 때문에 혼란스러운 상태에 있었다. 그러나 그들은 시간이 흐르면서 백인의 감시를 받지 않는 농장을 갖게 되었고, 합법적으로 결혼하고, 그들의 자녀에 대한 교육의 기회를 얻었다. 백인의 통제로부터 독립된 자유를 누릴 수 있다는 확신으로 무장한 그들은 1865년에 미국에서 어떤 다른 백인들과도 다를바 없이 정치적, 사회적, 그리고 심지어 경제적 평등을 기꺼이 요구하기 위해 당당하게 일어섰다. 공화당 내에도 그들의 뜻에 동조하는 소수의 폐지론자들과 진보적 공화당원들이 형성되었고, 그들은 전후 남부에서 진보적 평등을 위한 새로운 투쟁을 준비했다.

변혁을 이끈 리더십의 포용

리더의 포용은 자신의 신념과 가치가 확고할수록 더 커지고, 서로의 차이를 넘어 소통의 공간을 더욱 넓혀줌으로써 경쟁자들에 대한 관용을 허락하고, 추종자들의 신뢰를 더욱 강하게 만들어준다. 리더의 포용은 다름과 차별의 벽을 허물어 연합과 화해를 이루게 하는 위대한 힘이다.

1860년 미국 공화당 대통령 후보 지명전에서 링컨의 경쟁자들은 뉴욕 상원의원 윌리엄 슈어드_{William H. Seward}, 오하이오 주지사 살몬 체이스 _{Salmon P. Chase}, 그리고 미주리 주의 유명한 노정객 에드워드 베이츠_{Edward Bates} 였다. 링컨은 그들이 자신보다 훨씬 뛰어난 능력을 소유한 사람들이라고 생각했기에 후보지명전의 승리를 기대하진 않았다. 어찌보면 워낙 실패를 많이 했던 링컨이었기에 당연한 생각일 수 있었다. 링컨의 경쟁자들은 19세기초 수십 년간 북부에서 큰 야망을 품고 살았던 사람들이었다. 그들은 모두가 법학을 공부해서 변호사가 되었고, 그 후에 정치에 입문하여 이름을 떨쳤다. 그 당시 미국 사회에서 그들은 자신들이 태어났던 조그만 시골을 떠나 기회와 모험을 추구하며 빠른 성공을 꿈꾸며 살아갔던 수많은 젊은 사람들의 이상적인 모델이었다.

링컨이 공화당 대통령 후보로 지명되었을 때, 그의 경쟁자들은 잘못된 사람이 선택되었다고 믿었다. 랄프 왈도 에머슨_{Ralph Waldo Emerson}은 "비교적 무명인 링컨이 선택되었다. 우리는 냉정하고도 슬픈 결과를 들었다. 그것은 이처럼 불안한 시기에 신뢰를 무덤에 묻는 것과 같은 너무나 어처구니 없는 것처럼 여겨졌다."는 소식을 처음 접했다고 회상했다.

링컨은 공화당 대통령 후보로 선출되었음에도 불구하고 능력있는 그의 경쟁자들에 의해 혹평을 받아야만 했다. 그러나 링컨이 미국의 제16대 대통령으로 당선되어 첫 내각을 구성했을 때 놀라운 일이 일어났다. 링컨은 어느 누구도 예상치 못했던 결정을 했다. 그것은 자신의 유명한 정치적 경쟁자들을 그의 내각에 불러 들임으로써 그들을 자신의 정치적 동반자요 가족으로 만들었던 것이다. 슈어드는 국무장관이 되었고, 체이스는 재무장관, 그리고 베이츠는 법무장관이 되었다. 그뿐만 아니라, 링컨은 남아 있던 내각의 또 다른 자리에 세 명의 민주당 정치인들을 임명했다. 훗날 링컨의 "해왕성Neptune"이라고 불렸던, 기드온 웰스Gideon Wells는 해군장관으로, 몽고메리 블레어Montgomery Blair는 우정장관으로, 그리고 링컨의 "화성Mars"인 에드윈 스탠톤Edwin Stanton은 전쟁장관으로 임명했다. 링컨의 초대 행정부를 구성했던 인물들은 모두가 링컨보다 더 잘 알려져 있고, 더 나은 교육을 받았고, 공적 생활에서 더 많은 경험을 쌓았던 당대 최고의 인물들이었다.

초대 내각을 자신의 경쟁자들과 반대당의 리더들로 구성한 링컨은 정치적 천재가 아닐 수 없다. 훗날 링컨의 경쟁자들 가운데 슈어드는 대통령으로서의 명목상 역할을 내어 버린 링컨의 의도를 재빨리 깨닫고, 그의 뛰어난 자질에 감동하며 가장 가까운 친구요 평생의 조언자가 되었다. 베이츠와 스탠톤 역시 그들의 지도자로서의 링컨의 훌륭한 면모를 발견하고 링컨을 완벽한 사람이라고 평가했다.

링컨은 경쟁자들과 반대당의 리더들까지 자신의 정치적 가족으로 만드는 포용력을 보여주었다. 그는 자신의 경쟁자들과 비교할 때 가장 보잘 것 없는 배경을 지닌 사람이었다. 그러나 그는 대통령이 되었고, 자신의 경쟁자들이 무엇을 원하고 있는지 그것을 읽을 수 있는 눈과 마음을 소유했다. 그는 그 마음으로 경쟁자들을 끌어 안았고, 그들을 끌어 안은 링컨의 리더십은 훗날 노예해방을 선언하며 미국의 역사를 바꾼 남북전쟁을 승리로 이끄는 원동력이 되었다. 링컨은 자신의 확신을 믿었다. 어두웠고 불안했던 시대의 극복은 오직 연합과 단결 밖에 없었다는 것을. 이러한 자신의 확신을 현실적으로 가능하게 만들었던 것은 링컨이 보여준 포용의 리더십이었다. 링컨의 포용은 수년 후 자유와 평등, 그리고 민주주의의 수호를 위한 시민전쟁에서 그의 리더십으로 변혁을 이끄는 내적 원동력으로 작용했다.

변혁을 이끈 추종자들의 신뢰와 존경

링컨은 자신의 추종자들의 신뢰, 충성, 그리고 존경을 받았다. 그는 전쟁의 어려움 가운데서도 추종자들이 그에게 신뢰와 충성, 그리고 존경심을 갖고 자발적으로 희생을 하도록 그들에게 영감을 불어 넣고, 높은 수준의 도덕성을 갖도록 호소하는 능력을 가졌다. 이것은 포토맥 군대Army of Potomac의 군인들이 그에게 보낸 편지들 속에 담긴 대통령에 대한 그들의 생각에 잘 나타나 있으며, 링컨 역시 그들과의 만남에서 전쟁의 의미와 가치, 그리고 목적을 분명하게 밝혀 그들의 확고한 지지와 충성, 그리고 희생을 이끌어냈다.

작가 윌리엄 데이비스William Davis는 수백 명의 군인들의 일기와 미간행된 글들을 읽은 후, 자신의 책 *Lincoln'Men: How President Became Father to an Army and a Nation*에서 이 연구 결과를 밝혔다. 그가 검

토한 대부분의 군인들의 편지들은 그들의 친구 혹은 가족들에게 보낸 것들이었는데, 그것들은 링컨 대통령에 대한 사람들의 의견이 무엇인지를 파악할 수 있는 아주 탁월한 자료들을 제공했다. 링컨은 전쟁 중에 군인들과 계속해서 밀접하게 접촉하는 것의 중요성을 이해했다. 링컨은 이미 블랙 호크 전쟁에서 군인으로 복무했던 경험을 갖고 있었기 때문에 그들의 마음과 생각을 잘 이해했다. 그는 군인들과 같은 마음을 가졌고, 그들이 매우 힘든 시간을 겪고 있다는 것에 대해 항상 감사했다. 링컨은 종종 포토맥 군대를 방문해서, 군인들이 정상적인 채널을 통해 해결할 수 없었던 문제들에 대하여 그를 찾아오는 지휘관들과 군인을 만나 대화를 나누고 위로하며 도움을 주곤 했다.

링컨은 전쟁 중 적어도 2천 명 이상의 군인들을 사적으로 만났고, 백악관에서도 많은 군인들을 만났다. 그는 자신의 집무실에서 뿐만 아니라 군대 캠프와 부상당한 군인들이 있는 병원에서 그들을 만났다. 링컨은 그들의 계급에 관계없이 다양한 만남의 형식을 통해 그들의 이야기에 귀를 기울였고, 그들의 요구사항이 무엇인지 알려고 노력했다. 그리고 실질적으로 그들에게 도움을 주기 위해 윌리엄 슈어드 국방장관을 비롯해 다른 부처 장관들에게 "나는 이 젊은 군인이 기회를 갖게 되길 원한다."는 편지를 직접 써서 보냈다.

많은 군인들은 링컨의 진정한 관심에 대해 감동을 받았고, 그들은 링컨을 "파더 아브라함Father Abraham"이라고 부르면서 그를 신뢰하고 존경했다. 뿐만 아니라 링컨은 군인들의 윤리적 가치에 호소하면서 그들의 희생을 이끌었다. 그는 미연방의 보존이라는 유일한 목적으로 전쟁을 시작했지만, 1864년에 이 전쟁을 자유의 가치를 높이는 노예해방의 목적을 포함한 두 가지의 목적을 수행하는 전쟁으로 전환할 때, 그들의 윤리적 가치에 호소함으로써 충성과 희생의 유지를 이끌어 냈다. 그리고 전쟁 중 실시된 대통령 선거에서도 그들은 각자의 집으로 돌아가 링컨의 재선을 위해 기꺼이 투표를 했다. 링컨은 군인들의 충성과 자기 희생의 의지를 이끌었을 뿐만 아니라, 노예해방에 대해 그들의 태도를 변화시키기 위해 그들에게 높은 수준의 도덕적 가치를 호소했다. 군인들의 신뢰와 존경, 그리고 희생은 링컨에게 있어서 변혁을 이끄는 힘이었다. 마침내 링컨의 리더십은 그의 게티스버그 연설에서 밝혔듯이 국가, 그리고 세계에게 "새로운 자유의 탄생_{a new birth of freedom}"을 선물했다.

변혁을 이끈 리더십의 자질들

링컨은 정부가 정부 자체의 존재를 유지하기 위해 매우 약해질 필요가 있지만, 국민의 자유를 위해서는 매우 강해져야만 한다고 확신했다. 그는 이러한 자신의 입장을 1861년 7월 4일 대의회특별메시지_{the Special Message to Congress}를 통해 밝혔다. 국민의 자유를 위하여 정부는 강해져야만 한다는 링컨의 신념은 그가 시민전쟁중 노예해방선언을 통해 전쟁을 자유의 전쟁으로 변환시키는데 있어서 중요한 역할을 담당했다. 이를 통해 링컨은 자유을 향한 전쟁에서 강력한 대통령직을 수행함으로서 자신의 리더십으로 주도적인 변혁을 추진할 수 있었다.

미국 역사에서 대부분의 역동적인 대통령들처럼 링컨은 대통령의 역할을 전쟁 사령관으로서 의회와 사법부 모두에 대해 대통령을 최고의 위치로 만들면서, 새로운 강력한 지위를 지닌 행정 수반으로 전환시켰다. 그의 행동주의는 전시체제에서 계엄령을 선포하고, 군인들로 폭도들을 진압하고, 언론에 대해 초월적인 권한을 행사했으며, 급기야 1863년 새해에 노예해방을 선언함으로써 헌법하에서 주어진 대통령의 모든 권한을 강력하게 사용했다.

그는 전쟁 선언없이 전쟁을 감행했고, 대통령이 헌법의 최종 해석자라는 사법적 판단에 대한 자신의 견해를 확신하면서 대법원의 반대에 대응했다. 링컨은 전쟁 기간 동안에 인신보호영장 중단, 전쟁을 반대하는 신문들의 폐간, 반전주의자들 체포 및 노예해방령 발표를 포함하여 제한된 대통령의 헌법적 행정명령을 훨씬 넘어서는 것으로 보였던 자신의 권력을 이례적으로 행사했다. 링컨은 이런 결정들은 특징적으로 '군사적 필요성'의 근거들에 둔 것으로서 국민의 자유와 미합중국을 구하기 위하여 인정된 조치라고 옹호했다.

1864년 늦은 여름 링컨은 자신이 첫번째 임기를 마치는 대통령이 되어야 하는지, 아니면 새로운 임기를 시작하는 대통령이 되어야 하는지에 대해 생각했다. 전쟁은 아직 끝나지 않았다. 미국의 통합과 노예해방이라는 자유의 성취라는 두 가지 목표를 이루어야 할 뿐만 아니라, 전쟁 중에서도 헌법이 정한 대통령의 임기를 지키는 입헌적 민주주의의 수호자로서의 위치를 유지하는 것이 링컨에게 있어서 매우 중요했다.

공화당은 링컨의 재선이 가능할 것으로 예측했지만 일부에서는 다른 후보를 내야한다고 목소리를 높였다. 그럼에도 불구하고 일부는 링컨이 전쟁을 지휘하는 총사령관이었기 때문에 선거를 연기해야 하는 것이 아닌가라고 주장했다. 과연 대통령 선거는 연기되어야 하는가. 그러나 링컨의 입장은 단호했다. 전쟁의 중간에 선거를 유지하는 것이 링컨의 패배와 미합중국의 대의와 맞서는 결과를 가져온다 할지라도 헌법에 명시된 대통령의 임기를 어기면서 전쟁 중에 선거를 중단하는 것은 헌법정신을 위배하는 잘못된 것이었다. 링컨은 재선을 결정하는 선거가 있기 며칠 전에 일기를 썼다.

"이 정부가 재선되지 않을 것이라는 과도한 예측이 있는 것 같다. 그러면 선거와 취임식 사이에 미연방을 구하기 위하여 새로 선출된 대통령과 상호협력하는 것이 나의 임무가 될 것이다. 그가 이런 근거 하에서 자신의 당선을 안심할 것이라면 그는 아마도 미합중국을 구할 수 없을 것이다."

링컨은 전쟁 가운데서도 헌법정신을 지키기 위해 노력했다. 그는 비록 자신이 재선되지 못한다 할지라도 미연방을 보존하기 위하여 새로운 당선자와 상호 협력하는 것이 자신의 임무라는 것을 분명히 인식했다. 이것은 링컨의 리더십의 자질을 파악할 수 있는 중요한 이야기이다. 링컨은 대통령에 대한 헌법적 제약이 무엇인지 정확하게 알고 있었고, 전쟁을 시작한 대통령으로서 그것을 어떻게 마무리해야 하는가에 대한 법률적이며 도덕적인 책임과 역할까지도 알고 있었다. 링컨은 헌법에 의해 모든 것이 규제되고 제한된다는 것을 알고 실천했던 입헌적 리더십constituianal leadership의 특성을 보여주었다. 링컨은 재선에 성공했다. 그리고 그는 자신의 책임하에 전쟁을 마무리해야만 했다.

시민전쟁이 끝나는 시점에서 링컨은 깊은 고민에 잠겼다. 그는 남북 간의 평화협정을 통해 즉각적인 평화체제로 전환하면 인명피해를 줄일 수 있지만, 만일 그렇게 되면 노예해방은 사실상 제한적일 수 밖에 없을 것이라는 상호배타적인 선택의 기로에 있었다. 전쟁은 미합중국의 보존을 위해 시작되었지만, 중반에 이르러 노예해방선언을 통해 자유를 위한 전쟁으로 전환되었다. '보존과 자유'라는 두 가지 목적을 모두 충족시킬 수 있는 선택이 필요했다. 이제 링컨은 전쟁의 막바지에 이르러 전쟁을 지휘하는 총사령관으로서 외롭고 고독한 판단을 내려야만 했다. 물론 전쟁도 종식시키고 노예해방도 성취할 수 있었지만, 노예해방은 남부의 민주당의 반대와 자신이 속해 있는 공화당내 온건파의 반대가 예상되었기 때문에 쉽지 않은 결정이었다. 링컨은 두 가지 목적을 다 이루기 위해서는 새로운 접근이 필요하다는 것을 정확하게 이해했다. 그것은 노예해방을 법적인 평등의 관점에서 다루는 것이었다.

링컨은 전략적 목표의 이상적 성취를 위해 목표를 다시 조정해야만 했다. 링컨의 입장에서 목표설정을 조정하는 것은 당초 전쟁의 명분이었던 미연방의 보존이라는 목적과 노예해방의 목적, 이 두가지 목적이 서로 충돌하지 않는 것으로 이해했다. 이때 링컨은 자신의 리더십의 기술들을 적극 활용했다. 그는 목적을 달성하기 위해 '주고 받는' 거래적 리더십_{transactional leadership}을 적극 활용했다. 링컨은 완전한 노예해방을 주장하는 공화당내 소수 강경파들을 접촉하여 적극적인 설득에 나섰다. 그리고 반대당인 민주당내 일부 의원들을 대상으로 회유 혹은 정부내 자리를 보장하는 내용으로 협상을 전개했다. 링컨의 포용과 소통의 리더십 기술들은 이 모든 과정에서 유감없이 활용되었고, 그는 목적을 달성했다.

드디어 남북간 종전 협상으로 시민전쟁은 끝났다. 링컨은 게티스버그 연설에서 우리는 무엇을 위해 싸웠는지 그리고 우리는 지금 여기서 무엇을 위해 우리가 헌신을 해야 할 것인가에 대한 도덕적 책임을 강조하고 전쟁을 통해 지키고자 했던 미연방의 자유와 민주주의의 가치를 영원히 지켜갈 것을 호소했다. 그리고 노예해방은 완전하게 성취하지는 못했어도 실질적 조치와 더불어 평등의 도덕적 가치를 표방함으로써 미국 독립선언문의 도덕적 가치로서의 인간의 존엄성과 평등의 이상을 추구할 수 있었다.

변혁적 리더십의 상징 링컨

미국인들은 미국 역사상 가장 위대한 대통령으로 아브라함 링컨을 추천하는데 결코 주저하지 않는다. 이것은 많은 정치학자들과 역사학자들을 비롯하여 미국의 많은 언론들과 공적 사적 기관들의 조사에서도 동일하게 나타난다. 뿐만 아니라 링컨은 미국의 경계를 넘어 세계 여러 나라들에서도 가장 위대한 정치 지도자들 가운데 한 사람으로 존경받는다. 링컨이 이처럼 시대를 넘어, 그리고 세대를 넘어 가장 존경받는 정치 지도자로 평가받는 이유는 무엇일까. 아마도 링컨을 연구하는 많은 학자들이 공통적으로 지적하는 것은 노예해방을 통해 미국을 하나로 통합하고 자유, 평등, 그리고 생명의 존중과 행복의 추구라는 미국 독립선언문의 정신을 가장 잘 구현한, 나아가 입헌민주주의를 기초로 한 미국의 민주주의의 토대를 확고하게 구축한 그의 리더십 때문일 것이다.

링컨의 리더십은 다양한 관점에서 조명을 받는다. 많은 리더십 연구가들은 링컨을 변혁적 리더십의 대표적 상징으로 이해한다. 물론 그의 리더십에는 서번트 리더, 윤리적 리더, 그리고 공공의 리더의 특성들이 포함되어 있다. 게다가 또 다른 관점에서 링컨의 리더십은 입헌적 리더십, 즉 철저하게 헌법에 근거하여 대통령으로서의 직무에 충실한 리더십을 보여주기도 한다. 변혁적 리더십의 대가인 번즈는 링컨의 리더십의 속성이 변혁적임을 강조한다. 그는 링컨은 변혁적 리더십이 지녀야할 높은 수준의 도덕적 가치들을 추구하면서 추종자들의 동의와 지지를 이끌어 내어 인간의 자유와 평등, 미국 민주주의에 대한 확고한 신념으로 노예해방의 비전과 미국의 통합을 성취한 변혁적 리더였다고 평가했다.

 도움이 되는 책들

도리스 컨스 굿윈. 2007. 『권력의 조건』. 이수연 옮김. 21세기북스.

에밀 루드비히. 2009. 『링컨의 일생』. 이동진 옮김. 해누리.

Davis, William C. 1999. *Lincoln's Men: How President Lincoln Became Father To an Army and a Nation*. Free Press.

DiLorenzo, Thomas. 2003. *The Real Lincoln: A New Look at Abraham Lincoln, His Agenda, and an Unnecessary War*. Crown Forum.

Foner, Eric. 2011. *The Fiery Trial: Abraham Lincoln and American Slavery*. W. W. Norton & Company.

Goodwin, Doris Kearns. 2005. *Team of Rivals: The Political Genius of Abraham Lincoln*. New York: Simon & Schuster.

Harold Holzer, Harold and Norton Garfinkle. 2015. *A Just and Generous Nation: Abraham Lincoln and the Fight for American Opportunity*. Basic Books.

Hubbard, Charles M. 2015. *Lincoln, the Law, and Presidential Leadership.* Southern Illinois University Press.

Kostyal, Karen and Doris Kearns Godwin. *Abraham Lincoln's Extraordinary Era: The Man and His Times.* National Geographic.

Lincoln, Abraham and Gore Vidal. 2009. *Abraham Lincoln: Selected Speeches and Writings.* Library of America.

Phillips, Donald T. 1993. *Lincoln on Leadership: Executive Strategies for Tough Times.* Warner Books, Inc.

Trueblood, Elton. 2012. *Abraham Lincoln: Lessons in Spiritual Leadership.* HarperOne.

Wheeler, Joe. 2011. *Abraham Lincoln Civil War Stories: Heartwarming Stories about Our Most Beloved President.* Howard Books.

White, Jonnathan. 2015. *Lincoln on Law, Leadership, and Life.* Cumberland House.

우리가 두려워 할 것은 근거도 없고, 타당하지도 않은,
터무니 없는 두려움 그자체일 뿐이다.

— 프랭클린 루스벨트(1882~1945)

국민의 마음 속으로 들어가 눈물을 닦아라

프랭클린 루스벨트

> " 건강하고 강력한 민주주의의 기초들에 대해 신비한 것은 아무 것도 없다.
> 그것들은 단순하다. … 청년들과 다른 사람들을 위한 기회균등, 일할 수 있
> 는 사람들을 위한 일자리들, 안전이 필요한 사람들을 위한 안전, 소수를 위
> 한 특권의 종식, 모든 사람들을 위한 시민적 자유의 보전, 보다 넓게 지속
> 적으로 성장하는 생활수준으로 과학적 진보의 열매들을 향유하는 것이다."

　　프랭클린 루스벨트는 1930년대 미국의 대공황Great Depression으로부터
그리고 제2차 세대전을 통해 미국의 거대한 변화를 이끌었던 대통령이
다. 그는 토마스 제퍼슨Thomas Jefferson과 아브라함 링컨처럼 자신이 활동했
던 시대에서 미국 사회를 극적으로 변화시킨 변혁적 리더였다. 루스벨
트는 1933년 3월 4일에 대통령에 취임한 이후 그가 세상을 떠난 1945
년 4월 12일까지 4선 대통령으로 자리를 지켰다. 루스벨트는 19세기말
이후 20세기에 이르기까지 미국의 변혁을 시도했던 대통령들 가운데
한 사람으로서 가장 혁신적으로 미국을 이끌었던 대통령이었다. 역사
가 존 루이스 가디스John Lewis Gaddis는 루스벨트는 최초로 이 일을 성공한
대통령이었다고 평가했다.

루스벨트는 변혁적 리더십으로 국내적으로는 대공황의 위기를 극복하였고, 세번째 임기 이후에는 유럽의 전쟁에 개입하길 꺼려했던 미국인들에게 국제안보에 대한 히틀러의 위협에 대해 경각심을 높이는 데 노력하던 중, 일본이 진주만Pear Harbor을 공격하자 미국이 주도할 다자간 공동정책을 추진할 기회를 잡았다. 그는 우드로 윌슨Woodrow Wilson의 이상과 연계된 고립주의와 일방주의를 자신이 주창한 "4개의 자유Four Freedoms", 즉 표현의 자유, 신앙의 자유, 궁핍으로부터의 자유, 그리고 공포로부터의 자유라는 소프트 파워soft power를 결합하는 전후 세계의 실용주의의 비전을 만들어 국제사회에서 미국의 역할을 증대하면서 유엔을 통한 국제안보 실현에 큰 기여를 했다. 또한 루스벨트는 전후 44개국이 참석하여 개최된 브레튼 우즈Bretton Woods에서 세계 은행World Bank과 국제통화기금International Monetary Fund을 세워 국제금융질서를 유지하기로 협상을 마무리하여 전후 세계 경제의 안정을 구축했다.

루스벨트는 20세기 미국의 변혁을 주도했던 가장 성공적인 대통령이었으며, 그가 세상을 떠날 때 미국은 세계적인 강대국이 되었고, 미국 역사에 처음으로 복지국가를 태동시켰다. 그는 또한 이전의 공화당 출신 대통령들과는 달리 대통령직이 정치체제의 중요한 원동력으로서 의회를 대체하는 근본적 변혁을 이루었다. 루스벨트는 이러한 변화들에 대해서만 평가되는 것이 아니라, 만약 미국의 역사에 그가 없었다면 세부사항에서가 아니라 커다란 윤곽에서 달랐을 것이다.

롤 모델을 따른 인생의 목표

루스벨트는 1882년 1월 30일에 태어났다. 그의 가족은 뉴욕 하이드 파크의 허드슨 강 계곡_{Hudson River Valley}에 농장을 소유하고 있는 부유한 가정이었다. 그는 외아들이었으며, 그의 조상들은 17세기에 네델란드 뉴 암스텔담_{New Amsterdam}에서 뉴욕으로 이주해 커다란 농장을 일으켰다. 루스벨트는 그의 부모들의 사랑을 독차지했으며, 어린 시절부터 하버드 대학에 입학할 때까지 학교 이외에 별도로 개인교사를 두고 집에서 교육을 받았다. 그의 아버지 제임스 루스벨트는 하이드 파크 지역에서 교인들을 돌보는 영국 성공회의 교구위원이었고, 그의 어머니도 신앙심이 매우 깊은 분이었다. 루스벨트는 어린 시절부터 부모의 영적 지도를 받으며 성장했는데, 이것은 루스벨트에게 높은 수준의 관용적 행위와 시민적 책임의식을 형성하는데 영향을 끼쳤다.

루스벨트가 정치인으로 성장하는 과정에서 가장 중요한 영향을 끼쳤던 인물은 그의 아내 엘리너 루스벨트_{Eleanor Roosevelt}의 삼촌인 시어도어 루스벨트_{Theodore Roosevelt} 대통령이었다. 뉴욕 주지사, 해군차관, 스페인-미국전쟁의 사령관, 윌리엄 맥킨리_{William McKinley} 정부의 부통령 등과 같은 시어도어 루스벨트 대통령의 정치경력은 청년 루스벨트가 정치 지도자로서 꿈을 키우는데 큰 영향을 끼쳤다.

하버드 대학교를 졸업한 후, 루스벨트는 컬럼비아 대학의 로스쿨에서 법학을 공부한 후 법조계에서 일을 했지만, 그의 실질적인 관심은 정치에 있었기 때문에 그 일은 일시적인 것에 불과했다. 그는 해군 차관, 뉴욕 주지사, 그리고 대통령이 되기 위해 시어도어 루스벨트의 정치경험을 복제하길 원했다. 루스벨트는 공화당에서 경력을 쌓고자 했지만, 시어도어 루스벨트 대통령의 아들이 공화당 정치에 입문하여 경력을 쌓을 것으로 판단하고, 아마 나중에 그와의 경쟁을 피하기 위해 민주당에 들어간 것 같다.

1910년에 루스벨트는 민주당의 요청을 받아 자신의 고향 지역구에서 뉴욕주 상원의원 경선에 출마하여 당선된 후, 의욕적인 입법활동을 펼치면서 전국적으로 민주당의 주목을 받는 젊은 정치인으로 부상했다. 1912년 루스벨트는 당시 뉴저지 주지사였던 우드로 윌슨의 대통령 선거 캠페인을 적극 지지했다. 이것을 계기로 윌슨이 대통령에 당선되자, 윌슨은 루스벨트를 해군 차관으로 임명했다. 1920년에 민주당은 약관 39세의 루스벨트를 부통령 후보로 선택했지만, 민주당은 대통령 선거에서 패배했다. 그러나 대통령 선거 기간중, 루스벨트는 32개 주에서 거의 일천 번에 가까운 연설을 했다. 이후 루스벨트는 미래의 민주당을 이끌 가장 유력한 인물 가운데 한 사람으로 떠올랐다.

1918년에 루스벨트는 인생의 위기를 맞이했다. 그가 자신의 아내 엘리너 루스벨트의 젊고 매력적인 여비서와 부적절한 관계를 맺자 그의 아내는 이혼을 요구했다. 이것은 루스벨트에게 있어서 정치적으로 매우 치명적인 사건이었다. 그러나 그들의 결혼은 별거로 유지되었고 이후 부인 엘리너는 다양한 정치 사회활동을 비롯하여 여성인권 신장과 국제평화 등에 기여를 하면서 루스벨트와 정치적 동반자로 발전했다. 1921년에 루스벨트는 심각한 급성척수성 소아마비로 불구가 되었다. 뜻밖의 육체적 장애는 그의 공직 생활에 치명적이었다. 그러나 엘리너의 적극적인 돌봄과 꾸준한 물리치료를 통해 그는 상반신을 사용할 수 있게 되었고, 지팡이를 이용하여 걷는 훈련을 지속적으로 받았다.

1924년에 민주당 전당대회는 육체적 고통을 극복하고 극적으로 복귀한 루스벨트가 열렬한 환호를 받는 자리였다. 여기서 루스벨트는 뉴욕 주지사 알 스미스_{Al Smith}를 민주당 대통령 후보로 지명하는 연설을 통해 자신의 인간 승리를 보여주면서 전당대회의 스타가 되었다. 1929년에 루스벨트는 마침내 뉴욕 주지사로 선출되어 개혁적인 주지사로서 수많은 사회정책프로그램을 만들었다. 대공황이 시작되었을 때, 루스벨트는 뉴욕주에서 경제회복을 가져올 일련의 강력한 조치들을 제도적으로 실시함으로써 그의 전국적인 지명도를 높였다.

1930년에 그는 뉴욕 주지사로 재선되었고, 드디어 1932년에 민주당 대통령 후보 지명전에서 4번에 걸친 무기명 투표로 승리를 거두었다. 대통령 선거전에서, 루스벨트는 미국인을 위하여 '뉴딜_{New Deal}'을 외치면서 그의 역동적인 캠페인을 펼쳤고, 마침내 대통령 선거에서 승리했다. 1933년 3월 4일에 대통령에 취임한 이후 루스벨트는 변혁적 리더로서 정부혁신을 통해 미국의 변화와 도전을 이끌었고, 4선 대통령을 역임하면서 미국을 세계 강대국으로 만들고, 미국이 세계에서 복지국가로 태동하는 기반을 구축했다.

국가의 재난과 리더십의 신념

프랭클린 루스벨트가 대통령이 되었을 때, 공화당 후버 대통령이 물려준 유산은 국가적 재난과 다름없는 비참한 현실이었다. 국가는 4년째 심각한 경제위기에 처해 있었다. 노동인력의 약 30%가 실업상태였고, 미국 전역에 걸쳐 38개 주에서 은행들이 문을 닫았다. 그리고 농민들은 무장봉기로 토지경매에 저항했다. 민주적 정치질서 유지는 커다란 위협을 받고 있었다. 그러나 루스벨트는 동요하지 않았다.

1933년 3월 4일 제 32대 대통령으로 취임하던 날 그는 20세기에 가장 뚜렷한 족적을 남긴 대통령으로 기억될 연설을 통해 미국 시민에게 미국의 도전과 변화에 대한 확신을 심어주었다. 그는 무엇보다도 미국이 처해있는 비참한 상황을 솔직하게 인정하면서 국민의 기대를 한 몸에 받은 지도자답게 "우리는 어리석은 낙관론에 빠져 이 어두운 현실을 외면해서는 안된다."고 말하면서 "이 위대한 국가는 지금까지 존속해 온 것처럼 존속할 것이며 다시 살아날 것이다."라고 결연하게 외쳤다. 그리고 미국은 "두려움 그자체를 제외하고는 두려워할 것은 아무것도 없다."는 그의 확신을 미국시민들에게 전했다.

루스벨트의 확신은 한 국가의 대통령으로서 국가의 위기를 극복하는데 있어서 강력한 대통령직의 수행을 강조한 것이었다. 그리고 그는 계속해서 "우리의 모든 국가적 삶의 어두운 시간 속에서 솔직하고 활력 있는 리더십은 승리에 필수적인 국민의 이해와 지지를 받았다. 나는 여러분이 이 중요한 시기에 다시 리더십에게 지지를 보내줄 것이라 확신한다."고 국민에 대한 신뢰를 강조했다. 루스벨트는 국가적 재난의 극복을 위해 리더십(대통령)이 자신감을 갖고 일을 할 때 국민은 대통령을 믿고 절대적인 지지를 보내줄 것을 요구했던 것이다. 나아가 그는 정부의 역할은 국민이 노동을 통해 생활을 이어갈 방법을 제시하고, 경제 발전을 추진해야 하며, 비참한 삶에 처한 미국인들을 구제하는 것이라고 정의함으로써 사실상 강력한 대통령직을 바탕으로 뉴딜정책을 추진할 것임을 천명했다.

루스벨트는 의회에 전시체제와 같은 강력한 행정부의 권한을 요구했다. 그는 미국의 대외 팽창을 주도하고 대통령직의 재정의를 통해 강력한 대통령의 권한을 행사했던 자신의 롤 모델이자 처삼촌이었던 시어도어 루스벨트 대통령이 가졌던 강력한 힘을 원했다. 루스벨트의 단호한 의지는 절망에서 희망의 출구를 찾았던 미국인들로부터 강력한 지지를 얻었고, 수많은 추종세력들이 그에게 쇄도했다. 의회도 그의 확신과 신념을 적극 지지했다. 루스벨트는 어둠의 긴 터널을 빠져나와 미국의 도전과 변화를 이끌기 위해 자신이 행사할 대통령의 권한과 또한 자신이 져야 할 책임을 결코 회피하지 않았다. 1930년대 미국의 경제적 재난 앞에서 미국의 변화는 루스벨트의 리더십으로부터 시작되었다.

신념과 비전을 실천한 강력한 대통령직

변혁적 리더십은 추종자들의 목적과 동기에 상응하여 리더들이 추종자들의 요구와 바램, 그리고 목표에 반응하며 이러한 방식으로 그들의 동기와 만나고, 리더들과 추종자들 모두의 가치와 동기가 조화를 이루는 변화를 가져온다. 변혁적 리더는 합의된 가치에 따라서 다른 사람들을 발전시키고 향상시키기 위하여 공동의 가치, 목표, 요구, 그리고 바램을 형성하고 만들어감으로써 적절한 변화를 촉진시킨다.

루스벨트는 대통령 취임 연설을 통해 미국의 국가적 재난으로 인한 국민의 처참하고 고통스런 현실을 자신이 피부로 체감하고 있음을 밝히면서 국민의 고통과 함께 하는 지도자의 이미지를 강력하게 심어주었다. 그리고 미국은 반드시 이 위기를 극복할 것이며, 자신은 이 일을 반드시 해낼 것이라는 확고한 신념과 '뉴딜'이라는 자신의 비전을 분명하게 밝혔다. 미국인들은 루스벨트의 신념과 비전을 지지했다. 그는 미국인들의 요구와 바람을 정확하게 읽었고, 그들을 자신의 비전에 따르도록 동기를 부여했다. 루스벨트의 변혁적 리더십은 이와같이 자신과 국민의 합의된 가치를 바탕으로 그들을 움직이게 만들었고, 미국이 변화와 도전의 시대를 열어가도록 영향을 끼쳤다.

루스벨트가 대통령에 취임하기 전 미국의 워싱턴 정가는 의회가 독점적 지위를 누렸었다. 워렌 하딩Warren Harding, 캘빈 쿨리지Calvin Coolidge, 그리고 허버트 후버Herbert Hoober 등 3명의 공화당 출신 대통령들은 항상 국가의 주요 정책을 결정하고 집행하는 과정에서 의회의 권력에 굴복하면서 미국의 개혁을 포기했다. 그들은 관습적인 법체계에 안주하려 했고, 후버 대통령은 미국의 경제적 위기 앞에서 실직한 빈곤층의 구제를 포함한 사회정책과 프로그램 개발 등 모든 것을 포기한 나약한 대통령이었다. 그러나 루스벨트는 그들과는 확실하게 달랐다. 그는 대공황을 극복하기 위하여 전시체제와 같은 국가 위기시에 필요한 강력한 대통령직을 원했다. 그는 의회 앞에 무기력한 행정부가 아니라 모든 권한을 갖고 위기를 극복할 수 있는 강력한 행정부를 원했다. 그는 제1차 세계대전 당시 우드로 윌슨과 그가 가장 존경했던 시어도어 루스벨트 대통령과 같은 강력한 권력을 원했다.

루스벨트는 국가의 경제 위기에서 무엇보다도 무너지는 중산층을 살리고 농민들을 보호하기 위해 혁신적인 법안들을 만들었다. 중산층을 위한 정책은 금융제도 개선을 통해 추진했는데, 가장 대표적인 정책은 연방예금보험공사를 설립하여 중산층의 예금과 재산을 보호하는 것이었다. 그리고 농민들을 위해서는 농촌신용대부법_{Farm Credit Act}을 만들어 저당 잡힌 농장들이 장기저리로 융자를 다시 받을 수 있도록 하여 농민들이 자신의 토지를 소유할 수 있도록 했다.

의회는 루스벨트의 신념과 리더십에 적극적인 지지를 보냈고, 그가 제안하는 모든 법안들을 통과시켰다. 나아가 루스벨트는 미국의 노동력 가운데 30%가 실직한 상황에서 빈곤층이 확산되고 식량이나 주택을 구입할 능력이 부족한 수백만의 실업자들을 구제하기 위하여 연방정부 차원의 기금을 조성하였고, 고용상태에 있는 근로자들이라 할지라도 생계 유지가 어려웠던 현실에서 그들을 지원하는 정책개발에 주력하여 공장의 생산력을 끌어 올리기 위해 노력했다. 그러나 루스벨트는 이러한 모든 일들이 단기적인 성과를 가져온다 할지라도 근본적인 사회와 경제 개혁이 없이는 불평등 구조는 더욱 확산되고 심화될 수 있다고 믿었다.

루스벨트는 정책의 방향을 선회했다. 그는 점점 심화되고 있는 불평등 구조를 개선하기 위하여 산업을 합리화시키는 방향으로 정부의 혁신을 이끌었다. 그리고 대규모 공공사업을 통해 정부가 경제회복과 부흥을 위해 필요한 지출을 늘리는 방안을 세웠다. 1933년에 루스벨트는 테네시 계곡 개발공사_{Tennesse Valley Authority}를 설립하여 미국 전 지역의 개발을 추진했다. 그는 이 사업을 통해 미국 전역에 걸쳐 사회간접자본의 확충을 기대했다. 그리고 대규모 토목사업을 통해 일자리를 창출하고

자 했다. 의회는 가차없이 법안을 통과시켰다. 루스벨트 정부와 의회는 대공황을 극복하기 위해 재정적자를 감수하면서까지 수천억의 재정을 지출했다. 뿐만 아니라 같은 해에 루스벨트는 국가산업부흥법_{National} Industrial Recovery Act을 제정했는데, 이것은 루스벨트가 구상했던 뉴딜 정책에서 가장 핵심적인 것 가운데 하나였다. 국가산업부흥법은 정부가 대규모 재정지출을 통해 정부 주도하에 산업체를 관리함으로써 생산량을 늘리고 국가 전체의 소비증대를 추구함으로써 부의 재분배 효과를 제고하여 불평등 구조를 해소하는 목적을 갖고 있었다. 루스벨트는 이 법에 대해 큰 기대를 갖고 있었다. 노동계도 대환영을 했다. 그러나 대자본 중심의 기업들은 소극적이었다. 그들은 연방정부가 생산을 계획할 수 있는 권한을 자신들에게 줄 것을 강력하게 요청했다.

루스벨트는 국가산업부흥법의 효율적 집행을 위해 국가부흥청_{National} Recovery Administration을 신설했다. 당시 대공황을 극복하길 원했던 약 200만 명의 기업주들도 이 법안에 동의했다. 그러나 국가산업부흥법의 시행은 순탄하지 않았다. 산업계, 노동계, 그리고 소비자 대표 등이 산업부흥정책 수립에 참여했지만 서로의 이해관계가 충돌함으로써 어려움을 겪었다. 게다가 1935년에 대법원은 국가산업부흥법을 위헌으로 판결했다. 그러나 국가산업부흥법은 루스벨트의 신념을 따라 사회개혁을 성공시키는 결과를 가져왔다. 이 법안이 담고 있는 최저 임금제와 최대 노동시간제 등의 규정은 훗날 1938년에 제정된 공정노동기준_{Fair Labor} Standards에 그대로 반영되었다.

국가부흥청이 지원하던 노조활동이 활성화되어 비숙련노동자들을 끌어 들이는 효과를 발휘하면서 미국의 노동운동이 발전되는 중요한 계기를 마련했다. 그러나 루스벨트는 위헌 판결을 받은 국가산업부흥법이 폐기되자 1935년에 강직한 성품의 뉴욕주 민주당 상원의원 로버트 와그너~Robert Wagner~가 제안한 전국노동관계법~National Labor Relations Act~, 일명 '와그너 법'이라 불리는 법안을 적극 지원하였다. 이 법은 노동자의 단결권과 단체교섭권을 보장한 획기적인 것으로서 미국 산업에서 사회정의를 이끌어 갈 노동운동에 큰 힘을 부여해주었다. 물론 이로인해 기업주와 노조간의 갈등이 심화되어 대자본가들의 투자의지를 약화시키고 미국노동총연맹~American Federation of Labor~와 산업별 조합~Congress of Industrial Organization~ 두 단체간의 갈등을 유발하여 노동운동의 혼란을 야기시켰다. 그러나 대다수 노동계 지도자들은 뉴딜에서 지향한 합법적인 목표를 추구함으로써 루스벨트의 개혁적 의지를 지원했다.

루스벨트는 대공황을 극복하는 과정에서 정부의 인사개혁을 추진했다. 그는 정부의 정책결정과정에서 오랫동안 소외되었던 소수민족들을 과감하게 기용했다. 소수민족들은 루스벨트의 뉴딜 정책을 적극 지지하는 추종자들이었다. 그리고 미국 이민 2세대들의 영향력이 서서히 커지고 있었지만 민주당은 이를 의식하지 못했다. 루스벨트는 유태계, 이탈리아계, 그리고 폴란드계 등을 정부의 요직에 기용하면서 인사혁신을 단행했다. 미국 최초의 여성 장관도 이때 임명되었다. 소수민족들은 연방법원, 행정부, 정부의 새로운 기구들과 각종 위원회 등에 배치되었다. 루스벨트 주변에 새로운 우수한 인재들이 모여들었고, 그들은 루스벨트에게 정책의 목표와 방향에 대해 보다 더 정확하게 진단하고 조언을 할 수 있었다.

그러나 신념과 비전으로 가득찬 루스벨트에게도 시련은 있었다. 그는 강력한 대통령직을 행사하는 과정에서 중대한 패착을 두기도 했다. 대표적인 사건은 국가산업부흥법에 대한 대법원의 위헌 판결에 대한 대응이었다. 당시 대법원장이었던 찰스 에반스 휴스_{Charles Evans Hughes}는 산업체에 대한 규제 권한이 의회에서 대통령에게 넘어간 것은 부당한 것이며, 국가산업부흥법에 의해 이루어지는 상업행위에 대해 의회가 갖는 권한을 무시한 것이라는 이유로 국가산업부흥업이 위헌이라는 판결을 내렸다. 뉴딜을 추진하기 위하여 무엇보다도 강력한 정부와 대통령직이 필요했던 루스벨트는 이 판결로 헌정 중단 사태에 처할 수 있었다. 루스벨트는 대법원의 판결에 강력하게 반대했다. 그러나 대법원은 국가산업부흥법이 담고 있는 최저임금제와 최대노동시간제 등을 무효화시켰고, 루스벨트와 정부는 아무 것도 할 수 없었다.

대법원의 위헌판결 앞에서 루스벨트는 개혁의 지속적이며 성공적인 추진을 위하여 특단의 조치를 취해야만 했다. 그가 현실적으로 취할 수 있는 조치는 링컨 대통령이 했듯이 신임 법관들을 뉴딜에 찬성하는 사람들로 바꾸는 것이었다. 1936년 선거에서 민주당이 의회 다수당이 되자 1937년에 루스벨트는 의회에 매우 놀라운 메시지를 전달했다. 그것은 '대법원 재구성 계획안_{Court-cutting plan}'이었다. 이 안은 정원이 15명을 넘지 않는 한, 대법관들 가운데 경력이 최소 10년 이상이고 70세가 넘은 대법관의 수만큼 새로운 대법관을 추가로 한명씩 대통령이 임명하는 것을 주골자로 했다. 그는 이 안을 제출하는 이유에 대해 대법원이 아주 비효율적으로 운영되어 왔기 때문이라고 설명했다. 그러나 의회는 루스벨트의 안은 사법부의 독립을 저해하는 것이라고 판단하여 이 안을 부결시켰다. 이 사태로 루스벨트는 뉴딜 추진에 관련된 주요 법안들이 의회에 계류됨으로써 많은 어려움을 겪었고, 의회 안밖의 많은 지지자들로부터 독재자라는 비난을 받았다.

많은 그의 지지자들이 그의 곁을 떠났고, 결국 1938년 중간선거에서 민주당은 패배했다. 그러나 나이가 많은 대법관들이 한명씩 죽거나 퇴직하게 되자 루스벨트는 자신의 개혁에 동의하는 법관들을 임명하였고, 이후 대법원은 의회의 조세권이나 상업활동에 대해 보다 자유로운 결정을 내렸는데 법의 내용보다는 결정과정에 보다 더 법의 정당성을 부여했다. 결론적으로 루스벨트가 법원과의 투쟁에서 이겼지만 그 과정에서 그는 많은 추종자들을 잃어버렸다.

루스벨트는 국가적 재난이라는 대공황에 직면하여 이 위기를 극복할 수 있는 길은 자신의 신념과 비전을 수행할 수 있는 강력한 대통령직이라고 믿었다. 의회는 루스벨트가 제안한 대부분의 법안들을 통과시켜줌으로써 적극적인 지지를 표명했다. 산업계와 노동계도 다소 갈등이 있었지만 공동의 목표와 가치를 이루기 위하여 루스벨트의 뉴딜을 지지하며 추종했다. 개혁~Reform~, 부흥~Recobvery~, 그리고 구제~Relief~로 요약되는 뉴딜은 은행 및 통화의 관리와 통제, 정부의 대규모 재정 투입과 공공사업, 산업의 단속 및 조장을 통한 부흥, 농민의 구제, 노동자의 단결권과 단체교섭권 보장, 그리고 사회보장 및 개발사업의 촉진 등 구체적인 실천방안으로 구체화되었다.

뉴딜을 추진했던 초기 과정에서 루스벨트는 비록 일부의 저항과 자신을 지지했던 초기 추종자들이 방법과 생각의 차이로 그를 떠났지만, 자신의 신념과 비전을 통해 미국의 변혁을 추구하는데 강력한 대통령직을 수행했고, 많은 기업가들을 포함하여 노동자, 농민, 그리고 흑인과 자유주의적 지식인 등의 폭넓은 지지를 받을 수 있었다. 그들의 지지와 신뢰를 통해 루스벨트는 변혁적 리더로서 미국의 변화와 도전을 이끌 수 있었다.

변혁을 이끈 소통의 힘

루스벨트는 미국인들의 마음을 읽었다. 그는 대공황의 심리적 압박감 속에서 미국인들이 느끼는 불안과 두려움, 그리고 그들 자신들의 가정의 비참한 현실을 서로 보듬어주고, 지도자들과의 정서적 유대감을 갈망하고 있다는 점을 누구보다도 잘 알고 있었다. 그는 취임 연설을 통해 자신은 미국인들의 고통과 함께 하는 대통령이며 그들의 눈물을 닦아줄 지도자라는 확신을 그들의 마음 속에 심어주었기 때문에 루스벨트는 누구보다도 국민들의 마음 속으로 들어갈 수 있었다.

루스벨트가 미국인들의 정서적 유대감을 친밀하게 만들면서 그들의 마음을 끌고 자신이 추진하는 정책들에 대해 그들의 적극적인 동의와 지지를 끌어내어 변혁을 이끄는데 적극 활용한 소통의 도구는 라디오였다. 루스벨트는 재임 12년 동안 약 3백회 이상 라디오를 통해 미국인들과 대화를 가졌다. 그는 재임 초기 대공황의 위기에서 따뜻하고 친밀한 목소리로, 그리고 재임 3기 이후에는 제2차 세계대전의 위기에서 카리스마적인 목소리로 미국인들의 가정을 파고들어 당면한 위기의 상황을 설명하고 그들의 지지를 이끌어 냈다. 정치학적으로 그는 라디오를 활용했다기 보다는 라디오를 통치의 기본적인 도구로 활용했던 것이다.

루스벨트의 라디오 연설은 '노변정담fireside chats'이라고 불렸다. 이 말은 루스벨트가 화롯가 주변에 모여 있는 서너 명의 사람들과 따뜻하게 정담을 나누듯이 라디오 연설을 하고 있다는 의미에서 붙여진 이름이었다. 노변정담은 미동부 표준시각으로 대개 밤 10시에 시작했다. 전국적으로는 세 시간의 시차가 있기 때문에 대부분의 청취자들은 저녁 식사를 마치고 따뜻한 차 한잔의 여유를 즐기는 마음으로 노변정담을 들을 수 있었다.

루스벨트는 노변정담에서 국민들이 잘 알아 들을 수 있도록 말을 천천히 했고, 사태의 심각성을 알리는 중대한 사항을 연설할 때는 느린 속도로 또렷한 목소리로 말을 하여 국민들이 이해하도록 노력했다. 그의 라디오 연설에서 들려지는 목소리는 매우 따뜻하고 매력적이었다. 루스벨트는 연설을 통해 자신의 개성을 투영하는 매우 탁월한 능력을 지녔고 또 어려운 생각도 이해하기 쉬운 말로 전달하는 능력을 지니고 있었다. 그는 자신의 이야기나 연설을 듣는 사람들이 따뜻한 친밀감과 함께 자신에게 진지한 관심을 기울인다는 느낌을 갖게 만들었다.

루스벨트는 대공황의 위기에서 뉴딜 정책을 실시하던 초기에 중산층을 보호하기 위한 금융산업 개편과 농민들의 토지 소유를 유지하기 위한 법을 만들고, 얼어 붙은 상거래 활성화를 통해 산업의 회복을 추진할 때 미국인들의 심리적 두려움을 해결하는 것이 급선무임을 알고 있었다. 그는 비참한 가정의 현실 앞에서 두려움과 슬픔에 가득차 있는 가정을 직접 방문하여 그들의 손을 잡고 따뜻한 위로와 확신을 전하는 효과를 상징적으로 보여줄 수 있는 것이 라디오 연설이라고 믿었다. 그는 실제로 라디오 연설을 통해 마치 화롯가에 마주 앉아 따뜻한 손을 만져주듯이 청취자들의 가슴속으로 파고 들어갔다.

그러나 루스벨트는 라디오 연설을 통해 자신의 뜻만을 전하지 않았다. 그는 따뜻하고 부드러운 목소리로 청취자들의 마음을 위로해주고, 시민과 투자자, 기업가와 노동자, 그리고 소비자들에게 위로와 용기, 그리고 확신을 심어주었다. 그는 중요한 개혁 입법을 의회에 제출할 때도 라디오 연설을 통해 국민들에게 자세하게 법안을 설명해줌으로써 그들의 알권리를 충족시켜 주고 그들로부터 적극적인 지지를 이끌어 내었다. 라디오는 루스벨트가 국가적 재난의 위기에서 자신의 추종자들의 지지를 이끄는 소통의 도구였으며, 그는 이러한 소통을 통해 미국의 변혁을 이끌었다.

루스벨트의 노변정담은 그의 리더십이 최대 위기에 처했을 때 그에게 새로운 추종자들을 쇄도하게 함으로써 그의 변혁적 리더십이 힘을 받는데 큰 기여를 했다. 번즈(2008)에 의하면, 루스벨트는 1933년 대통령 집권 초기 100일 동안 대공황의 극복을 위하여 미국을 이끄는데 신속하게 주도권을 확보함으로써 국민들에게 과감하게 행동하는 지도자로 각인시키는데 성공했다.

그러나 루스벨트가 주창한 뉴딜은 희망과 기대의 파도를 촉발시켜 추종세력이 쇄도하게 만들었지만 경제회복이 주춤되자 냉소의 대상으로 변해버렸다. 그 결과 루스벨트를 지지했던 많은 사람들이 그의 곁을 떠났고, 1935년 말 루스벨트의 리더십은 쇠락하기 시작했다. 칼럼리스트 월터 리프만Walter Lippmann은 "수 개월의 희망찬 시기를 뒤로 하고 우리는 다시 한번 실망의 시기로 접어들었다."라고 말했다. 1935년의 연두교서에서 루스벨트는 본명한 목적을 갖고 함께 앞으로 나아가 진정한 화해의 시대를 열자고 호소했지만 국가적 상황은 더욱 좋지 않았다. 1935년은 이미 경제공황이 6년째 계속되던 시기였다. 뉴딜이 시작되었지만 여전히 수백만명이 실업상태에 놓여 있었다. 루스벨트 대통령의 리더십은 잠재적 경쟁자들과 맞서고 있었다. 루스벨트는 매우 혼란스런 상황에 직면했다.

루스벨트는 자신의 리더십이 지속되는 상황을 만들기 위해 고심했다. 그는 뉴딜정책의 핵심이었던 국가산업부흥법이 대법원으로부터 위헌 판결을 받아 더욱 곤경에 처했다. 루스벨트가 보기에 자신의 반대파들은 투표에서 그를 패배시키기 위해 조직화 되었고, 대법원은 뉴딜정책과 대통령의 강력한 권한과 주도권을 지속적으로 약화시키려고 움직일 것으로 보였다. 그러나 루스벨트는 이 난국을 와그너 법과 사회보장법으로 돌파했다. 루스벨트는 이 두개의 법으로 초기에 잃어 버렸던 지지층과는 다른 새로운 지지층들을 추종자로 만드는데 성공했다. 그들은 바로 '노변정담'으로 불리는 라디오 연설 청취자들이었다.

루스벨트의 정치적 자산은 바로 이들이었다. 그는 노변정담으로 정치적 예술작품을 만들어냈다. 그가 1주일 동안 받는 우편물은 평균 수만통에 달했고, 그는 이것을 분석하여 여론을 이해하는 지침으로 활용했다. 루스벨트는 자신의 새로운 추종자들을 통해 리더십을 회복할 수 있었고, 그는 제2의 뉴딜을 추진할 수 있었다. 루스벨트의 변혁적 리더십을 연구한 번즈(2008)는 "루스벨트는 미국인들이 가진 현실적이고 고동치는 필요에 답했고, 그는 그들의 요구와 기대에 부응하는 정책으로 행동에 나섰다. … 루스벨트는 갈등의 혼란스런 상황에서 창조적인 예술가의 기술과 상상력을 갖고 행동하는 정치지도자였다."고 평가했다.

루스벨트의 라디오 연설이 대공황의 위기 극복과 개혁을 추진하는 목적으로만 활용된 것은 아니었다. 그의 재임 3기 이후에 유럽에서 전쟁의 위기가 고조되면서 미국의 관심은 자연스럽게 외부로 향했다. 루스벨트의 라디오 연설은 나치 독일과 일본의 위협에 대한 미국의 인식을 일깨우는 쪽으로 기울었다. 그는 유럽에서 팽창하는 나치즘과 파시즘을 공격하는 데 많은 시간을 할애했는데, 미국의 개입범위와 준비태세를 점차 확대 혹은 강화시켜 나가면서 단계별로 그 필요성을 역설하고 그에 대한 지지를 끌어 모으기 위해 노변정담을 적극 활용했다. 정치적 리더십과 여론의 민감성 사이에 적절한 균형을 맞추는 일은 쉽지 않았다. 그러나 루스벨트는 일련의 노변정담을 통해 미국의 발목을 잡고 있는 고립주의를 끊어내고 제2차 세계대전에 참전하게 만들면서, 여론에 끌려가기보다 여론을 이끌어가는 것이 얼마나 중요한가를 여실하게 보여주었다.

1941년 12월 7일 일본이 진주만을 폭격했다. 미국은 더 이상 참전하지 않을 수 없었고, 그는 미국의 고립주의 원칙과 싸워야만 했다. 참전에 대한 그의 확고한 신념은 그가 8년전 대통령으로 취임하면서 대공황이라는 국가적 재난의 위기와 싸워야만 했던 상황과 동일했다. 루스벨트는 1942년부터 1944년 까지 모두 11차례의 노변정담을 통해 국민의 용기를 북돋웠고 모든 산업현장에서 노사간의 화평을 유지하도록 격려하면서 전쟁물자 공급에 차질이 없도록 노력했다.

루스벨트는 참전 중에도 국민들에게 전시상황을 알려주고 그들을 설득하는 노력을 통해 그를 지지하도록 유도했다. 제2차 세계대전의 참전은 루스벨트의 리더십으로 전후 세계질서를 재편하면서 미국이 세계질서의 중심에서 그리고 유엔에 대한 적극적 지원을 통해 영향력을 행사하는 결과를 가져왔다. 루스벨트는 대공황의 극복이든 제2차 세계대전 참전이든 자신의 판단과 선택이 국민의 동의와 지지를 받아 미국의 변혁을 이끄는 리더십을 발휘할 수 있도록 라디오 연설을 통해 국민과의 소통에 최선을 다했다.

비전, 혁신, 그리고 신념의 리더 루스벨트

루스벨트는 상황을 통제하고 그것을 자신에게 유리하게 만들면서 혁신을 추구하는 변혁적 리더였다. 그는 국가적 위기를 극복하기 위하여 대통령의 권한을 최대한 활용했으며, 대통령직의 의미를 보다 포괄적으로 정의함으로써 오늘날 대통령중심제 정치체제의 모델을 제시한 지도자였다. 그는 이전 대통령들이 의회의 권력 앞에서 무기력했던 전철을 되풀이하지 않았다. 그는 대공황이라는 국가적 재난을 극복하기 위해 시어도어 루스벨트 대통령과 같은 강력한 대통령직을 원했고, 그것을 통해 강력한 리더십을 발휘했다. 또한 그는 국민들에게 두려움을 극복할 수 있다는 확고한 신념과 미래에 대한 비전을 심어주었고, 강력한 정부를 이끌었다.

그러나 신념과 힘이 강한 만큼 동시에 그는 리더십의 위기를 경험하기도 했다. 1933년 집권 초기 백일 동안 대공황을 극복하기 위해 수없이 많은 제안들을 내놓았다. 추종자들은 열광했다. 그러나 경제회복이

더디자 그들은 루스벨트를 비난하면서 떠났다. 그리고 1935년 루스벨트는 또 다른 백일 동안 수백만 명의 새로운 추종자들과 그에게로 다시 돌아선 추종자들을 대상으로 창의적인 제안들을 쏟아냈다. 그는 다시 한번 리더십의 회복의 기회를 가질 수 있었다. 이 때 루스벨트가 제시한 대부분의 제안들은 많은 국민들의 지지를 받는 연방법이 되었다. 그리고 그것들의 효과는 트루만 대통령과 존슨 대통령의 시대에 더욱 많은 열매를 맺게 된다.

루스벨트는 소통을 통해 정치를 예술적으로 승화시켜 자신의 추종자들을 새롭게 형성하면서 변혁을 이끌었다. 노변정담으로 불리는 라디오 연설을 통해 그의 감동적이며 사람의 마음을 끓어오게 하는 레토릭은 수많은 청취자들의 상상력을 자극했고 그들의 영혼을 홀렸다. 그는 소통을 통해 미국인들에게 그들의 국가에 대한 존경심과 정치체제에 대한 믿음을 회복시켰을 뿐만 아니라, 대내외적으로 정치적 리더십의 의미를 재정의하면서 그의 시대를 지배했다. 탁월한 커뮤니케이터로서 루스벨트는 마치 모짜르트와 베토벤이 그들의 후계자들에게 했던 것처럼, 훗날 여러 대통령들에게 아무나 모방할 수 없지만 끊임없이 영감을 불어 넣었다. 루스벨트 이후 많은 대통령들이 루스벨트만큼 화려한 언술로 청중들을 사로잡진 못해도 대중들을 향한 소통이 그들의 동의와 지지를 이끄는 큰 힘이라는 사실을 깨닫게 했다.

루스벨트는 지도자의 비전이 변혁을 이끄는 강한 힘이라는 사실을 입증했다. 20세기 미국은 루스벨트의 비전과 신념으로 거대한 변혁을 경험했다. 대공황과 제2차 세계대전을 통해 살았던 그 시대의 사람들에게, 루스벨트와 같은 최고의 영감적 자질들과 풍부한 상상력을 소유한 지도자가 비전이 결핍되었다는 것은 도무지 상상할 수 없는 것이었다.

제2차 세계대전 종전과 더불어 루스벨트는 비록 특별한 이상이나 계획을 발표하지 못한 채 죽었지만, 그는 이미 전후 세계질서의 재편 과정에서 리더십을 발휘했고, 세계은행과 국제통화기금을 세워 세계경제를 브레튼 우즈체제 중심으로 전환시켰다. 루스벨트는 세계 강대국들이 식민주의를 포기하고 유엔을 중심으로 국제적인 문제들과 약소국의 문제들을 다루는 이상적인 세계질서를 꿈꾸었다. 그는 이 모든 협력들이 유엔의 테두리 안에서 이루어지질 희망하여 적극 지원했다. 물론 루스벨트가 죽은 후 그와 같은 희망은 무너져 버렸다. 그러나 평화로운 국제질서 구축과 유지라는 그의 비전은 오늘날 수 많은 평화주의자들의 꿈과 이상으로 계승되어 국제사회의 변혁을 이끄는 힘이 되고 있다.

루스벨트의 리더십은 강력한 대통령직과 혁신적인 정부의 혁할, 그리고 정치에서의 지도자와 추종자 관계의 역설을 가르쳐준다. 루스벨트는 20세기 미국의 혁신을 이끈 변혁적 리더였다. 그의 강력한 대통령직에 의한 혁신적이며 창조적인 정부의 역할은 오늘날에도 시장을 창조하는 혁신 정부의 역할이 매우 중요하다는 사실을 우리에게 알려준다.

도움이 되는 책들

프랭클린 D. 루스벨트. 2009. 『프랭클린 루스벨트의 온 아워 웨이』. 조원영 옮김. 글항아리.

Burns, James MacGregor. 2012. *Roosevelt: The Lion and the Fox (1882-1940)*. Open Road.

_____, and Dunn, Susan.. 2001. *The Three Roosevelts: Patrician Leaders Who Transformed America*. Grove/Atlantic, Inc.

Golway, Terry. 2009. *Together We Cannot Fail: FDR and the American Presidency in Years of Crisis*. Sourcebooks.

Goodwin, Doris Kearns. 1994. *No Ordinary Time: Franklin and Eleanor Roosevelt: The Home Front in World War II*. Simoom & Schuster, Inc.

Greenstein, Fred I. (2009). *The Presidential Difference: Leadership Style from FDR to Barack Obama*. Princeton University Press.

Hamby, Alonzo. 2015. *Man of Destiny: FDR and the Making of the American Century*. Basic Books.

Larrabee, Eric. 1987. *Commander in Chief: Franklin Delano Roosevelt, His Lieutenants, and Their War*. Harpercollins.

McJimsey, Geroge. 2000. *The Presidency of Franklin Delano Roosevelt*. University Press of Kansas.

Simonton, D. Keith. 1987. *Why Presidents Succeed: A Political Psychological of Leadership*. CT: Yale University Press.

Smith, Jean Edward. 2007. *FDR*. Random House.

역사는 이렇게 기록할 것이다. 이 사회적 전환기의 최대 비극은
악한 사람들의 거친 아우성이 아니라 선한 사람들의
소름끼치는 침묵이었다고.

— 마르틴 루터 킹 2세(1929~1968)

꿈을 가지면 세상이 변한다

마르틴 루터 킹 2세

> 지금은 민주주의에 대한 약속을 지켜야 할 때입니다. 지금은 어둡고 황량한 차별의 계곡에서 양지 바른 인종적 정의의 길로 나와야 할 때입니다. 지금은 인종적 불평등이라는 모래에서 형제애라는 단단한 바위 위로 우리나라를 들어올려야 할 때입니다. 지금은 모든 하나님의 자녀들을 위해 정의를 현실화해야 할 때입니다."

마르틴 루터 킹은 오늘 우리가 살고 있는 시대를 피부색이 아니라 한 인간이 지닌 인격, 재능, 그리고 능력에 의해 그가 인정받도록 탄생시킨 인물이다. 그의 삶과 업적은 인간이 평등하게 사는 시대의 역사를 열도록 한 획을 긋는 위대한 것이었다. 킹은 모든 인간의 평등한 권리의 대의를 이루기 위해 그의 삶을 마지막까지 희생하면서 그리고 자신의 모든 힘을 다하여 살았던 위대한 원리들을 성취한 승리자이다. 그는 천부적인 인권, 민주정부, 그리고 인종차별과 편견에 대한 도덕적 가치의 변혁과 사회적 부정의에 대한 비폭력 저항의 효율성과 위대함의 가치를 보여주었다.

1963년 8월 28일 미국 역사에서 가장 많은 군중들이 모여있는 시위의 현장에서 킹이 감동적으로 선포했던 연설을 통해 미국의 유산과 약속에 새로운 각성을 일으켰다. 그는 이날 미국 역사에서 모든 미국인들로부터 가장 존경받는 아브라함 링컨을 상징하며 그의 노예해방선언을 기념하기 위해 세워진 링컨 기념관Lincoln Memorial의 계단 위에 올랐다. 킹은 링컨의 기념비적인 노예해방선언에 내포된 약속과 미국독립선언문의 유명한 말들을 극찬했다. 그러나 그는 미국이 모든 사람들에게 평등한 자유의 약속을 존중하는데 실패했다고 외쳤다. 그는 모든 아이들이 자부심을 갖고 "달콤한 자유의 땅sweet land of liberty"의 새롭고 진정한 의미를 노래하는 미국을 그리면서, 오늘도 내일도 영원히 기억될 "나에게 꿈이 있다I Have A Dream"는 연설을 했다. 그의 "꿈" 연설은 시사 주간지 〈타임〉이 링컨의 게티스버그 연설과 처칠의 유명한 "피, 고생, 눈물 그리고 땀" 연설과 함께 세계에서 가장 위대한 10개의 연설 가운데 하나로 선정했을 정도로 미국을 비롯하여 전세계인들의 사랑을 받고 있다.

연설에 능한 소년이 인종차별의 지도자가 되다

킹은 1929년 1월 15일 조지아 주 아틀란타에서 마이클 킹 주니어Michael King Jr.라는 이름으로 태어났다. 그의 아버지 마이클 루터 킹은 침례교 목사였는데, 그는 1934년에 독일을 여행하던 중 종교개혁가 마르틴 루터Martin Luther에게 영감을 받아 자신과 아들의 이름을 최종적으로 '마이클'에서 '마르틴'으로 바꾸면서, 아들의 이름을 '마르틴 루터 킹 주니어'로 결정했다. 킹은 그의 아버지의 영향과 자신의 경험 때문에 유년시절을 통해 남부에서 지배적이었던 인종분리를 싫어했다. 신학생 시절에 그가 자신의 종교적 성장에 대해 쓴 글에서, 자신은 6살 때 수년 간 가깝게 지내온 백인 친구가 그의 아버지의 인종편견 때문에 그와 더 이상 교제할 수 없게 되었을 때 그 사건은 자신에게 매우 충격적이었고, 그 일은 결코 잊을 수 없었다고 말했다. 소년 시절에 킹은 능력으로 보아 보통 평범한 아이와 다를바 없었지만 놀랍게도 언변에는 매우 뛰어났다. 이런 이유로 그는 고등학교 시절에 학교에서 치러진 공식 연설대회에서 우승을 차지하기도 했다. 이 때 그의 연설 제목은 "흑인과 헌법The Negro and the Constitution"이었는데, 이것은 훗날 그의 행동주의의 이론적 주제가 되기도 했다. 킹은 이 연설을 "링컨의 정신은 아직도 살아있다."는 크로징 멘트로 끝냈다.

1944년에 킹은 학자요 인권운동가인 벤자민 메이스Benjami Mays의 리더십으로 성장하고 있던 아틀란타의 모어하우스 칼리지Morehouse College에서 대학생활을 시작했다. 훗날 킹은 메이스를 자신의 인생에서 가장 큰 영향을 미친 인물들 가운데 한 사람이라고 경의를 표했다. 대학에서 사회학을 공부한 그는 졸업을 앞두고 집안의 전통과 아버지의 권유로 목사가 되기로 결정했다.

킹은 1948년 당시 19세의 나이로 안수를 받고 펜실베니아 체스터에 있는 크로저 신학대학원Crozer Theological Seminary에서 목회학 석사Master of Divinity 과정을 시작했다. 이곳에서 그는 학생회장으로 선출되어 활동적인 일들을 벌이기도 했다. 크로저 대학원에서 공부하면서, 그는 미국의 사회복음운동을 주도했던 월터 로쉔부시Walter Rauschenbush에 대해 연구를 하면서, 사회적 위기에 대한 기독교의 대응으로서 사회 복음에 대한 그의 사상과 저서들을 읽고 많은 영향을 받았다. 이 외에도 그는 미국사회에 영향력있는 폴 틸리히_Paul Tillich_와 라인홀드 니버_Reinhold Niebuhr_와 같은 신학자들의 저서들을 탐독했다.

크로저 신학대학원을 졸업하고, 킹은 보스톤 대학의 신학대학원으로 진학하여 조직신학으로 박사학위를 받았다. 보스톤에서 공부하면서 그는 가르침과 연구, 그리고 교회에서의 설교를 통해 설교가로서 그의 명성을 쌓아가고자 했다. 그러나 학위를 거의 마치게 되자, 그는 자신의 기대와는 달리 1954년 봄에 알라마바 몽고메리의 덱스터 에비뉴 침례교회_Dexter Avenue Baptist Church_의 담임 목사로 부름을 받아 아내와 함께 그곳으로 갔다. 덱스터에서 젊은 목사의 명성은 빠르게 퍼져갔고, 인종차별이 심했던 지역에서 그는 평등한 권리에 대한 대의를 추구하기 시작했다.

1955년 12월에 그의 인권운동의 커리어가 시작되는 사건이 벌어졌다. NAACP_National Association for the Advancement of Colored People_의 몽고메리 지부 사무총장 로사 팍스_Rosa Parks_가 한 백인 남성에게 그녀의 버스 좌석을 양보하라는 운전기사의 지시를 거부한 것이 지방과 주정부의 법을 위반했다는 이유로 체포되었다. 그러자 덱스터의 회중들은 즉각적으로 몽고메리 버스 보이콧_A Boycott of Montgomery's Buses_을 조직했고, 성직자들과 다른 공동체들의 지도자들도 그 계획에 참여하기로 했다. 그들은 몽고메리 개선협회_Montgomery Improvement Association_를 조직하고 26세의 킹을 대표로 선출했다. 그날 밤 그는 수천명의 참가자들 앞에서 그들의 인종분리주의 철폐를 위한 행동의 정당성을 강력하게 주장했다.

"우리는 처음으로 그리고 가장 중요하게 우리가 미국시민들이기 때문에 이곳에 있다 … 미국 민주주의의 위대한 영광은 정의를 위해 투쟁하는 권리이다 … 만일 우리가 잘못이라면, 이 나라의 대법원이 잘못된 것이다. 만일 우리가 잘못이라면, 미국의 헌법이 잘못된 것이다 … 만일 우리가 잘못이라면, 전능하신 하나님이 잘못이다."

정의를 위한 권리를 선언하는 킹의 최초의 연설은 그날 밤 그곳에 모였던 수천명의 사람들의 가슴을 뜨겁게 감동시켰고, 인종차별의 철폐를 향한 위대한 여정을 함께 그리고 오랫동안 걷도록 결단하게 만들었다. 몽고메리의 흑인들은 일년 동안 보이콧에 가담했다. 결국 1956년 미 대법원은 버스 안에 백인과 흑인의 자리를 구별하여 좌석을 만든 것은 헌법정신을 위배하는 불법행위라고 판결을 내렸다. 그리고 몽고메리 보이콧은 중단되었다. 몽고메리의 승리는 향후 킹의 인권저항에 불을 붙였고 그를 전국적으로 지명도가 높은 인사의 위치로 올려놓았다.

1957년 초, 그는 다른 남부의 목회자들과 함께 남부지역 차원의 인권운동 조직인 남부기독교 지도자 협의회Southern Christian Leadership Conference를 결성하여 초대 회장이 되었다. 남부기독교지도자 협의회는 인권개혁의 진전을 위해 비폭력저항을 결의했고, 킹은 남부의 이 조직을 거점으로 전국적인 활동을 펼쳐가고자 했다. 그는 이 조직이 아프리칸 아메리칸들에게 참정권 요구를 펼치게 하는데 최선의 장소라고 느꼈다. 1958년 2월 남부기독교지도자 협의회는 흑인의 참정권을 지지하는 모임을 개최하기로 하고, 남부지역의 여러 도시에서 20회 이상의 회의를 갖도록 지원했다. 킹은 이 과정에서 많은 종교지도자들과 인권운동 지도자들을 만났고 인종 관련문제에 대해 전국을 다니며 강연을 했다.

자유와 평등의 사회를 향한 소명과 헌신

마르틴 루터 킹은 침례교 목사로 부름을 받았다. 우리는 그가 어떻게 자유와 평등의 사회를 건설하기 위해 헌신적인 삶을 살게 되었는가를 이해하기 위해서는 인간의 권리에 대한 그의 기독교 사상과 영감을 이해해야 한다. 버밍햄 교도소에서 그와 친분이 있는 목사들에게 보낸 편지에서, 우리는 정의를 위한 투쟁에 대한 그의 헌신을 이끌어 내고 유지하는데 있어서 그의 종교적 신념이 어떤 역할을 담당했는지에 대한 통찰력을 얻을 수 있다. 킹은 그의 '예언자적 역할'에 대해 다음과 같이 말했다.

"나는 부정의로 이곳 버밍햄에 있다. B.C. 8세기 예언자들이 그들의 고향 땅을 넘어 "여호와 하나님께서 말씀하신 것"을 전하기 위해 그들의 마을들을 떠났던 것처럼, 그래서 나도 내 고향 땅을 넘어 자유의 복음을 전파하도록 요청받았다."

침례교 목사로서 마르틴 루터 킹으로 하여금 그가 흔들림 없이 인권 운동에 헌신하도록 이끌었던 중요한 것을 놓쳐서는 안된다. 킹으로 하여금 강한 정신력으로 인권운동에 헌신하도록 했던 종교적 요소는 바로 기도였다. 킹이 자신의 아내 코레타 킹 Coretta King 에게 보낸 편지들에 의하면, 기도는 그가 인권운동 기간 중 힘과 용기, 그리고 영감을 주었던 샘물이었다. 킹은 그가 자유를 위한 투쟁에서 동료들의 안전을 위해, 비폭력 저항의 승리를 위해, 모든 인종의 형제 자매들을 위해, 사랑받는 공동체의 화해와 충만을 위해 기도했다. 코레타 킹은 마르틴 루터 킹의 기도는 자유와 평등을 위한 투쟁의 암흑과 같은 시간 속에서도 그로 하여금 이 위대한 일을 감당할 수 있는 능력을 주었던 용기와 힘의 영적 근원이었다고 말했다.

킹이 인권운동의 소명을 들은 후, 그는 자신의 가족과 이 운동으로 그가 짊어져할 모든 무거운 짐들에 대해 걱정했다. 킹은 그의 손으로 머리를 감싸며, 식탁 위에 고개를 숙이고 큰 소리로 "주님, 저는 제가 옳다고 믿는 것을 위해 일어서고자 합니다. 사람들은 저의 리더십을 기대하고 있습니다. 만일 제가 힘과 용기가 없이 그들 앞에 선다면, 그들은 흔들릴 것입니다. 저의 힘은 다했습니다. 저에게는 아무것도 남겨진 것이 없습니다. 저에게 남아있는 것은 하나도 없습니다. 저는 이제 홀로 감당할 수 없는 지점에 와 있습니다."라고 외쳤다. 훗날 킹은 이 기도에 대해 자신의 아내에게 고백했다. 코레타 킹은 남편의 말을 다음과 같이 전한다.

"그 순간에, 나는 하나님의 임재를 경험했다. 그것은 내가 이전에 그분에 대해 결코 경험하지 못했던 것이었다. 나는 '의를 위해 일어나라; 진리를 위해 일어나라; 그리고 하나님은 영원히 우리 편에 있을 것이다'라는 음성을 듣는 것 같았다. 그가 식탁에서 일어났을 때, 그는 새로운 확신으로 가득찼고, 그는 어떤 것도 맞이할 준비가 기꺼이 되어 있었다."

로레타 킹은 기도는 깊은 불확실성의 시간에서 무엇인가를 깨닫고 지식을 발견하는 마르틴 루터 킹의 영적 힘이었음을 알려준다.

마르틴 루터 킹의 여정에서 가장 감동적이며 깊이 있는 영성은 그가 살해 당하기 전 날 저녁에 있었던 마지막 연설에서 발견된다. 그날 저녁에 많은 위협들로 두려움이 가득차 있었다. 그럼에도 불구하고 그는 초기 암살의 위협으로부터 자신이 살아남았던 일과 운동의 승리에 대한 기쁨도 누리면서 인권운동 기간 중에 경험했던 자신의 행복에 대해 말했다. 그는 자신이 해야만 한다고 느꼈던 일을 오랫동안 감당하며 살았던 삶과 이제 그것을 이룬 삶이 얼마나 행복했는지 고백했다. 그의 마지막 말은 모세가 그의 백성에게 했던 것과 같았다.

"여러분, 이제 나에게 어떤 일이 일어날지 나는 모른다. 우리는 고통스런 날들을 함께 보내왔다. 이제 나는 하나님의 뜻을 행하길 원한다. 그리고 그분은 그 산에 오르도록 나를 허락하셨다. 그리고 나는 바라보았다. 그리고 나는 약속의 땅을 보았다. 나는 여러분과 그곳에 함께 가지 못할 수 있다. 그러나 나는 우리가 약속의 땅에 도달할 밤을 알기를 원한다. 그리고 나는 이 밤에 행복하다. 나는 어떤 것도 걱정하지 않는다. 나는 어떤 사람도 두려워하지 않는다. 나의 눈은 오시는 하나님의 영광을 보고 있다."

변혁의 가치와 힘, '비폭력 저항'

마르틴 루터 킹은 아프리칸 아메리칸이 겪고 있는 부정의의 현실을 극복하기 위한 최선의 방법으로 비폭력에 대해 깊은 생각을 했다. 이것은 매우 중요한 관찰이며, 우리들로 하여금 21세기에 다양한 이슈들을 해결하기 위한 방법의 문제를 깊이 있게 고민하게 만들기도 한다. 킹의 비폭력 사상은 무엇보다도 예수 그리스도의 사랑의 가르침으로부터 가장 큰 영향을 받았다. 그는 인종차별의 어두운 그림자는 이웃을 사랑하라는 예수의 사랑의 빛으로 거둘 수 있다고 믿었다.

킹은 몽고메리 버스 보이콧의 성과를 토대로 흑인이 겪고 있는 차별적 삶을, 그리고 흑인에게도 독립선언문에서 소중하게 여기는 자유와 행복하게 살 권리가 있음을 알리기 위해 대대적인 시위행진을 준비했다. 시위행진 운동은 알라바마의 공업도시 버밍햄_{Birmingham}에서 시작되었다. 킹은 버밍햄에서 시작되는 최초의 시위행진을 평화적으로 진행해야 한다고 생각했다. 그의 이런 생각은 비폭력 저항운동의 토대를 구축하는 것으로서 킹은 이 행진에 참여할 흑인들로부터 매일 성경을 읽고, 원수를 사랑하라는 예수의 가르침을 묵상하겠다는 서약을 받았다. 그리고 그들은 자신이 미워하고 증오하는 원수를 위해 기도하는 등 킹이 마련한 규칙들을 준수해야만 했다. 무엇보다도 킹은 시위행진에 참여하는 흑인들에게 언어의 폭력, 마음의 폭력, 그리고 물리적 힘의 폭력을 절대로 사용하지 않겠다는 서약을 요구했다.

시위행진이 시작되었을 때 선두에 선 킹은 얼마 지나지 않아 경찰에 의해 체포되어 감옥에 들어갔다. 그는 버밍햄 교도소에서 비폭력 저항에 대해 더 깊은 생각을 하게 되었다. 그리고 그는 이 문제에 대해 자신의 동료 목회자들에게 보낸 한 편지에서 비폭력 방법의 기본적인 4개의 단계들로 부정의한 조치들이 이루어진 사실들을 수집하고, 다음에 그것을 바탕으로 협상을 하며, 세번째로 운동을 전개하기 위해 자기 정화_{self-purification}가 필요하며, 마지막으로 직접 행동에 옮기는 것이라고 설명하면서, 우리는 버밍햄에서 이 모든 단계들을 지켜왔다고 강조했다.

킹의 비폭력 행동주의에 영향을 끼친 사람은 마하트마 간디이다. 그는 자신의 비폭력 저항방법은 마하트마 간디의 비폭력 운동의 영향을 받았다고 말했다. 그는 이것을 1959년 "간디의 땅으로의 여행*My trip to the land of Gandhi*"에서 다음과 같이 밝혔다.

"몽고메리 보이콧이 진행되고 있던 중, 인도의 간디는 비폭력으로 사회를 변화시키고자 한 우리의 방법을 인도하는 빛이었다. 우리는 종종 그에 대해 말을 했다. … 나는 간디의 후예들이 우리를 두 팔로 안아주는 것에 매우 기뻤다. 그들은 몽고메리에서 비폭력 저항을 한 우리의 방법을 칭찬했다. 그들은 몽고메리에서의 저항을 서구문명에서 비폭력저항의 사용 가능성들에 대해 탁월한 사례로 주목했다."

킹은 노벨평화상 수상 연설에서도 비폭력 저항의 근원을, "미국의 흑인들은 인도 국민들을 따라 비폭력은 무익한 소극성이 아니라, 도덕적 변혁을 만드는 강력한 도덕이라는 것을 보여주었다."고 함축적으로 말했다.

킹은 실제적 삶에서 비폭력 행동에 대한 깊은 조언은 아프리칸 아메리칸 인권운동가인 베이야드 러스틴*Bayard Rustin*과 백인 인권운동가들인 해리스 보포드*Harris Woford*와 글렌 스밀리*Gllen Smiley*로부터 받았다. 러스킨과 스밀리는 기독교 평화주의 전통에 있었으며, 보포드와 러스킨은 간디의 비폭력 저항을 깊이 연구했는데, 러스킨은 1940년대에 간디의 비폭력을 '화해의 여정캠페인*Journey of Reconc 맨 liation campaign*'에 적용하기도 했었다.

1959년 4월에 킹은 비폭력 행동주의를 배우기 위해 보포드의 도움을 받아 인도의 간디의 후예들이 있는 곳을 방문했다. 이 여행은 그에게 미국의 인권투쟁에 대한 그의 헌신을 더욱 확고하게 하는데 깊은 영향을 주었다. 특히 간디의 가르침을 연구한 러스틴은 킹이 비폭력의 원리에 한층 더 가까이 다가가도록 적극적으로 도왔던 지도자였다. 러스틴은 킹의 멘토와 조언자로 활동했고 1963년 워싱턴 행진_{March on Washington}을 조직한 중요한 인물이었다. 그러나 러스틴은 당시 미국의 공산주의자들과 연대하여 동성애에 대한 이슈로 논쟁을 일으키기도 했는데, 킹을 돕는 많은 사람들은 그가 러스틴과 거리를 두도록 촉구했다.

킹의 비폭력 사상은 1961년 링컨 대학교 졸업식에서 있었던 그의 유명한 연설 '아메리칸 드림_{American Dream}'에 잘 반영되어 있다. 그는 이 연설에서 비폭력 저항은 효율성, 도덕성 그리고 사랑의 특성이라는 세가지 특징을 지지고 있음을 밝혔다.

"첫째, 나는 여전히 자유와 인간의 존엄성을 위한 투쟁에서 사람에게 압박감을 줄 수 있는 가장 강력한 무기는 비폭력 저항임을 확신하고 있다는 것을 분명히 말한다. 나는 이것이 강력한 방법임을 확신한다. 그것은 적을 무장해제시키며, 그의 도덕적 방어물들을 폭로하며, 그것은 그의 사기를 떨어뜨릴 것이며, 그리고 동시에 그것은 그의 양심을 자극하여, 마침내 그는 그것을 어떻게 다루어야 할지 알지 못한다. … 만일 그가 여러분을 구타한다면, 여러분은 보복없이 맞을 용기를 내고, … 만일 그가 여러분을 감옥에 보내면, 여러분은 감옥으로 가서 그곳을 수치의 지하감옥에서 자유와 인간의 존엄성의 하늘로 바꿔라 …"

따라서 그는 비폭력 저항을 하나의 효과적인 접근으로 보았다. 그는 또한 이것은 하나의 도덕적 접근이라고 이해했다.

"비폭력은 개인으로하여금 도덕적 수단을 통해 도덕적 목적을 확보하기 위해 투쟁하는 것을 가능하게 만든다. … 실제적인 의미에서 목적은 수단 가운데 이미 존재하기 때문이다. 그리고 수단은 목적을 추구하는 과정에서 이상을 나타낸다."

그는 또한 "비폭력 저항은 부정의한 체제에 대항하여 열정적으로 쉼 없이 투쟁하고 그 과정에서 굴복하지 않는 것이 가능하다는 것을 말한다."고 설명한다. 킹이 비폭력을 인간의 존엄성의 가치를 억압하고 폭력을 가하는 현실에 대해 저항하는 방법으로 인식했다는 것은 분명하다.

"… 비폭력은 우리 시대의 중요한 정치적 및 도덕적 질문, 즉 억압과 폭력을 의지하지 않고 억압과 폭력을 극복하고자 하는 인간의 필요에 대한 해답이다. 문명과 폭력은 서로 현저하게 상이한 개념들이다. … 인간은 모든 갈등을 복수, 공격 그리고 보복을 거부하는 방법으로 해결해야만 한다. 이런 방법의 근거가 사랑이다."

킹의 비폭력 운동은 1963년 8월 28일 워싱턴 행진_{March on Washington}에서 절정을 이루었다. 워싱턴 행진은 서로 반목하던 인권운동 단체들의 리더들이 공동으로 추진한 행사로서 킹에게 이 행사는 기념비적인 사건이었다. 이날 킹은 자신의 유명한 연설 '나에게 꿈이 있습니다_{I Have A Dream}'을 통해, "나에게 꿈이 있습니다. 그 꿈은 아메리칸 드림에 깊숙이 뿌리 내리고 있습니다."라고 강조하면서 자신의 자녀들이 피부색깔에 의해서가 자신의 재능과 인격에 의해 존중받는 사회를 만드는 것이 자신의 꿈이라고 세계를 향해 외쳤다. 그리고 킹은 연설을 마친 후 250,000명의 참가자들과 함께 비폭력 대행진을 펼쳤다. 그 다음 해인 1964년 린든 존슨 대통령은 민권법_{Civil Rights Act}을 제정하여 공표했다. 킹의 꿈이 처음으로 이루어지는 순간이었다. 그리고 같은 해에 킹은 노벨 평화상을 수상했다.

변혁을 이끈 비전 "나에게는 꿈이 있다"

마르틴 루터 킹의 인권운동의 정신적 뿌리는 'American Dream'에 있다. 이 연설에서 그는 미국 독립선언 안에 소중하게 담겨진 인권의 개념을 발견했다. 그의 연설에서 "이것이 꿈이다."라는 유명한 오프닝 구절은 킹의 인권의 핵심가치에 대한 확신을 상징적으로 말해준다. 그는 미국독립선언문이 존재했던 때에도, 지금 그가 살고 있는 시대에도 없었던 것이 꿈이라고 생각했다. 그는 이 꿈을 "그것은 각 개인이 국가로부터도 국가에 의해서도 파생되지 않는 분명한 기본권들을 소유하는 것이라고 말한다. 그것들은 전능하신 하나님의 손으로부터 주어진 선물들이다."라고 확신했다. 그리고 킹은 위대한 워싱턴 행진을 하던 날 'American Dream'에 근거하여 링컨기념관 앞에서 자신의 역사적인 연설 '나에게 꿈이 있습니다_{I Have A Dream}'을 열정적으로 선포했다.

킹의 '꿈'의 연설은 보다 완전한 통합의 목표를 성취하는 미국의 비전과 결합되어 있었다. 그의 연설은 새로운 미국의 비전을 심어주는 주는 것이었다. 나아가 '꿈'의 연설은 인종문제에 대한 대화의 틀을 다시 짜고 인종분리주의를 해체하는 정치적 가능성에 대한 경계들을 다시 구성하는 것이었다. 연설을 통해, 킹은 그의 논의를 더욱 강화시키고 하나님의 권위를 '꿈'의 연설에 담기 위해 성경을 활용했다.

전략적으로 '꿈'의 연설은 세 부분으로 나눌 수 있다. 연설의 첫번째 부분은 인종분리주의를 해체하기 위해 법률적 및 정치적 논의로 배열했다. 킹은 여기서 백년 전에 우리가 서있는(링컨 기념관을 말함. 편자) "상징적 그림자symbolic shadow"의 주인공인 한 위대한 미국인(아브라함 링컨을 말함. 필자)은 노예해방에 서명을 해서, 이 선언은 수백만의 흑인노예들에게 위대한 희망의 불빛이 되었지만, 백년이 지난 오늘 우리는 흑인들이 여전히 자유롭지 못한 비극적인 현실을 맞이해야만 한다고 주장한다. 그들이 직면한 현실이란 인종분리주의와 인종차별이다. 그는 지금 흑인들은 광대한 물질적 번영의 바다 한 가운데 외로운 빈곤의 섬에 살고 있어, 그들이 미국 사회의 구석에서 점점 시들어져 가고 있는 현실을 고발한다.

연설의 두번째 부분은 이 연설의 반을 차지하고 있는데, 여기서 킹은 미국을 다시 만들기 위한 비전은 부끄럽고 은혜롭지 못한 미국 사회의 차별과 분리, 그리고 부정의에서 벗어나 미국의 새로운 시대의 새벽을 여는 것으로서 킹은 이것은 미국독립선언문 안에 소중하게 담겨진 거룩한 신념을 실천하는 것임을 강조한다.

여기서 킹은 모두 여섯번에 걸쳐 "나에게 꿈이 있다."고 반복적으로 고백하면서 이 나라가 독립선언이 강조하는 인간의 평등의 참된 의미가 다시 살아나는 평등사회를 향한 새로운 미국에 대한 비전을 분명하게 밝혔다. 킹은 이전의 노예의 자녀들과 노예의 주인들의 자녀들이 형제애의 식탁에서 함께 앉는 그날, 억압과 부정의가 자유와 정의로 전환되는 그날, 자녀들이 피부색이 아니라 그들의 인격에 의해 평가받는 그날, 흑인소년과 소녀들이 백인소년과 소녀들과 손에 손을 잡고 형제와 자매로서 함께 길을 걷는 그날, 그리고 모든 골짜기들은 메워지고, 모든 언덕과 산들은 낮아지고, 거친 곳은 평평해지고, 굽은 곳은 펴지고, 하나님의 영광이 나타나고, 모든 사람들이 다같이 그 영광을 보게 될 그날에 대한 '꿈'을 갖고 있다고 밝히면서 자신이 꿈꾸는 새로운 미국의 비전을 구체적으로 제시했다.

'꿈'의 연설의 세번째이자 마지막 부분에서, 킹은 모든 사람들이 자신의 꿈이 열매를 맺도록 함께 투쟁하며 나아갈 것을 촉구한다. 그는 자신이 밝힌 꿈은 우리의 희망이며, 이것은 자신이 남부로 가져갈 신념이라고 말했다. 그리고 이 신념으로 우리는 절망의 산을 희망의 돌로 만들 수 있고, 이 신념으로 미국의 불협화음을 형제애의 아름다운 교향곡으로 변화시킬 수 있고, 이 신념으로 함께 일을 하고 기도하고 투쟁하고 자유를 위해 견딜 수 있을 것이라는 확신과 용기를 청중들에게 불어 넣었다.

'꿈'의 연설을 통해 킹은 'American Dream'에 뿌리를 내리고 미국독립선언문의 도덕적 가치에 근거한 새로운 미국의 비전을 전미국인들에게 제시했다. 그는 인종분리주의와 차별의 철폐로 자유와 평등이 살아 숨쉬는 나라, 정의가 강물처럼 흐르는 나라에 대한 비전을 제시하였고, 그의 새로운 미국의 비전은 수많은 미국인들의 가슴 속에 어둠의 차별에서 빛의 평등으로 나아오는 희망의 불빛을 비춰주었다. 새로운 변혁으로 나아가는 용기있는 발걸음은 이 날 250,000명의 참석자들이 손에 손을 잡고 서로의 팔짱을 견고하게 끼고 하나가 되어 평화적인 위대한 위싱턴 행진을 만들었고, 이 행진은 비폭력 운동의 상징으로 오늘날까지 기억되고 있다. 위싱턴 행진 이후 린든 존슨 대통령의 미국정부는 아메리칸 드림을 구체적으로 실행하기 시작했다.

변혁적 리더 마르틴 루터 킹의 유산

린든 존슨 대통령은 마르틴 루터 킹과 백악관에서 여러 차례 대화를 나누었다. 그리고 존슨과 킹은 빈곤과의 전쟁의 선포를 통해 "위대한 미국"을 세우고자했던 존슨의 비전과 인종차별 철폐로 자유와 평등의 나라를 만들고자 한 킹의 "새로운 미국"은 모두 "American Dream"을 향한 위대한 비전임을 잘 알고 있었다.

존슨 행정부는 전격적인 개혁조치를 취했다. 1964년 민권법은 고용과 공공분야에서 인종, 피부색 혹은 국적의 차별을 금지했다. 1965년 투표권법은 모든 시민에게 투표할 권리를 보장했다. 1965년 이민법과 국가 봉사법은 비유럽인들에게 미국이민의 문호를 개방했고, 1965년 공정주택법은 개인 주택의 매매와 임대에 있어서 인종적 차별을 규제했다. 이외에도 차별을 철폐하고 평등을 추구하는 조치들이 취해졌다. 각각의 입법은 실제적으로 부당한 모든 영역들, 특히 아프리칸 아메리칸에 의해 경험된 대부분의 분야를 포함했다. 킹의 주장은 이런 모든 영역에 구체적으로 반영되었다.

인권운동의 지도자로서 킹은 인권운동을 그가 살았던 사회의 비현실적인 가치들을 변화시키는 하나의 보편적 운동으로 만들었다. 그렇게함으로써 그는 자신이 속했던 사회가 그리고 세계가 인권운동을 아프리칸 아메리칸의 권리에만 관심을 갖고 있는 것으로서가 아니라 오히려 깊이 있게 함께 나눈 인간의 고귀한 가치와 포부를 실현하는 보편적 가치로 이해하고 인식하게 만들었다. 보다 더 엄밀한 의미에서, 정의에 대한 그의 비전은 모든 인간을 포함하는 것이었다.

마르틴 루터 킹은 1928년부터 그가 암살당한 1968년 4월까지 살았다. 그의 죽음은 존 에프 케네디와 그의 동생 로버트 케네디의 죽음과 함께 불과 수년 안에 미국에서 비전적이며 진취적인 리더십의 종말을 가졌왔다. 킹의 아내 코레타는 자신의 시대적 고민과 과제를 온 몸으로 끌어 안고 헌신적으로 살았던 남편 킹의 삶의 의미를 다음과 말했다.

"마르틴 루터 킹은 그의 생명을 세계의 가난한 자를 위해, 멤피스의 불쌍한 근로자들을 위해, 그리고 베트남의 농민들을 위해 바쳤다. 흑인과 다른 인종의 사람들이 진정으로 자유로운 그날, 궁핍함이 사라지는 그날, 더 이상 전쟁이 없는 그날, 바로 그날에 나는 나의 남편이 오랫동안 갈망했던 평화 가운데 안식할 것임을 안다."

킹은 자신의 시대에서 처럼 오늘날에도 미국에서 분파주의와 이데올로기의 장벽들을 넘어서 정의의 아이콘이 되었고, 미국은 그를 기념하는 날을 국가공휴일로 정해 그의 삶과 정신을 세대와 세대를 이어 기억하도록 가르치고 있다.

21세기에도 여전히 그의 인권운동은 20세기 미국의 위대한 변혁으로서 결코 변할 수 없는 도덕적 권위를 인정받고 있다. 킹의 인권운동은 다음 세대에도 인간의 존엄성을 기억하고 존중하는 수많은 사람들에 의해 그 정신이 빛을 발하게 될 것이며, 인권탄압이 지속적인 비인간적 환경에서 이의 극복을 위해 헌신적인 삶을 살아가는 정의로운 사람들에게 킹은 가장 가치있는 위대한 변혁적 리더로 기억될 것이다.

킹은 비폭력 저항주의로 인종갈등의 벽을 허물고 화해의 시대를 열었던 변혁적 리더였다. 그는 자신의 비전과 신념을 강력하고 효과적인 메시지로 대중들을 이끌었고 그것의 실현을 위해 직접 행동했다. 킹은 차별의 현실에서 인간의 평등과 자유를 향한 긴 여정을 떠나는 우리에게 희망의 등불로 살아있다. 그가 이루고자 했던 꿈은 지금도 진행되고 있다. 그의 변혁적 의지는 우리에게 '희망'을 안겨준다. 그래서 우리는 승리할 것이다.

 도움이 되는 책들

하워드 가드너. 2007. 『통찰과 포용』. 송기동 옮김. 북스넛.

Carson, Clayborne. 2001. *The Autobiography of Martin Luther King, Jr.* Warner Books.

King Jr., Martin Luther. 2003. *I Have a Dream: Writings and Speeches That Changed the World, Special 75th Anniversary Edition.* HarperOne.

_____, and James M. Washington. 2003. *A Testament of Hope: The Essential Writings and Speeches of Martin Luther King, Jr.* HarperOne.

_____. 2010. *Strength to Love.* Fortress Press.

_____, and Harding, Vincent. 2010. *Where Do We Go from Here: Chaos or Community?* Beacon Press.

_____, and Carson, Clayborne. 2013. *The Essential Martin Luther King, Jr.: "I Have a Dream" and Other Great Writings.* Beacon Press.

Oates, Stephen B. 2013. *Let the Trumpet Sound: A Life of Martin Luther King, Jr. (P.S.).* Harper Perennial.

Omer, Haim. 2004. *Non-Violent Resistance.* Cambridge University Press.

Rieder, Jonnathan. *Gospel of Freedom: Martin Luther King, Jr.'s Letter from Birmingham Jail and the Struggle That Changed a Nation.* Bloomsbury Press.

나는 모든 사람이 조화롭고 평등한 기회를 갖고
함께 살아가는 민주적이고 자유로운 사회를 건설하는
이상을 간직해왔다.

― 넬슨 만델라(1918~2013)

용서와 화해는
통합의 심장이다

넬슨 만델라

> 66 우리 모두를 위한 정의가 있게 하소서. 우리 모두를 위한 평화가 있게
> 하소서. … 이제 우리가 다시는 한 사람이 다른 사람을 억압하고 모욕하는
> 일이 없게 하소서. 자유여 영원하라. 인류의 영광스러운 업적 위에 태양은
> 영원히 지지 않으리!"

1985년 2월 11일 남아프리카공화국 소베토_{Soweto} 시의 축구경기장에서 한 소녀가 자신의 아버지가 감옥에서 보낸 편지를 확고하면서도 분명한 어조로 낭독했다. "나는 나 자신의 자유를 매우 소중하게 여긴다. 그러나 내가 더 소중하게 여기는 것은 여러분의 자유, 우리 민족의 자유다. … 여러분의 자유와 나의 자유는 서로 분리될 수 없다."

소녀의 아버지는 넬슨 만델라였고, 그녀의 이름은 진지_{Zindzi}였다. 소녀의 신념에 찬 외침은 전 세계로 퍼져나갔다. 미국을 비롯한 서방세계의 많은 나라들, 그리고 독일과 유럽의 국가들은 남아공에 대한 경제제재 조치를 취했고, 투자기업들을 본국으로 철수하기 시작했다. 시간이 흐르면서 남아공의 경제위기가 가속화되기 시작했다. 남아공 정부는

만델라와 협상을 시작했고, 1990년 2월 11일 만델라는 악명 높은 로벤아일랜드_{Robben Island} 형무소에 수감된지 27년 만에 자유의 몸이 되어 사랑하는 가족과 동료들, 그리고 국민들의 품 속으로 돌아왔다. 그리고 그가 평생을 투쟁하며 헌신했던 자유와 평등의 이상이 현실 속에서 구체적으로 실현되기 시작했다.

만델라는 자신의 조국 남아공에서 더 이상의 차별과 보복이 없는 자유와 평등한 사회를 만들기 위해 참된 화해와 용서, 그리고 통합을 강조했다. 그는 1993년에 노벨평화상을 수상했고, 마침내 1994년 5월 10일 남아공 역사에서 최초로 민주적인 투표를 통해 대통령으로 당선되었다. 만델라는 역사적인 대통령 취임연설을 통해 "우리의 가장 깊은 두려움은 무능함이 아니다. 우리의 가장 깊은 두려움은 우리가 소유한 측정할 수 없는 강한 힘이다. 이것은 빛이다. 우리를 위협하는 어둠이 아니다. … 우리 스스로 빛을 발하는 일은 우리도 모르는 사이에 다른 일들로 하여금 빛을 발하도록 도와주는 일이다. 우리가 스스로 두려움에서 벗어남으로써 우리의 존재는 다른 사람들을 자유롭게 할 것이다."라고 말했다. 만델라는 남아공이 이제야 비로소 어둠의 역사를 벗어나 빛의 역사로 나아감으로써 참된 자유를 이룰 수 있게 될 것임을 국민과 세계 앞에 당당하게 선포했다.

성장과정, 그리고 현실세계에 대한 인식의 확장

만델라는 1918년 7월 18일 남아공 트란스케이_{Transkei}의 우마타_{Umata} 근

처 움베조_{Mvezo}에서 태어났다. 당시 그는 템부 족속의 왕족 가문의 후예로, 그의 아버지는 19세기 부족 군주의 후손이었지만 왕손을 이어받는 직계는 아니었다. 그의 어머니는 일부 다처제의 관습으로 그의 아버지의 4명의 부인들 가운데 세번째였다. 만델라는 4명의 형제들 가운데 가장 나이가 어린 막내였다. 그의 아버지는 자연친화적인 신앙을 소유했지만, 어머니는 독실한 감리교 신자였다. 그는 어려서부터 어머니의 신앙을 따라 성장했고, 그의 어머니는 만델라가 어린 시절에 세례를 받도록 인도했다.

만델라는 여섯 살 때 처음 학교에 갔는데, 이 학교는 감리교 미션스쿨이었으며, 학교 교장인 세실 해리스 목사_{Rev. Cecil Harris}는 그가 태어나서 처음으로 악수한 백인이었다. 그는 학교에 간 첫 날에 '넬슨_{Nelson}'이란 이름을 받았다. 그 당시 학교에 입학하면 영어 이름을 아이들에게 주었는데, 그의 선생님이 만델라에게 넬슨이란 이름을 주었을 땐 영국 해군 영웅 넬슨 제독을 생각했었는데, 만델라는 그것을 전혀 몰랐다. 만델라가 아홉살이 되던 해에 그의 아버지가 세상을 떠나자, 어린 만델라가 더 나은 환경에서 자라기를 원했던 어머니의 바람을 따라 그의 가족은 마을을 떠나야만 했다. 이러한 상황은 그의 성격과 가치관을 형성하는데 중요한 기여를 했다. 훗날 만델라는 자신의 자서전에서 자기가 태어나 자랐던 작은 공동체의 민주적 본질이 오랫동안 영향을 미쳤음을 고백하고 있다. 그는 자신이 자랐던 부락에서 개최되었던 부족회의는 모든 사람들이 시민으로서의 그들의 가치를 평등하게 그리고 그들의 의견을 자유롭게 발표했던 자치 정부_{Self-government}였다고 말했다.

19세에 만델라는 포트 뷰포트_{Fort Beaufort}의 힐드타운_{Healdtown}에 있는 다

른 감리교 학교로 옮겼다. 이곳은 우마타 서쪽에서 무려 175 마일 떨어진 곳이었다. 그 다음엔 힐타운 근처에 있는 남아공 유일의 흑인대학인 포트 헤어 대학 칼리지_{Fort Hare University College}로 갔는데, 만델라는 대학에서 복싱을 비롯한 다양한 스포츠를 즐겼을 뿐만 아니라 영어, 인류학, 정치학과 행정학, 그리고 로마와 네델란드 법 등을 공부하면서 훗날 존경받는 흑인으로서 높은 위치의 공무원이 되고자 했다. 그러나 1940년 대학 2학년 때, 그는 학교에서 배급되는 열악한 음식에 대해 다른 학생 대표들과 함께 이를 규탄하는 시위를 주도했는데, 이 일이 문제가 되어 결국 학교를 떠나게 되었다. 그 후 만델라는 친구와 함께 요하네스버그 교외에 있는 광산에서 야간경비원으로 일을 시작했다. 이 시기에 만델라는 공직자가 되고자 하는 그의 꿈을 포기하고 새로운 진로를 찾기 위해 노력했다.

그러던 어느 날 만델라는 자신의 인생에서 커다란 전환점을 이루는 중요한 인물을 만나게 되었다. 그는 자신의 사촌의 소개로 훗날 ANC_{African National Congress, 아프리카 국민회의}의 지도자가 된 월터 시술루_{Walter Sisulu}를 만났다. 시술루는 그와 함께 일을 했던 윗킨_{Witkin}, 시델스키_{Sidelsky}와 아이델만_{Eidelman}이 운영하던 지역 로펌에 만델라를 소개했고, 그는 이곳에서 사무장으로 일을 하면서 남아공 대학_{University of South Africa}에서 학위과정을 마칠 수 있었다. 만델라가 일한 곳은 유대인 로펌이었는데, 이때 그곳에서 만델라는 처음으로 인종과 정치 문제에 대해 대부분의 백인들보다 폭넓은 마음을 지닌 유대인을 알게 되었다. 시술루와의 교제는 만델라에게 남아공의 정치현실에 대해 새로운 눈을 뜨게 했는데, 만델라는 변호사 사무실과 시술루의 집에서 흑인사회의 보다 급진적인 인사들과 교제를 나누기 시작했다.

비전과 헌신: 인종차별 철폐와
자유를 향한 긴 여정

만델라는 마침내 어린 시절에 자신이 피부색의 차이에 관계없이 자유롭게 살았다고 생각했던 것과는 전혀 다른 인종차별의 현실 속으로 들어왔다. 그의 눈은 이 시기에 아프리카 흑인들이 아파르트헤이드Apartheid라는 인종차별 정책으로 고통받는 삶으로 향했고, 그는 그들을 보호하고 그들의 자유를 위하여 자신의 삶을 헌신할 것을 다짐하고 자유를 향한 긴 여정의 비전을 품게 되었다.

1944년에 그는 올리버 탐보와 월터 시술루와 함께 ANC에 가입하여 본격적인 정치투쟁에 참여하기 시작했다. 이러한 선택에 대해, 그는 훗날 자신의 회고록에서 "더 이상은 침묵하고 분노를 억제할 수 없었다. 내 안에서 저항의 마음이 점점 커져갔고, 마치 감옥처럼 우리 민족을 감금하는 정치체제에 맞서 싸우고 싶은 열망이 커져갔다."고 밝혔다. 그해 만델라는 자신의 첫번째 정치무대에 등장했다. 그는 ANC의 고루한 리더십을 대체하게 될 급진적 그룹으로서 1944년 ANC 청년동맹Youth League이 출범할 때 설립추진 멤버가 된 것이다.

1948년 배타적인 아프리카 국민당이 오직 백인만이 참여한 총선에서 승리하자 남아공 전역에 인종차별 정책인 아파르트헤이트를 적극 추진하기 시작했다. ANC는 공산주의자들과 아시안 그룹들과의 연대를 추진하면서 국민당 정부에 대해 시민불복종 캠페인을 조직하기 시작했다. 바로 그때 ANC 청년동맹은 대환영을 표하면서 이 일에 동참했고, 이로 인해 ANC는 더욱 활기를 찾게 되었다. 청년동맹은 알버트

루툴리_{Albert Luthuli}가 회장을 맡았고, 만델라는 사무총장을 맡았다. 그리고 1949년에 ANC가 광범한 대중들의 참여와 지지를 이끈 급진적인 행동강령_{Program of Action}을 채택할 때 만델라는 주도적인 역할을 담당했으며, 이 일은 그가 대중적인 지도자로 성장하게 하는 원동력이 되었다.

1952년에 그는 자신의 평생 동지가 된 올리버 탐보_{Oliver Tambo}와 함께 남아공에서 흑인 최초로 법률사무소를 개설하여 흑인을 위한 무료변론과 법률자문 서비스를 제공하고, ANC 저항캠페인에 적극적인 활동을 펼쳤다. 만델라는 인종차별과 부당한 법집행을 반대하기 위해 1952년에 구성된 시민인권운동_{National Volunteer-in-Chief of the Defiance Campaign}의 책임자를 맡아 활동을 펼쳤고, 또한 그는 ANC가 남아공의 인종차별정책에 반대하는 자유헌장_{Freedom Charter}을 채택할 때 깊이 관여했다. 자유헌장이 선포되던 날 전국에서 수천명의 사람들이 모였다. 자유헌장은 남아공과 세계 앞에서 남아공의 모든 국민은 한 영토 안에 살고 있으며, 남아공은 영내에 있는 모든 흑인과 백인의 것이며, 흑인이든 백인이든 우리 모두가 형제이며, 모두가 동등한 권리를 지닌 남아공 국민이라고 선언했다. 그러나 정부는 1956년 12월에 이 헌장이 공산주의 혁명을 내포하고 있다는 이유로 만델라와 155명의 다른 행동가들을 체포했다.

정부는 5년간에 걸친 긴 재판과정을 통해 방대한 자료를 증거로 제출하여 폭력적 행위의 의도를 입증하려고 애를 썼지만, 만델라를 포함하여 많은 사람들이 보석으로 풀려났다. 그리고 재판이 힘들게 진행되던 중, 1960년 3월 26일 샤펜빌_{Sharpenville}에서 통행법 반대시위를 벌이던 자유헌장 사건의 피고들 가운데 69명이 경찰의 사격에 의해 사망하는 사건이 발생했다. 결국 일년 후 남아있던 29명의 피고들은 모두 무죄

선고를 받았다. 한편, 샤펜빌의 시위는 평화적이었음에도 불구하고 99명이 살해되고, 400명 이상이 부상을 당하는 참상이 일어났다. 이 사건으로 남아공의 인종차별 정책은 세계에서 많은 관심을 갖게 되었다. 남아공 정부에 대한 수많은 압력들이 미국무성, 유엔 안보리, 외국 정부들, 그리고 국제적 비정부기구들과 노동조합들로부터 가해졌다.

1960년 국민당 정부는 ANC와 남아공의 자유를 위해 투쟁하는 다른 단체들의 활동을 법률로 금지하거나 해체하는 조지를 취했다. 그러나 만델라와 시술루는 자유를 향한 여정을 포기할 수 없었다. 그들은 법률에 의해 모든 활동이 금지된 상황에서 더 이상 비폭력 투쟁에만 의존할 수 없었다. 만델라는 비폭력이 최선의 해법이라고 생각하지는 않았다. 그것은 주어진 상황에 따라 선택할 수 있는 투쟁의 전략이라고 보았다. 비록 그가 간디와 마르틴 루터 킹의 투쟁방법을 존중한다 하더라도, 그는 자신의 조국의 상황과 다른 두 사람의 나라들과 비교할 때 이러한 저항원리들은 적합하지 않다고 보았다. 만델라는 평화적 저항이 폭력을 만나면 그때 그것은 끝이 난다고 생각했다. 그에게 비폭력은 수동적인 저항으로서 도덕적 원리가 아니라 하나의 전략이었다.

만델라는 마르틴 루터 킹에 대해 그가 처해 있는 상황은 전적으로 자신과 달랐다고 말했다. "미국은 여전히 흑인에 대한 편견이 있어도, 헌법에서 비폭력 저항도 정당하게 보호받을 수 있는 민주주의 국가이기 때문이다." "남아공은 물리적 강제력으로 비폭력에 대응하는 군대와 불평등을 인정하는 헌법을 지닌 경찰국가였다." 그는 어떤 평화적 저항도 헌법으로 보호받지 못하는 남아공에서 비폭력은 특수한 상황에서 선택하는 전략으로 이해했다. 만델라와 그의 동료들은 아파르트헤이드 정부에 대해 불가피하게 사용할 수 밖에 없는 폭력을 조직하기 위하여 무장군사조직을 기획했고, 이것으로 그들은 인명 피해는 최소화하면서 정부에 가능한한 최대의 피해를 주고자 했다. 결국 그들은 공개적 투쟁과 폭력 사용을 강행하기로 결정했다.

1961년 무장폭력 투쟁을 위한 '민족의 창 Spear of the Nation'이라고 불리는 군사조직이 결성되었다. 만델라는 수동적 투쟁에서 보다 적극적이며 파괴적인 무장투쟁으로 전환하는데 있어 가장 핵심적인 역할을 맡아 이 단체를 조직하고 최초의 사령관이 되었다. 군사조직의 사명은 인명피해를 피하고 국가의 주요 건물들과 시설물들에 대한 사보타주였다. 만델라는 지하에서 국민들에게 메세지를 전하고, 군사조직의 회원들은 자체제작한 폭탄을 갖고 군사기지를 공격하고, 주요 기관과 발전소 시설 일부 등에 피해를 주었다. 아무도 예기치 못한 게릴라식 공격에 정부는 당황했다. 해외언론은 정부 시설에 대한 공격은 아파르트헤이드 정책에 대한 반대투쟁으로 보도했다.

국내정치의 불안정으로 많은 외국투자기업들이 투자를 꺼렸다. 이 시기에 만델라는 국경을 넘어 아프리카 대륙 여러 나라들을 방문했다. 그는 탄자니아, 알제리, 에티오피아, 가나, 모로코, 시에라레온. 리비아, 말리, 그리고 이집트를 여행하면서 남아공의 인종차별 정책에 대한 그들의 활동의 당위성을 알리고 자금지원을 호소했다. 그는 영국 런던에서 열흘간 체류하기도 했다. 이 때 그는 한 언론에 "내자신을 위하여 나는 선택을 했다. 나는 남아공을 떠나지 않을 것이며, 굴복하지도 않을 것이다. … 나는 나의 인생이 다하는 그날까지 투쟁할 것이다."라고 기고했으며, 실제로 그는 굴복하지 않았다.

여행을 마치고 남아공으로 돌아오자 1962년 8월에 그는 체포되었다. 정부 당국자들은 결국 그와 그의 동료들을 체포하여 오랜기간의 재판을 시작했다. 재판은 수년간 계속되었다. 그리고 정부는 엄청난 증거자료들을 제출했고 수많은 증인들을 내세웠다. 정부의 목적은 만델라에게 사형선고를 하는 것이었다. 그러나 재판이 진행되는 동안 만델라의 사형에 반대하는 시위가 남아공 전역에서 일어났다. 뿐만 아니라 미국과 유럽의 여러 나라에서도 남아공의 아파르트헤이트 정책을 반대하는 시위가 일어났다. 미국 국무성과 유엔 안보리는 남아공 정부에 비인도적인 아파르트헤이트 정책을 폐지할 것을 요청했고, 남아공 정부는 다른 선택을 해야만 했다. 결국 만델라는 군사조직 구성과 반정부 게릴라전 계획에 대한 책임으로 그의 남은 생애를 형무소에서 보내도록 선고받았다.

포기하지 않은 자유에의 투쟁
그리고 새로운 변혁

만델라는 리보니아 법정_{Rivonia Trial}에서 종신형을 선고를 받고 로벤 아일랜드 형무소_{Robben Island Prison}로 다른 죄수들과 함께 이송되었다. 그곳에서 만델라는 세계에서 가장 유명한 정치범이 되어 그의 삶에서 가장 오랫동안 지냈다. 급진적인 인종차별은 바깥에서 겪었던 것과 같이 형무소에서도 만연했다. 만델라와 그의 동료들은 더 이상 외부에서 투쟁했던 것과 같은 투쟁을 형무소에서 활동적으로 할 수 없었다. 로벤 아일랜드 형무소는 만델라와 그의 동료들에게 '대학교'였다. 놀랍게도 불법적인 군사조직에 의한 과격한 행동주의자였던 만델라의 의식의 변화가 이곳에서부터 새롭게 시작되었다. 로벤 형무소에서 자유의 투쟁자들은 그들의 동료들로부터 여러 남아공 정당들의 정치사에 대해 배울 수 있었으며, 결과적으로 그들의 잘못된 주장들을 바르게 잡을 수 있었다. 이것은 만델라에게 실제로 일부 공산주의 세력이 ANC를 지배하고 있었다는 것을 깨닫게 했고, 그는 다른 정치범들과의 논쟁을 통해 많은 것을 새롭게 인식할 수 있는 기회를 가졌다.

그러나 어느 누구도 오랫동안 만델라가 옥중생활을 하게 될 것이라고는 예상하지 못했다. 그의 삶은 속이 뒤틀릴 정도로 많은 분노의 순간들을 겪어야만 했다. 하지만 만델라의 정신력은 놀라웠다. 감옥은 만델라를 새롭게 만든 호된 시련의 장이었다. 1962년에 감옥에 간 만델라는 매우 성급하게 그리고 쉽게 분노를 토했다. 그러나 그는 오랜 옥중생활에서 스토아주의에 심취하여 자신의 분노의 감정을 다스리기 시작했다.

27년간 로벤 아일랜드 형무소의 햇살 아래에서 산책한 후에 만델라는 매우 조용하고 온화한 사람이 되었다. 오랜 시간에 걸쳐 그가 그렇게 변화되는 것은 힘든 일이었다. 그에게는 어떤 선택도 없었다. 그리고 오랜 수감생활을 통해 만델라는 이미 변화의 바람이 아프리카 대륙에 불고 있었기 때문에 남아공의 흑인 해방은 수년 내에 이루어질 것이라고 믿었다. 그리고 그가 그토록 꿈을 꾸었던 자유와 인종차별이 없는 남아공을 성취할 수 있었던 것은 바로 이 시기에 새롭게 빚어진 자신의 모습으로 그의 억압자들을 용서할 수 있었기 때문이었다.

만델라의 감금 기간에 많은 일들에 놀라운 변화가 일어났다. ANC

의 많은 지도자들이 형무소로 보내졌고 남아공에서 추방되었다. 무장투쟁으로 많은 희생자들이 발생했다. 청년들 사이에서 분노가 급격하게 확산되었고, 다른 민족해방 운동들이 아프리카 대륙에서 일어났다. 만델라가 투옥된 시간 중에 올리버 탐보와 다른 동료들을 중심으로 ANC가 재창당되었다. 탐보가 의장을 맡아 ANC는 끊임없이 만델라의 석방과 남아공의 모든 인종의 단합을 촉구하는 성명서를 발표하고 유엔 안보리도 만델라의 석방을 촉구하는 결의를 했다.

만델라가 투옥된지 15년이 지나서야 비로소 그의 가족들에게 편지를 쓸 수 있는 기회가 일년에 두번 주어졌다. 만델라는 이 기회를 사랑하는 가족과의 소통에 사용했다. 그리고 1985년에 만델라는 자신의 딸 진지$_{Zindzi}$에게 한 통의 편지를 보내 소베토 시의 축구경기장에서 열릴 예정인 시위행사에서 그 편지를 낭독하도록 했다. 진지는 아버지의 편지를 확신에 찬 어조로 읽었다. 만델라는 이 편지에서 남아공에서의 자유는 포기할 수 없으며, 남아공 국민의 자유는 자신의 자유와 결코 분리될 수 없다고 강조했다.

만델라의 메시지는 언론을 통해 전 세계로 급속하게 전파되었고, 미국과 유럽의 국가들이 움직이기 시작했다. 남아공 정부는 미국으로부터 투자철회 압력과 같은 대외적인 압력을 받고 있었다. 영국을 제외한 서방세계 국가들이 남아공 정부와의 경제협력을 포기하는 조치들을 발표했다. 남아공 정부는 어렵게 새로운 방향으로 움직였다. 1985년 보타$_{P.\ W\ Botha}$ 대통령은 만일 만델라가 조건없이 폭력을 포기한다면, 그를 석방할 수 있다고 발표했다. 이것은 지난 10년 동안 정부가 만델라에게 6번째 제안한 것이었다. 그러나 그는 거절했다. 미국의 투자회사들이 계속 떠났고, 보타 대통령은 위기를 느꼈다.

1989년 8월에 드 클레르크_{E. W. de Klerk}가 정권을 승계하기 전 만델라는 태도의 변화를 일으켰다. 자신의 마지막 옥중 단계에서, 만델라는 남아공의 문제에 대한 해결책은 군사적이라기 보다는 정치적이라는 것이라고 믿었다. 그는 정부와 협상이 필요하다는 것을 생각하기 시작했다. 그는 아무런 대안이 없었지만 자신이 그것을 고민해야 한다는 것을 알았다. 그는 "지도자가 양무리 앞으로 나아가야만 할 때, 그가 그의 백성들을 올바른 방향으로 인도하고 있다는 확신을 갖고 새로운 방향으로 가야만 한다."고 믿었다. 이 기간 동안 클레르크가 국민당의 대통령이 되어 새로운 정치 시대를 주장했다.

한편 ANC 내부에서 아파르트헤이드 정부와 대화를 유지하는 문제에 대해 열띤 토론이 수년간 지속되면서, 만델라는 국민이 스스로 부정의, 폭력, 그리고 전쟁의 끝이 없는 밤을 종식시키고자 국민당 정부가 보다 전향적이 되도록 압력을 가할 필요가 있음을 믿으면서 유리한 국제적인 분위기에 편승하는 첫단계 조치를 취했다. 정부와의 첫번째 협상 테이블에서 정치범 석방, 정치 조직에 대한 규제 해제, 비상사대 해제, 많은 법들과 규제 수정 등 구체적인 결과들을 얻었다. 이것은 그가 투옥된지 27년만에 마침내 1990년 2월 만델라의 석방을 이끌었다.

석방에도 불구하고 만델라는 자유롭지 않았다. 그는 자유롭게 이동하지도 못했고 그가 원하는 이웃들과도 살지 못했다. 그는 투표권도 없었고 피선거권도 박탈당했다. 그러나 만델라가 그의 국민들에게 모든 투쟁에서 폭력과 유혈사태를 중단을 호소하면서 투쟁은 새로운 국면으로 옮겨갔다. 거대한 국제적 압력을 따르면서 ANC는 흔들림없이 비폭력을 유지했다.

변혁의 가치와 힘, "화해와 용서"

1990년 2월 11일에 만델라는 27년간의 수감생활을 마치고 자유의 몸이 되었다. 다음해 만델라는 ANC 의장으로 취임했으며, 1993년에 노벨평화상을 수상했다. 1994년, 클레르크 대통령은 아파르트헤이드 통치를 포기했다. 그리고 만델라는 과거의 상처를 다 잊고, 자유와 평등의 밝은 미래를 내다보기 위해 다수의 지배로 민주적으로 나라를 이끄는 권력체제를 구상했다.

만델라는 인종차별 정책으로 흑인들이 교육, 보건, 그리고 여러 다양한 기회의 측면에서 차별적이며 열악한 조건 하에서 살았고, 백인들은 그들이 할 수 있는 한 세계에서 가장 최선의 조건을 누리며 살았던 것과는 달리, 평등이 지배하고, 사회의 모든 분야에서 특권이 없는 나라를 세우고자 했다. 물론, 정부와 ANC 사이의 협상은 차질이 없었던 것은 아니었다. 그러나 만델라는 남아공 역사에서 최초로 공정하고 투명한 선거를 준비하면서, 지난 날 상처가 되었던 과거는 잊어버리고 모든 사람들의 보다 나은 미래를 세우는 일에 하나가 되길 원했다.

마침내 1994년 4월 27일 남아공의 민주적인 총선이 치러졌다. 만델라는 새로운 남아공을 성취한 후에, 이 나라의 역사에서 최초의 민주적 선거에서 승리하고 지난 날의 잘못된 일들을 반복하지 않기를 약속했다. 만델라는 최초로 민주적인 대통령으로 선출되었고 남아공 최초의 흑인 대통령이 되었다. 그는 구체적이며 분명한 목적을 갖고 일을 했다. 그리고 ANC의 새로운 메세지를 선언하는 새로운 법을 공표했다. 그것은 인종차별 정책으로 받은 고통과 깊은 상처를 싸매고 신뢰와 확신을 불어넣는 화해의 메시지였다. 만델라는 취임 연설에서 국민들에게 자신은 다른 사람들과 같이 평범한 사람이며, 단지 자신의 이례적인 환경이 오늘의 자신으로 이끌었을 뿐이었다고 말했다.

만델라의 가장 위대한 성취는 분명 민주적이며 인종차별이 없는 남아공의 창조이며 끔찍한 유혈내전으로부터 아름다운 나라를 보호하는 것일 것이다. 유혈내전을 방지하기 위해 그는 자신의 모든 생각과 마음 속에 있는 방법들을 사용해야만 했다. 그는 자신이 협상하는 아프리카의 지도자들에게 바위와 같은 강한 정신력과 힘을, 그리고 보복하지 않을 것이라는 확신을 보여주어야만 했다. 그리고 그를 따르는 사람들에게 적과 타협하는 것이 아니라는 것을 보여줘야만 했다. 이것은 믿기 어려울정도로 섬세한 여정이었으며, 만델라는 그것을 하나님의 은총으로 여겼다.

1999년 만델라는 정계은퇴와 함께 대통령직에서 물러났다. 그는 아프리카 역사에 거의 전례가 없는 단 한번의 임기의 대통령직을 수행했다. 미국의 조지 워싱턴처럼 그는 자신이 만든 모든 단계를 다른 사람들이 따라오는 본보기가 될 것이라고 이해했다. 만델라의 유산은 그가 인간의 자유를 확대했다는 것이다. 그는 모든 일에 관대했다. 그는 평화를 갈망했다.그리고 2013년 12월 5일 만델라는 길고 긴 용서와 화해의 여정을 마치고 세상을 떠났다. 2013년 12월 12일 만델라의 장례식에서 세계가 지켜보는 가운데 오바마 미국 대통령은 만델라를 기념하는 연설을 통해 만델라를 마하트마 간디와 마르틴 루터 킹 주니어와 비교하면서, 만델라는 "정의를 향하여 한 국가를 움직이며 그 과정에서 세계 수억의 사람들을 감동시킨 역사의 거인"이었다고 높이 추켜 세웠다.

만델라의 삶은 변혁적 리더가 도덕적 가치와 높은 이상을 추구하고 비전을 함께 나누며 자신의 희생을 통해 어떻게 새로운 공동체를 세울 수 있는가를 보여준 드라마였다. 그는 모든 인종이 평등한 자유와 민주주의를 위한 자신의 위대한 선택, 즉 남아공을 새롭게 세우기 위해서는 자신과 흑인들이 경험했던 압제와 폭압의 상황을 용서하고 수용해야 하는 정신을 실천적으로 보여주었다. 만델라의 위대한 용서와 화해의 정신은 350년간 지속 되어왔던 인종차별 정책을 폐지하고 자유와 민주주의가 살아 숨쉬는 남아프리카 공화국의 생성과 그 과정에 필연적일 수 밖에 없었던 처절한 유혈내전을 막음으로써 아름다운 나라를 탄생시키는 근원적 힘이 되었다.

사람들 사이를 가로막았던 장벽들이 무너지고 그 틈사이로 사람들이 한걸음 더 가까이 다가오면서 피부색의 차이를 넘어 서로가 조화를 이루는 자유와 평화, 그리고 민주주의의 이상을 실현한 영웅들의 삶은 우리에게 큰 감동을 안겨준다. 넬슨 만델라는 오랜 세월 인종차별의 장벽으로 억압과 고통을 받았던 자신의 조국 남아공에 용서와 화해의 정신으로 자유와 민주주의의 꿈을 회복시킨 영웅이었다. 그는 자신의 자서전 제목처럼 "자유를 향한 긴 여정*Long Walk to Freedom*"을 쉼 없이 걸어갔던 위대한 지도자다. 그는 모든 인간은 평등하고 자유하다는 생각으로 차별과 억압이 없는 자유의 공동체를 꿈꿨고, 그 꿈을 이루기 위해 자신의 삶을 아낌없이 희생했다. 그는 인종을 위해서가 아니라 모든 남아공의 국민들의 자유를 위하여, 그리고 이 자유를 가로막는 부정의로 인한 희생자가 더 이상 존재하지 않는 참된 자유를 위하여 그는 길고도 긴 여정을 걸었다.

변혁적 리더 넬슨 만델라, 그는 자기희생의 뜨거운 심장을 지닌 지도자였다. 우리의 시대가 그를 소유했었다는 것은 자랑이며, 미래의 세대에게 그는 본받고 따라야 할 위대한 스승이다. 만델라는 오늘날 차별의 장벽이 여전히 남아 있고 자유가 억압된 사회에서 우리가 자유를 향하여 걷는 긴 여정의 끝에 도달할 때까지 모든 사람들의 마음 속에 살아 있을 것이다.

 도움이 되는 책들

자크 랑. 2007.『넬슨 만델라 평전』. 윤은주 옮김. 실천문학사.

베로니크 타조. 2014.『넬슨 만델라』. 권지현 옮김. 북콘.

Keller, Bill. 2013. *Tree Shaker: The Life of Nelson Mandela (New York Times)*. Square Fish.

Kendall, Gillian and North Wyatt. 2014. *Nelson Mandela: A Life Inspired*. CreateSpace Independent Publishing Platform.

Mandela, Nelson. 1995. *Long Walk to Freedom: The Autobiography of Nelson Mandela*. Back Bay Books.

Mandela, Nelson and Barack Obama. 2011. *Conversations with Myself*. Picador.

Richard J. Bowerman. 2013. *Nelson Mandela: 10 Leadership Lessons from Mandela's Life*. Well-Being Publishing House.

Stengel, Richard. 2010. *Mandela's Way: Lessons on Life, Love, and Courage*. Crown Archetype.

제 **4** 부

윤리적 리더들
Ethical Leaders

 힘있는 자들이 도덕적 선을 증진해야 한다

 도덕적 비전으로 새 일을 행하라

 올바른 일을 위해 도덕적 용기를 가져라

 도덕적 힘으로 막힌 담을 허물어라

전능하신 하나님께서 내 앞에 노예무역을 금지하고,
관습을 개혁하라는 두 가지 위대한 목표를 두셨다.

— 윌리엄 윌버포스(1759~1833)

힘있는 자들이 도덕적 선을 증진해야 한다

윌리엄 윌버포스

> 66 권위와 영향력을 지닌 사람들은 도덕적으로 선한 일들을 증진시킬 수 있다.
> 그들이 여러 곳에서 미덕을 권장하도록 하고, 그들이 도덕성의 발전을
> 위하여 여러 계획들을 세우는 일들에 참여하도록 해야 한다."

역사가 브라운_{Ford K. Braun}은 빅토리아 시대가 열리기 전 영국의 50년간은 윌리엄 윌버포스의 시대라고 불렀다. 그의 평가는 윌버포스가 당시 영국사회의 변혁을 위해 얼마나 헌신적인 삶을 살았으며, 그의 신념과 도덕적 행위가 한 개인의 차원을 넘어 집단적 차원에서 얼마나 큰 영향을 끼쳤는가를 말해준다.

오늘날 윌리엄 윌버포스는 오랜 정치생활을 통해 노예무역 폐지를 위해 투쟁해 온 정치 지도자로 기억되고 있다. 1786년에 그는 아프리카와 서인도 제도에서 노예 실태를 파악하고, 오랜 투쟁 끝에 1807년 3월 25일에 노예무역 폐지법을 의회에서 통과시켰다. 그의 싸움은 이것으로 끝나지 않았다. 윌버포스는 사람을 거래하는 것을 금지시키는 일이 아니라 노예자체가 이 땅 위에서 사라지는 것을 자신의 궁극적 목표로

여겼다. 노예무역 폐지는 이 목표를 향한 첫 걸음이었다. 노예해방의 목표는 그가 정계를 은퇴한지 8년이 되던 1833년 중반까지 성취되지 못했다. 그러나 윌버포스로부터 반노예운동의 바톤을 넘겨 받는 여러 의원들을 중심으로 그의 목표는 지속적으로 추진되었다. 드디어 1833년 7월 27일 노예해방법Emancipation Act 이 의회에서 통과되었다. 윌버포스가 그의 뜻을 세운지 46년만에 영국은 노예해방을 선포했다.

다른 한편, 윌리엄 윌버포스는 부패한 영국사회를 도덕적으로 개혁한 지도자로 기억된다. 노예무역 폐지운동은 이미 다른 사람들에 의해 부분적으로 시작된 개혁이었지만, 관습 개혁으로 불리는 도덕적 개혁운동은 오직 그의 기독교적 신앙고백을 통해 직접 혼자 시작한 외로운 투쟁이었다. 영국의 도덕적 개혁은 노예무역 폐지보다 더 어려운 운동이었다. 그는 부패한 영국사회를 도덕적으로 개혁하기 위하여 다른 사람들을 불러 모았고, 자신의 뜻에 동조하는 훌륭한 친구들과 함께 마지막까지 이 운동을 이끌었다. 윌버포스는 도덕 개혁을 추진하면서 그의 동료들과 함께 높은 수준의 도덕적 기반을 쌓았고, 고위 공직에서 권위와 영향력을 소유한 사람들의 개인적인 도덕성의 신장과 그 토대 위에서 공공질서와 도덕성의 발전을 강조했다. 그는 이러한 목적을 위하여 다음 세대에 대한 교육의 필요성을 역설했다.

윌버포스는 박애주의 활동들을 중심으로 사회적 소외계층들을 위한 교육실시, 다양한 문화적 기관의 설립 등 문화적 갱신과 정의를 위해 헌신하면서 그의 리더십을 발휘했다. 윌버포스는 하나님 앞에서 자신의 두 가지 목표를 세운 이후 그가 세상을 떠나는 마지막 순간까지 노예해방과 부패한 영국사회의 도덕적 개혁을 위하여 헌신했다. 그의 헌신은 인간의 존엄성의 회복이었으며, 부패한 사회에 도덕적 빛을 발하는 것이었다. 월버포스가 "영국의 양심"이라고 불리는 이유가 바로 여기에 있다.

복음주의에 마음을 빼앗긴 부유한 청년 정치인

월리엄 월버포스는 1759년 8월 24일 영국의 항구 도시 헐_{Hull}에서 태어났다. 그의 가문은 요크서_{Yorkshire} 동쪽에 위치한 베벌리_{Beverly}에서 200년의 전통을 지닌 유명한 무역상 집안이었다. 그는 부유한 상인의 아들로 태어났지만, 키가 작고 몸이 매우 약하고 시력까지 나빠 평생 육체적인 어려움을 겪으며 살았다. 그가 겨우 8살 때 아버지가 세상을 떠나자 월버포스는 독실한 감리교 신자였던 그의 큰아버지 부부에게로 보내져 그들의 보호를 받으며 성장했다.

월버포스가 성장하던 시기에 영국은 복음주의 기독교가 큰 성장을 이루면서 영국 사회에 영향을 끼쳤는데, 이때 월버포스는 존 웨슬리_{John Wesley}, 조지 횟필드_{George Whitefield}, 그리고 존 뉴튼_{John Newton}과 같은 중요한 영적 지도자들을 만날 수 있었다. 특히 큰아버지 부부와 가깝게 교제했던 존 뉴튼을 만날 수 있었던 것은 훗날 그가 노예무역 폐지를 위해 투쟁할 때 많은 도움이 되었다. 존 뉴튼은 과거 영국의 노예무역선 선장으로서 노예무역 실태를 누구보다 잘 알고 있었을 뿐만 아니라, 그 자신도 종교적 회심을 통해 목사의 길을 걸었던 사람이었기 때문에 그는 월버포스에게 많은 영향을 끼칠 수 있었다.

월버포스가 큰 아버지 부부의 영향을 받아 점차 영적인 변화를 경험하게 되자, 그의 어머니는 자신의 아들이 종교적 열심주의에 빠지는 것을 우려하여 그를 다시 헐로 데려왔다. 이후 윌버포스는 종교적인 문제들로부터 잠시 빠져 나올 수 있었지만, 그의 문법학교_{grammer school} 선생인 아이작 밀러_{Issac Milner}를 만나게 되었고, 수년 후 밀러는 윌버포스의 회심의 도구가 되었다.

17세가 되던 해에 윌버포스는 캠브리지 세인트 존스 칼리지_{St. John's College}에 입학했다. 그는 이곳에서 훗날 영국의 최연소 수상이 된 윌리엄 피트_{William Pitt}를 만나 그와 함께 정치인이 되는 꿈을 키우며 우정을 쌓았다. 피트는 윌버포스와 함께 국회의원이 된 이후 평생을 그의 가장 가까운 친구이자 정치적 동지가 되었다. 대학을 졸업하자마자 윌버포스는 그의 나이 20세에 국회의원에 출마하기로 결심했다. 당시 그는 부유한 아버지의 유산과 큰아버지 윌리엄의 부동산을 유산으로 물려받은 부자 청년이었다. 그는 자신의 고향 헐에서 치러진 선거에서 강력한 후보였던 록킹햄 경_{Lord Rockingham}을 물리치고 당선되어 의회에 진출했다.

윌버포스는 4년 후에 영국 정치에서 영향력있는 정치인이 되는 중요한 선거구인 요크서 지역에 출마하여 절대 다수의 지지를 받아 당선되었다. 이때 그의 나이는 불과 24세였다. 그는 피트가 이끈 토리 정부_{Tory government}의 적극적인 후견인이 되었고, 이후 그의 정치적 영향력은 급속하게 커졌다. 윌버포스는 비록 귀족 출신은 아니었지만 막대한 유산을 물려 받은 부자였고, 매력적이었으며, 또한 탁월한 연설과 토론 실력으로 많은 사람들의 관심과 지지를 받았다. 그의 친화력과 좋은 매너는 당시 런던의 부유한 정치가문들과의 교류에도 잘 어울렸으며, 자신의 친구인 피트를 비롯하여 많은 정치 엘리트들과의 폭넓은 교제로 그의 정치적 입지와 경력은 날로 커졌다.

월버포스의 인생에서 최고의 사건은 그의 회심이었다. 그의 회심은 1784년 부터 1786년 부활절까지 수년간에 걸쳐 점차적으로 일어났다. 그는 회심 과정에서 복음주의 기독교를 받아 들였고, 이것은 그의 미래의 인생을 완전하게 바꾼 사건으로서 그로하여금 절대자요 전능자이신 하나님 앞에서 소명에 헌신하는 새로운 인생을 살게 하는 계기가 되었다. 월버포스는 이 사건을 통해 하나님의 선하신 섭리가 자신의 인생의 방향을 전환하게 해주었다고 고백했다. 이런 변화로 월버포스는 그가 정계를 은퇴할 때까지 노예무역 폐지를 비롯하여 19세기 영국 사회를 도덕적으로 변화시키는 윤리적 리더로서 개혁가의 삶을 살아 갈 수 있었으며, 훗날 역사로 하여금 그가 부패한 영국사회를 개혁한 "영국의 양심"이라고 불리도록 만들었다.

회심과 소명

1784년 여름에 월버포스는 자신의 25번째 생일을 맞이하여 그의 어머니와 누이와 함께 프랑코 이탈리안 리비에라Franco Italian Riviera로 여행을 떠나기로 계획을 갖고 그의 문법학교 선생이었던 아이작 밀러에게 여행을 동반할 것을 제안했고, 밀러는 월버포스의 제안을 받아들였다. 밀러는 매우 영리한 사람이었는데, 그는 캠브리지 퀸스 칼리지의 신학대학원에 진학하여 신학을 공부하고, 나중에 그곳에서 수학과 자연철학을 가르쳤으며, 뛰어난 신학자가 되었다. 그해 10월에 그들은 프랑스로 유럽 여행을 떠났고, 윌버포스와 밀러는 여행기간 동안 오랜 시간 대화를 즐겼다. 그들이 니스_{Nice}에 도착했을 때, 윌버포스는 필립 도드리지_{Pillip Doddrige}의 저서『영혼에서의 종교의 생성과 발전_{The Rise and Progress of Religion in the Soul}』을 읽고 밀러에게 도드리지의 책에 대한 그의 생각을 물었다. 이때 밀러는 "이 책은 지금까지 쓰여진 최고의 책들 가운데 하나다. 우리가 함께 그 책을 갖고 우리의 여행 동안 그것을 읽자."고 윌버포스에게 제안하였고, 그들은 도드리지의 책을 중심으로 깊은 지적 교류를 나눌 수 있었다. 프랑스 여행을 마치고, 런던으로 돌아와 짧은 의회일정을 마치고, 윌버포스는 스위스로 두번째 유럽 여행을 떠났다. 스위스로 여행 도중 윌버포스는 밀러와 함께 희랍어 신약성경을 함께 읽고 예수 그리스도의 죽음과 부활, 그리고 그의 메시지에 대해 서로의 생각을 나누면서 마음의 변화과정을 경험했고, 이것은 그의 인생을 완전하게 바꾸는 '회심'으로 발전했다.

윌버포스는 자신이 죄인이었다는 사실과 그의 인생에서 덧없이 소모적으로 살았던 시간들에 대해 깊은 반성을 했다. 그는 마음 속으로 자신의 귀중한 시간들, 다양한 기회들과 재능들을 낭비했던 자신을 정죄했다. 또한 그는 하나님 앞에서 자신은 불쌍하고 비참한, 그리고 눈먼자요 헐벗은 자라고 말하면서, 자신과 같은 죄인을 위해 그리스도께서 죽으심으로 무한한 사랑을 베푸셨다고 고백했다. 윌버포스는 자신의 귀중한 시간을 낭비한 것에 대한 심한 자책을 통하여 이후 자신의 삶에서 주어진 시간들을 가장 소중하게 사용할 것을 다짐하고, 세속적이며 사치스러운 런던 사회에서의 모든 활동들, 즉 도박, 댄스, 음주, 그리고 추악한 연극 등으로부터 완전히 떠나 그리스도에게 헌신할 것을 다짐했다.

그러나 윌버포스가 자신의 정치경력으로부터도 떠날 것인지 아닌지는 불투명했다. 그는 조금도 의심없이 그의 친구요 정치적 동지인 피트 수상에게 그리스도에 대한 자신의 헌신으로 어쩌면 런던의 상류사회 생활과 정치까지도 떠날 수 있다는 자신의 의도를 솔직하게 털어놓고 대화를 나누었다. 피트는 윌버포스에게 그에 대한 애정과 우정을 바탕으로 그가 정치라는 공적 삶의 영역에 남아 있도록 도전을 주었다. 윌버포스는 또한 밀러의 권유로 청소년 시절에 그에게 복음주의 기독교 영향을 끼쳤던 존 뉴튼 목사를 찾아가 그의 생각을 전했다. 이 때 존 뉴튼은 윌버포스에게 강력하게 정치의 공적 영역에 남아 있을 것을 촉구했다. 그는 윌버포스에게 하나님은 교회와 국가의 선을 위하여 그를 세우셨다는 자신의 믿음과 확신을 전했다.

그 후 윌버포스는 다시 의회로 돌아왔다. 그리고 1787년 10월 28일 일요일 그는 자신의 일기에 다음과 같이 썼다: "전능하신 하나님께서 내 앞에 노예무역을 금지하고, 관습을 개혁하라는 두 가지 위대한 목표를 두셨다 *God Almighty has set before me two great objects, the suppression of the Slave Trade and the Reformation of Manners*." 이것은 영국의 노예무역 폐지와 도덕적 개혁을 의미했다. 윌버포스는 하나님께서 그로 하여금 더 이성적인 사고를 하도록 공적 눈 public eye 을 주셨고, 공적 영역에서 본분을 자각하여 더 숭고한 사명을 갖고 살아가도록 이미 타락한 영국사회를 경험하게 하셨다고 믿었다. 그리고 하나님은 얼핏보기엔 불가능할 것으로 보이는 두 가지 목적들, 야만적인 노예무역을 폐지하고, 부패한 영국사회의 도덕적 개혁을 위하여 헌신할 것을 그에게 요청하셨다고 믿었다. 19세기 영국사회에 엄청난 충격을 가져다 준 개혁은 윌버포스의 회심과 소명에서 시작되었다.

노예무역 폐지운동

18세기 노예무역은 인간이 저질렀던 가장 잔인한 일이었다. 영국은 당시 세계 최강의 해군력을 자랑하였고, 그에 걸맞는 상선들을 동원하여 아프리카에서 수많은 노예들을 사고 파는 무역에 열중했다. 당시 영국의 경제적 부 가운데 상당 부분은 노예무역으로 축적되었다. 윌버포스의 전기 작가 가트 린_{Garth Lean (2005)}에 의하면, 1770년에 영국의 선박들은 서아프리카에서 수출되는 십만 명의 노예들 중 절반 이상을 실어 날랐다. 1783년과 1793년 사이에 리버풀의 노예선들만도 30만명 이상의 노예들을 서인도 제도에 실어 날랐다. 18세기에 영국이 노예무역을 통해 실어 나른 노예들이 무려 300만명에 달한다는 미국의 한 통계도 있다.

영국에게 있어서 노예무역은 국가경제를 위한 성공적인 사업이었고 그것은 국가적인 정책이었다. 게다가 노예무역은 국가안보에도 매우 중요하다는 것이 영국 사회에 전반적으로 공유된 통념이었다. 노예무역은 군사력 동원에도 유익했고 국가번영의 한 축이었다. 노예무역이 이처럼 중요한 경제적 행위가 되다보니 이 무역은 의회와 국가에 상당한 영향력을 행사했다. 이 무역을 통해 돈을 번 농장주와 상인들 가운데 일부는 부패한 선거구를 구입해 의회에 진출할 수 있었다. 그러나 노예무역에 대한 의회에서의 주된 지지는 소유권을 존중하고 현상 유지를 바랬던 많은 수의 의원들에 의해 이루어졌다. 그들은 서인도 제도에 노예들이 절대적으로 필요하다는 사실이 노예무역이 근절될 수 없음을 의미하는 것이라고 확신하는 사람들이었다.

영국의 지성들도 다를바 없었다. 경험주의 철학을 대표하는 데이빗 흄David Hume은 흑인을 백인에 비해 열등한 존재로 보았고, 심지어 존 로크John Loke와 같은 계몽주의 사상가는 아프리카 노예무역 회사에 투자를 하여 이득을 챙기기도 했다. 이러한 영국의 전반적인 상황 속에서, 비인간성은 상식이 되었고, 노예들은 용도 폐기되는 존재에 불과했다. 윌버포스와 그의 친구들로 구성된 클래팜 공동체Clapham Sect는 이러한 구조악과 싸워야만 했다.

윌버포스가 노예무역 폐지운동을 전개하기 이전에 이 운동은 퀘이커Quaker 교도들에 의해 전개되었다. 그들은 1724년에 노예무역을 정죄했다. 퀘이커 교도들은 아프리카에서의 노예 무역의 근절과 서인도 제도에 있는 흑인 노예들의 해방을 위하여 아프리카 노예무역 폐지 위원회Committee for Abolition of the Africa Slave Trade를 구성하였고, 그들은 이 위원회의 활동을 위하여 1785년에 토마스 클라크손Thomas Clarkson을 영입했다.

윌버포스는 1787년에 노예무역을 폐지하기 위하여 퀘이커 교도들이 구성한 노예무역 폐지 위원회에 자문을 구했다. 그는 노예무역 폐지 종식을 목표로 움직였다. 그러나 윌버포스는 이것이 정치적으로 즉각 이루어는 것이 아니라는 사실을 잘 알았다. 그는 피트 수상과 이 문제에 대하여 수시로 논의했고, 의회가 열리면 노예무역 폐지 법안을 제출할 것이라는 말을 공공연하게 했고 많은 의원들로 부터 긍정적 반응을 얻었다. 그러나 실제로 이 일을 전개하자 많은 비난과 공격이 그를 향해 쏟아졌다. 의원들은 두려웠다. 노예무역이 폐지되면 국내뿐만 아니라 식민지에서도 그들의 권리와 재산이 위협을 받게 될 것으로 생각했다. 당시 영국의 영웅이었던 넬슨Nelson 제독도 서인도 제도에서 그들의 신성한 권리와 재산이 현장에서나 의회에서 침해되서는 안된다고 윌버포스에게 압력을 가했다.

윌버포스는 주변의 모든 압력이나 방해 혹은 공격에 결코 굴하지 않았다. 그는 대중 여론을 조성하기 위해 책자를 간행하고 노예제도를 통해 생산한 서인도의 설탕 불매운동도 전개했다. 그리고 의회가 열릴 때마다 노예무역 폐지 법안을 발의했고, 의원들을 향해 자신의 소신을 피력했다. 그는 영국이 벌리고 있는 비인간적인 노예무역이 지금까지 의회의 권위 아래서 시행되도록 의회가 방치했다는 사실을 부끄럽게 여기고 있다고 자신의 입장을 피력하고 우리 모두가 하나님 앞에서 죄인이며, 우리 모두 유죄를 인정해야 한다고 역설했다. 그는 노예무역이 이루어지는 현장 실태를 조사하고 다양한 증거들을 제시하면서 노예무역이 폐지되어야만 하는 정당성을 강력하게 주장했다.

또한 윌버포스는 의회가 양심에 거리낌이 없도록 노예무역 폐지 결정의 근거가 정당하다는 것을 보여줘야 하며, 이것을 통해 의회가 정의의 원리에 무감각한 집단이 되어서는 안될 것이라고 열변을 토했다. 그는 회기 때마다 동료 의원들을 향해 의회의 양심과 도덕성을 호소하였고, 노예무역 폐지에 의회의 적극적 동의를 요구했다. 피트 수상도 마찬가지였다. 그는 변함없이 의회에서 윌버포스를 지지했다.

20년이란 긴 세월 동안 윌버포스는 노예무역 폐지를 위해 의회의 논쟁을 주도했다. 이 과정에서 그는 여러 차례 좌절을 겪기도 했고, 건강이 악화되어 오랜 시간 투병생활을 하기도 했다. 윌버포스가 벌였던 노예무역 폐지 운동은 길고도 지루한 그러나 의롭고 숭고한 투쟁이었다. 드디어 긴 투쟁의 여정이 막을 내렸다. 1807년 영국 의회는 윌버포스에게 유례없는 찬사와 존경을 보내면서 '노예무역폐지법_{Abolition Act}'를 통과시켰다. 그리고 그가 노예무역 폐지 운동을 시작한지 46년째 되던 1833년 7월에 영국 의회는 '노예해방법_{Emancipation Act}'을 통과시켰다. 윌버포스가 평생을 헌신했던 그의 궁극적인 목표였던 인간의 존엄성을 회복하는 노예해방이 드디어 이루어졌다. 그리고 이틀 후 윌버포스는 기쁨과 감격을 안고 눈을 감았다.

관습(도덕) 개혁운동

윌버포스가 부패한 영국 사회의 도덕적 개혁운동을 전개할 당시 영국 사회의 타락한 모습에 대해 그의 전기작가 데이빗 보그한₍₂₀₀₂₎은 다음과 같이 전한다.

"상류사회와 하류사회 가릴 것 없이 술에 취한 사람들은 전국적인 현상이었다. 가난한 사람들은 진_{gin}으로 그들의 슬픔에 빠졌고, 부자들은 클라레_{claret(프랑스산 적포도주. 필자)}의 바다를 항해했다. 폭스_{Charles James Fox(영국의 정치인으로 휘그당을 이끌었으며, 피트가 사망한 후 수상이 됨. 필자)}와 세리단_{Sheridan(아일랜드 극작가이자 정치인. 필자)}은 항상 의회에서 술에 취해 있었고, 피트 수상도 이런 추악함으로부터 예외는 아니었다. 귀족 계급을 포함하여 사회의 가장 높은 위치에 있는 사람들에게서 타락과 비도덕성은 이례적인 것이 아니었다. 도박 역시 사회적으로 만연되었다. … 어디서나 결투는 용납되었다. 매춘은 전국적인 현상이었다. 이 시기 런던에서 결혼하지 않은 여성들 4명 가운데 한 명은 매춘부였다. 더욱 비참한 것은, 부유한 호색한들의 추악한 욕정을 만족시켜 주기 위하여 14세 미만의 소녀들로 이루어진 특별한 사창가들도 있었다. 당시 감옥의 기록들은 런던의 매춘부들의 평균 연령이 16세였다고 전한다."

산업혁명은 어린 아이들을 열악한 노동 환경 속으로 몰아 넣었다. 병원은 쥐들로 득실거렸고, 감옥은 하수구와 다를바 없었다. 노조들은 피의 항쟁을 전개했고, 그들은 프랑스 혁명의 영향을 받아 그와 동일하게 사람을 살해하는 방향으로 대중들을 몰아가기 시작했다. 가난한 어린 아이들은 교육을 받지도 못한 채 거리를 배회했고, 고아들은 스스로 자랐다. 밤 거리는 범죄의 기회를 제공했고, 시민들은 폭행과 겁탈을 당하는 희생자들의 비명소리를 매일 밤 들어야만 했다. 더욱 놀라운 것은 이와 같은 18세기말 영국 산업사회의 실상에 대해 의회는 거의 이해하지 못하고 있었다는 것이다.

영국의 정치도 산업사회의 타락한 모습과 다를 바 없었다. 영국의 정치는 뇌물로 얼룩졌고, 귀족정치가 보여준 난잡함과 방탕함은 프랑스 혁명 이전 세기의 도덕적 부패와 다를 바 없었다. 귀족정치는 원하는대로 다 할 수 있었다. 그들이 좋아하는 취향에 따라 행하는 규칙들 말고는 그들의 행위를 도덕적으로나 윤리적으로 규제할 수 있는 규칙은 거의 없었다. 영국의 기독교도 마찬가지였다. 영국 교회의 정치사회적 책임과 기능은 거의 찾아볼 수 없었다. 영국의 정부가 교회의 문제를 담당했기 때문에 주교들은 정치적인 이유에서 임명되는 사례가 많았다. 이렇게 선출된 주교들은 각자가 관장하는 지역에서 국가와 귀족에 대한 충성과 정치선전의 도구가 되기도 했다. 교회가 정치의 도구로 전락

되었기 때문에 교회는 산업사회의 대중들과 접촉할 기회가 없었고, 설령 그런 기회가 있다할지라도 교회의 영향력은 극히 제한적이었다. 이와 같은 영국 산업사회의 전반적인 모습에서 누구라도 그 상황을 초월하여 행동을 하기란 쉽지 않았다. 만일 그런 행동을 하고자 한다면 목숨을 걸고 해야만 했다.

그러나 예외는 있었다. 세속적 교회가 아닌 복음주의 설교가들로부터 하류계층들을 대상으로 영적 각성운동이 일어났다. 존과 찰스 웨슬리 형제, 그리고 조지 휫필드를 비롯한 복음주의 설교가들은 산업사회의 이면에서 소외되고 고통받던 사람들의 영적 각성을 주도했고, 그들로부터 새로운 변화가 일어났다. 그리고 복음주의 설교가들이 주도한 각성운동은 상류계층까지 파고 들어 갔다. 그들로부터 작은 변화가 일어나기 시작했다. 이런 변화는 영국의 관습을 개혁하고자 했던 윌버포스에게 무척 고무적이었다.

윌버포스는 회심 이후 모든 생각과 활동의 원리는 기독교적 신앙과 양심에 근거했고, 그것은 하나님께서 그에게 위대한 사명을 주셨다는 확신에 기초했다. 복음주의 설교가들의 영향으로 영적 각성이 일어나가 시작했지만, 영국 사회의 도덕적 개혁을 이루고자 하는 윌버포스에게 이 일은 결코 만만한 것이 아니었다. 그것은 노예무역 폐지 운동보다 더 힘들 수 있었고, 더우기 이 운동은 다른 사람들의 적극적인 지지와 협조에 의한 것이 아니라 하나님께서 자신에게 주신 사명을 바탕으로 혼자서 직접 주도해야 하는 것이기에 더욱 어려웠다. 뿐만 아니라 자신과 함께 정치를 하는 대부분의 정치인들과 귀족계급들은 그들의 관습이 개혁되어야 할 필요성을 느끼지 못했기 때문에 영국의 관습개혁이라는 윌버포스의 사명은 출발부터 불가능한 것으로 보였다.

윌버포스는 관습의 개혁을 네 가지 방법으로 접근했다. 첫째는 의회 입법활동이었다. 그는 아동노동을 제한하는 것을 포함하여 다양한 측면에서 노동 조건의 개선을 촉구하는 '아동노동 보호법'을 통과시켰다. 그는 동물학대 금지, 황소싸움 금지, 결투금지, 로터리$_{lottery}$ 중단 등에 대한 입법을 지원했다. 그리고 가난한 자들이 무상으로 치료받을 수 있는 병원 설립과 야만적인 형벌 제도를 대폭 개정했다.

정치과정에서 도덕성을 성취하기 위하여 윌버포스는 의회 토론에서 인도 선교지원을 비롯하여 그가 제기하는 도덕적 이슈들은 자신의 기독교 신앙으로부터 기인되고 있음을 밝혔다. 그는 공개적으로 영국은 적극적인 도덕적 입법을 통해 국가의 죄의 폐해를 제거하기 위해 노력해야 한다고 의회에서 강조했다. 뿐만 아니라 뒤에서 험담을 일삼고 알선을 수뢰하는 부끄러운 정치행태가 우정과 동지의 원리에 지배되는 정치로 변해야 한다고 역설했다. 이와 같은 의회활동 이외에도 윌버포스는 자신의 친구들인 '성자들$_{Saints}$'과 포고문 협회$_{Proclamation \, Society}$와 협력하여 상류계급의 도덕적 개혁을 위해 노력했다.

둘째로 윌버포스는 영국의 관습을 개혁하기 위하여 상류 계급에게 그들이 지지하고 있는 기독교의 참된 본질로 그들을 교육시킴으로써 개혁하도록 도전을 주었다. 이것은 그가 자신의 저서『진정한 기독교와 대조되는 중상류 계급의 자칭 그리스도인들의 보편적 종교체계에 대한 실제적 견해$_{A \, Practical \, View \, of \, the \, Prevailing \, Religious \, System \, of \, Professed \, Christians \, in \, the \, Higher \, and \, Middle}$ $_{Classes \, Contrasted \, with \, Real \, Christianity (이하 '실제적 견해'로 부름, 필자)}$』를 저술한 목적이었다. 그 당시 이 책은 5개월 이내에 무려 7만5천 권이 판매될 정도로 베스트 셀

러였다. 실제로 상류계급들은 이 책을 읽고 회심을 했다.

월버포스가 관습 개혁을 위해 사용한 세번째 방법은 모든 차원에서 영국 사회에 개인적으로 인도주의적 행동을 실천하는 사례들을 세우는 것이었다. 월버포스는 가난한 아동들을 교육하기 위하여 노력한 한나 모어_{Hannah More}를 적극 지원했고, 박애주의적 프로젝트들을 발표하고 실천했다. 노예무역폐지 운동과 포고문 협회를 포함하여, 월버포스와 '성자들'은 아프리카 배상금과 인도 선교 그리고 멘딥스_{Mendips}를 비롯한 여러 지역에 주일학교 설립, 저소득층 개선협회_{Society for Bettering the Poor}, 교회선교협회_{Church Missinary Society}, 영국성서공회_{British and Foreign Bible Society}, 그리고 많은 다양한 조직들을 설립했다. 월버포스는 69개의 조직에 기여했고, 많은 조직의 다양한 직책을 맡아 가난한 자들의 삶의 조건을 개선하고, 도박 금지법들을 만들고, 아동노동보호법 등을 개혁하는데 많은 노력을 기울였다.

영국의 관습 개혁을 위하여 월버포스가 실천한 네번째 방법은 공적 눈으로 바라보는 것과는 다른 사적인 문제였다. 월버포스는 자신이 영국 사회의 관습을 개혁하기 위하여 제시했던 것들을 자신의 개인적 삶에서 구현하기 위해 노력했다. 그는 완전한 사람이 아니었다. 그는 자신이 주창했던 모든 일들을 자신의 삶에서 온전하게 이루고자 했다. 온전함은 모든 리더들이 지녀야만 하는 속성이었다. 월버포스는 자신의 온전함을 위하여 가족을 돌보고, 자신의 헌신적인 패턴을 지속적으로 유지하고, 자신의 시간과 재물을 기부하는 일에 최선을 다했다. 이것은 자신의 저서 『실제적 견해』에서 그가 강조한 기독교적 삶의 윤리적 요소들이기도 했다.

개혁의 정신,『실제적 견해』

부패한 영국 사회를 개혁한 윌버포스의 정신은 1797년에 출판된 그의 저서『실제적 견해』에 잘 나타나 있다. 윌버포스는 이 책을 회심 이후 그의 절친 피트 수상과 영국의 정치인들에게 복음을 전하고 그들을 회심시키기 위한 목적으로 쓰기 시작했다. 그러나 이 책에서 그가 강조한 내용들은 훗날 영국의 도덕적 개혁을 실천하는 정신이자 원리가 되었다. 윌버포스는 이 책에서 인간의 타락한 본성으로 인해 과거와 현재의 문화 속에서 압제, 강탈, 잔인, 사기, 질투 등과 같은 모습들을 보여줄 뿐만 아니라 이런 사례들이 공적 및 사적인 일들을 통해 반복되었기 때문에 서로의 잘못을 지적할 수 없게 되었고, 그 결과 인간의 마음을 개혁할 수 없는 현실에 이르게 되었다고 분석했다.

윌버포스는 참된 기독교 신앙은 국가의 이익과 복지를 위해 이바지해야 한다고 믿었다. 그 이유는 참된 기독교는 다른 어떤 종교보다 더 뛰어난 도덕 체계를 지니고 있기 때문에 기독교는 그것을 행동에 옮길 수 있는 강력한 동기와 효과적인 수단을 제공한다고 보았다. 나아가 기독교는 국가공동체를 보존하고 국가의 건강성을 증진시키는 힘을 가지고 있다고 강조했는데, 그 이유는 참된 기독교 신앙은 겸손에 있으며, 기독교 신앙은 본질적으로 이기심을 인정하지 않기 때문이라고 해석했다. 그러므로 참된 기독교 신앙은 이기심의 반대로 공익정신을 강조하고 이것은 공공생활의 위대한 원리로서 국가에 생명을 불어 넣고, 국가를 위대하게 만든다고 역설했다. 나아가 그는 기독교가 성장해야만 정치공동체의 공공복지가 증대되기 때문에 참된 기독교 신앙은 이러한 정신이 사회 전체에 퍼지도록 해야 하며 모든 사회 계층의 사람들이 서로들 돌보며 건강한 사회가 되도록 힘을 써야 한다고 말했다.

참된 기독교 신앙의 본질을 이와 같이 정의한 후에 윌버포스는 참된 신앙을 소유한 사람들의 행동에 대해 강조했다. 그는 참 신앙을 소유한 사람은 다른 사람들과 화평의 관계를 유지하고 사랑과 정의의 덕을 세울 수 있어야 한다고 말하면서, 참 신앙을 소유한 사람들이 가득찬 나라는 진정한 발전을 이룰 수 있다고 강조했다.

윌버포스는 이와 같이 올바른 신앙을 소유한 사람들이 공적으로 선한 행위를 실천함으로써 건강한 사회질서를 수립하고 유지하여 다른 나라들에게도 긍정적인 영향을 끼칠 수 있다고 믿었다. 그러므로 윌버포스는 영국 헌법도 모범적인 사회를 만드는 것을 이상으로 삼아야 할 것임을 강조하면서, 공직자들도 개인적인 도덕성을 신장시키고 공공질서와 공적 도덕성을 개발할 수 있는 계획들을 입법화하고 이를 실천할 수 있어야 한다고 영국 정치인들의 공적 도덕적 역할을 촉구했다. 이외에도 윌버포스는 『실제적 견해』에서 산업사회의 타락한 모습을 개혁하기 위하여 교육이 철저하게 이루어져 할 것을 강조하면서 다음 세대를 위한 교육개혁에서 기독교 신앙을 교육시켜야 한다고 주장했다. 윌버포스는 자신의 영적 생활에도 기독교 윤리와 참신앙을 철저하게 실천했다. 그는 자신의 삶에서부터 이러한 운동이 자발적으로 실천될 때 부패한 영국 사회를 도덕적으로 개혁할 수 있다고 믿었다.

윤리적 리더 윌버포스

윌버포스는 행동하는 개혁가였다. 그는 영국사회의 도덕적 개혁을 위하여 때론 홀로, 때론 다른 사람들의 협력과 지지를 통해 자신의 목표를 성취했다. 그는 런던에서 멀지 않은 곳에 클래팜 공동체를 형성하여 '성자들'이라고 불리는 그들의 친구들과 함께 그곳에 머물면서 노예무역 폐지와 노예해방, 형법개정, 교육개혁을 비롯한 도덕적 사회개혁과 의회개혁을 계획하고 실행했다. 클래팜 공동체는 그들이 구상한 개혁을 성취하기 위하여 영국 시민들을 대상으로 청원운동을 적극적으로 전개하면서 정치참여의 공간을 확장하기도 했다. 이곳에 모였던 윌버포스의 친구들은 퀘이커 교도들이 세운 아프리카 노예무역폐지 위원회 대표인 토마스 클라크손Thomas Clarkson, 동인도 회의East India Council에서 큰 영향력을 행사했던 찰스 그랜트Charles Grant, 윌버포스의 대학 친구이자 영국 성공회 목사 토마스 기스본Thomas Gisborne, 재능있는 극작가이자 시인인 한나 모어Hanna Moore, 그리고 성경에 탁월한 지식을 지녔던 독실한 기독교인 그랜빌 샤프Granville Sharp, 인도의 총독이었던 존 쇼어John Shore, 성공적인 은행가 헨리 도톤Henry Thotorn, 클래팜 지역의 교구 책임자 존 밴John Venn 등이었다. 그들은 예수 그리스도의 신앙이 확고한 자들로서 매우 뚜렷한 성격을 지녔었다. 그들은 서로들을 사랑했고 존경했고 배려했으며, 다양한 도덕적 관심들과 사회 · 종교적 문제들에 대해 허심탄회하게 토론을 하고 그리스도의 이름으로 개혁의 방향을 잡고 실천 계획을 세웠다. 이러한 일들을 지속적으로 할 수 있었던 것은 그들이 공통적으로 소유한 자질인 근면성 때문이었다. 그들이 보여준 근면성의 자질은 그들로

하여금 인내심을 갖고 연구하고 조사하고 토론하고 그리고 협력하면서 그들의 개혁의 길을 일관되게 오랫동안 걷도록 도왔다.

월버포스는 오늘날 윤리적 리더로 가장 존경받는 지도자 가운데 한 사람이다. 그는 19세기 영국사회에 가장 도전적인 충격을 주었던 지도자였으며, 자신에게 운명적으로 주어진 두 가지, 즉 노예무역폐지와 영국의 도덕 개혁을 어떤 어려움에도 불구하고 확고한 신념과 도덕적 삶을 통해 성취한 지도자였다. 역사가 트리벨리언_{G.M. Trevelyan}은 월버포스가 이룬 업적을 다음과 같이 설명했다.

"월버포스는 그가 지녔던 목적의 공명정대함에 대해 보상을 받았다. 그는 프랑스 혁명 후 한동안 정계와 상류사회에서 인도주의적 목표가 지극히 인기 없을 때도 뒤로 물러서는 일 없이 자신의 그 위대한 목표를 추구했다. 그는 어느 정파, 어느 계층, 어느 종교에 속한 사람이든 이 대의를 지지하는 사람이라면 누구하고든 협력하고자 했다. 그는 언제나 지혜로운 열성주의자였다. … 만일 그가 인류보다 당을 취했더라면 아마 피트의 뒤를 이어 수상이 될 수도 있었을 것이다. 하지만 그가 한가지 명예와 권세를 희생하자 다른 종류의 명예와 권세가 뒤따랐고 후대가 기억해줄 훨씬 더 고귀한 명칭을 갖게 되었다."

월버포스는 자기 시대에서 사회악과 맞서 싸웠다. 그는 영국 사회의 총제적 부패 속에서도 사랑과 정의의 양심을 포기하지 않고 스스로 도덕적이며 참된 신앙인으로서 자신의 길을 걸었다. 월버포스는 그가 호흡하고 살았던 시대에서 자신의 시간과 부를 아낌없이 주었다. 그는 지도자로서 공적으로 박애주의 삶을 살았다. 그의 공적 삶은 부패하고 어둡던 영국 사회에서 소금과 빛이 되었고, 많은 사람들이 그를 따르도록 하는 생생한 사례였다. 그의 삶은 영국의 수백만의 사람들의 삶을 변화시키는 것이었으며, 오늘날에도 수많은 사람들의 본이 되어 그들로 하여금 그들의 사회가 도덕적으로 개혁될 수 있다는 가능성과 희망을 갖게함으로써 그들 사회의 미래를 밝게 만들어 준다. 윌리엄 월버포스, 그는 19세기 영국의 도덕적 양심을 넘어 오늘날 세계의 도덕적 양심으로 우리에게 다가온다.

 도움이 되는 책들

케빈 벨몬트. 2008. 『윌리엄 월버포스, 세상을 바꾼 그리스도인』. 오현이 옮김. 좋은 씨앗.

가트 린. 2005. 『부패한 사회를 개혁한 영국의 양심: 월버포스』. 송준인 옮김. 두란노.

Hague, William. 2007. *William Wilberforce: The Life of the Great Anti-Slave Trade Campaigner.* Houghton Mifflin Publishing.

Metaxas, Eric. 2007. *Amazing Grace: William Wilberforce and the Heroic Campaign to End Slavery.* Haper Collins.

Tomkins, Stephen. 2007. *William Wilberforce: A Biography.* Wm. B. Eerdmans Publishing Co.

Vaughan, David. 2002. *Statesman and Saint: The Principled Politics of William Wilberforce.* Cumberland House Publishing.

Wilberforce, William. 2010. *A Practical View of the Prevailing Religious System of Professed Christians in the Higher and Middle Classes in this Country, Contrasted with Real Christianity.* ReadaClassic.com.

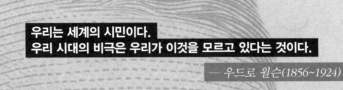

우리는 세계의 시민이다.
우리 시대의 비극은 우리가 이것을 모르고 있다는 것이다.

― 우드로 윌슨(1856~1924)

도덕적 비전으로 새 일을 행하라

우드로 윌슨

❝ 우리의 삶은 또한 도덕적 힘에서도 위대하다. 대단히 위대하다. 고결한 남녀들이 잘못을 바로 잡고, 고통을 덜고 약자에게 힘과 희망을 주려고 노력하면서 동정심과 조언의 아름다움과 활기를 더 두드러지게 보여 준 적은 세계의 다른 곳에서는 없었다"

우드로 윌슨은 1913년부터 1921년까지 미국의 28대 대통령으로 지냈다. 그는 미국이 제1차 세계대전에 참전하도록 이끌면서 전후 미국의 민주주의와 점진적 개혁, 그리고 그러한 이념을 대외정책에 적용함으로써 세계에서 미국의 위상과 역할을 상징화하는데 크게 기여했다. 그는 1902년부터 1910년까지 프린스턴 대학의 총장으로서 대학개혁운동을, 그리고 1911년부터 1913년까지 뉴저지 주지사로서 개혁적인 정책을 펼쳤던 혁신적인 지도자였다. 그는 진보정당의 후보인 시어도어 루스벨트와 공화당 후보 윌리엄 하워드 태프트_{William Howard Taft}와 경쟁하여 1912년에 미국 대통령으로 당선되었다.

윌슨은 자신의 첫 임기 중 민주당이 상하 양원을 지배하자 다수당인 민주당에게 의회에서 중요한 개혁법안들을 통과시켜줄 것을 적극 요청했다. 윌슨은 재임시 중요한 개혁정책들을 추진했다. 그는 의회에 대해 몸을 낮추었던 이전 공화당 대통령들과는 달리 대통령의 권한을 강력하게 사용했다. 미국의 보호무역주의 장벽을 낮추기 위해 관세인하와 연방소득세 부과를 위해 언더우드-심슨 법Underwood-Simmons Act을 제정하고, 전국의 은행과 신용 및 자금공급 규제를 위한 연방준비은행법Federal Reserve Act과 불공정거래 조사와 규제를 위해 연방무역위원회Federal Trade Commision를 설립하면서 연방정부의 권한을 강화시켰다. 나아가 아동근로보호법Child Labor Laws을 포함하여 철도근로자들의 일일 8시간 노동과 농부들에 대한 연방농업대출법Federal Farm Loan Act과 정부의 강제명령을 금지하면서 노조파업을 보장하는 클레이튼 독점금지법Clayton Antitrust Act을 제정했다. 또한 그는 미국 대통령으로서는 최초로 소수인종에 대한 인사개방정책을 실시하여 미 대법원 판사로 유대인 루이스 브랜다이스Louis Brandeis를 지명하여 상원의 인준을 받았다. 뿐만 아니라 1920년에 여성의 참정권을 허용하는 수정헌법을 의회에서 강력하게 통과시켜 여성의 정치적 지위 향상에 결정적 기여를 했다.

자신의 재임기간 동안 윌슨이 개혁적으로 추진했던 수많은 아젠다들은 1930년대 프랭클린 루스벨트가 뉴딜을 펼칠 때 그것을 지원하는 토대로서 크게 기여했다. 역사학자 존 쿠퍼John Cooper는 그의 첫 임기에서, 윌슨은 뉴딜이 탄생되기 전까지 성공적으로 개혁입법 아젠다를 추진했던 미국 역사에서 몇 안되는 소수의 대통령이었다고 평가했다.

그의 시대에 대한 윌슨의 기여는 대외정책에서 더욱 돋보였다. 그는 미국이 대륙의 문제에 관심을 갖지 않기로 한 고립주의를 표방한 먼로

주의를 극복하고, 제1차 세계대전에 참전하는 과정과 종전 이후 파리 평화 회의를 이끌고, 세계평화질서 구축을 위한 국제연맹 League of Nation 창설 과정에서 탁월한 리더십과 도덕적 비전과 열정을 보여줌으로써 그는 국제정치에서 미국의 위상과 역할을 새롭게 구축하는데 크게 기여했다. 또한 그는 이 과정에서 그가 주창한 평화주의와 도덕주의, 그리고 민족자결주의는 약소국들의 국가의 지위를 보다 확고하게 세워 주었고, 민주주의의 가치를 세계적으로 확산하는 중요한 전기를 제공해 주었다. 1919년 노벨위원회는 국제연맹 창설을 통해 보여준 윌슨의 세계평화를 향한 헌신적 노력에 대해 노벨평화상을 수여했다.

개혁지향의 정치 지도자

윌슨은 1856년 12월 28일 버지니아 스톤튼 Staunton 에서 조셉 윌리엄과 제시 자넷 윌리엄의 4명의 자녀 가운데 셋째로 태어났다. 그의 조상들은 스코틀랜드 출신으로서, 그의 할아버지는 1807년 미국으로 이민을 와서 오하이오주에서 노예제도를 반대하는 신문을 발간했다. 반면에 윌슨의 아버지는 장로교 목사였는데, 할아버지와는 달리 노예제도를 옹호했다.

윌슨의 가족은 1851년에 조지아 주 오거스타 Augusta 로 이사한 후 남부연합에 동참했다. 그의 아버지는 자신의 교회에서 노예제도 폐지를 반대하는 설교를 자주했으며, 시민전쟁 기간 중에는 자신의 교회에서 죽어가는 군인들과 부상으로 고통당하는 군인들을 적극적으로 돌보았다.

또한 윌슨의 아버지는 전쟁 기간중 잠시 남부 연합군에서 채플린으로 봉사했다. 윌슨의 어린 기억에 의하면, 그는 자신의 네번째 생일날에 아브라함 링컨이 대통령에 선출되었고 머지 않아 전쟁이 일어날 것이라는 소리를 들었다고 회상했다.

1873년에 그는 노스캐롤라이나의 유명한 데이비슨 칼리지_{Davidson College}에 입학하여 의사가 될 준비를 하려고 했으나 진로를 변경하여 2학년 때 프린스턴 대학교로 편입했다. 그는 학교에서 정치철학과 역사에 대해 심취했으며, 1879년 버지니아 대학 로스쿨에 입학해 법학을 공부한 후 변호사가 되었지만 직업에 대해 별로 흥미를 얻질 못했다. 그는 다시 장기적으로 정치경력을 쌓는 것에 관심을 갖고 정부에 관한 연구를 하기 위해 1883년 4월에 존스 홉킨스 대학에 역사와 정치학 연구로 박사과정에 지원하였고 1885년에「의회 정부론_{Congressional Government}」이란 논문으로 정치학 박사 학위를 받았다. 그의 학위논문은 당시 학계의 주목을 받았으며, 윌슨은 이후 여러 차례 간행물을 통해 미국의 위대한 정치인들에 대한 칭찬과 평가, 그리고 미국인들이 지니고 있었던 미국에 대한 막연한 믿음과 정치제도, 그리고 자유주의적 경제정책에 대한 만족감과 신뢰감을 형성하는데 기여했다.

윌슨은 학위를 받은 후 코넬 대학, 웨슬리언 대학, 뉴욕 대학 등 여러 대학을 거쳐 마침내 1890년에 프린스턴 대학 교수가 되었고, 1902년에 총장으로 취임했다. 대학 총장이 되자, 윌슨은 다양한 대학개혁 정책을 펼쳤다. 무엇보다 그는 미국 최고의 고등교육 기관으로서 프린스터 대학의 교육 커리큘럼을 대대적으로 수술했고, 대학원과 학부과정의 분리, 단과대학 제도 도입, 뛰어난 학문적 능력을 소유한 교수진 구성을 비롯해 학생들이 전공분야에서 2년 동안 집중교육을 받는 것을 필수적인 과정으로 도입하는 등 학문적 소양을 강화하는 체제를 도입했다. 그러나 윌슨의 여러 진보적인 개혁정책들은 이사회와 마찰을 빚게 되었고 결국 그는 총장직에서 떠날 것을 스스로 결정했다. 훗날 역사학자 존 쿠퍼는 윌슨의 진보적인 개혁으로 프린스턴 대학은 미국 최고의 대학 가운데 하나가 되었다고 그의 개혁을 높이 평가했다.

대학 총장을 떠난 후, 1910년 윌슨은 뉴저지 주지사로 선출되었다. 이 때 윌슨은 기계적으로 움직이는 정치로부터 자신은 독립할 것이며, 자신이 선출되면 정당의 보스들에 의해 영향을 받지 않을 것이라고 향후 자신의 진보적인 개혁정치 노선을 분명하게 선언했다. 당시 윌슨은 뉴저지 주지사 선거에서 다크호스였다. 그는 뉴저지 주지사 선거와 주지사로서의 개혁정치를 통해 민주당에서 높은 인지도와 전국적인 지명도를 얻게 되었고, 마침내 1912년 민주당 후보로 대통령 선거에서 승리했다. 당시 대통령 선거에서 윌슨은 뉴저지 주지사의 경험을 바탕으로 연방정부가 행정에 있어서 특별한 이해관계로 독점적 권력을 행사했으며, 그리고 정부가 "보통 사람들에 의해 운영되지 않았다."고 주장했다. 그는 자신이 대통령이 되면 대대적인 국내 개혁안을 실행하겠다고 선언했다. 그리고 그는 약속대로 1913년 3월 4일 대통령 취임연설에서 "새로운 자유"의 철학을 재확인했고, 옛 것을 버리고 쇄신하고자 하는 자신의 개혁의지를 다음과 같이 분명하게 천명했다.

"… 우리가 친숙하게 지내왔고 또 바로 우리의 사고와 생활 습관 속으로 파고들기 시작했던 일부 옛 것들이, 최근 들어 신선하고 깨어난 눈으로 비판적으로 바라보자 면모가 일신되어 가식이 벗겨지고 낯설고 어쩐지 불길한 모습으로 드러났다. 반면 일부 새로운 것들은 그 참 모습을 이해하려는 기꺼운 자세로 솔직하게 바라보자 오랫동안 믿어 친숙해진 것, 바로 우리 자신의 신념 같은 모습을 띠었다. 자신의 삶을 들여다보는 새로운 통찰력에 의해 우리가 쇄신된 것이다. … 마침내 우리의 삶을 전체로 바라볼 수 있는 비전이 우리에게 주어졌다. 우리는 선과 함께 악을 보고, 건전하고 생기 넘치는 것과 함께 천하고 퇴폐적인 것을 본다. 우리는 이런 비전을 가지고 새로운 일들로 다가간다. 우리의 의무는 선을 손상시키지 않은 채 악을 정화하고, 재검토하고, 원래의 모습으로 복구하고 시정하는 것이며 또한 우리 공동생활의 모든 과정을 약화시키거나 감상적으로 만들지 않고 순화하고 인간화하는 것이다…"

이후 윌슨은 자신의 개혁의지를 강력한 대통령직을 중심으로 펼쳐가기 위해 자신이 취임연설에서 밝혔던 것처럼 정직하고 국가를 사랑하는 사람들과 진보적인 의지를 가진 사람들과의 협력을 간구했다. 그리고 그는 관세법, 은행법, 불공정행위를 규제하는 반트러스트법 등 여러 개혁입법을 추진하는 과정에서 민주당의 확고한 지지기반을 중심으로 민주적인 지도력을 발휘하여 민주당이 불과 3, 4석 정도 우위에 있는 의회를 설득했다. 윌슨은 대통령에 취임한지 불과 수개월 안에 연방준비은행법과 관세인하를 단행했다. 이 때 공화당은 그의 개혁입법에 대해 "대단한 지도력의 과시"라고 평했고, 윌슨은 훗날 자신은 단순한 사회개혁이 아니라 그의 목적과 목표를 이룬 것으로서, "나는 어린 시절부터 마음 속 깊이 간직하던 중요한 일을 이루어 냈다."고 회고했다. 윌슨은 국내정치에서 그의 혁신주의의 성공에 힘입어 1916년 대통령 선거에서 재선되어 그의 두번째 임기를 시작했다.

어린 아이의 눈으로 바라 본 시민전쟁 속에서 싹튼 평화주의

윌슨은 시민전쟁 시기에 어린 시절을 보냈다. 이 시기에 전쟁에 대한 경험은 훗날 그의 평화 사상을 형성하는데 영향을 미쳤다. 1860년 11월 그의 네번 째 생일날에, 윌슨은 링컨이 대통령에 당선되었는데 곧 전쟁이 일어날 것 같다고 말하는 아버지의 음성을 들었다. 윌슨은 그때 아버지의 음성은 매우 흥분되어 있었는데, 그는 아버지에게 그것이 무엇을 의미하는 것이냐고 묻기 위해 달려갔었다고 회상했다.

윌슨의 아버지는 남부지역에서 영향력있는 목사로서 오거스타의 한 장로교회의 담임 목사였다. 그는 남부연합의 대의와 일체감을 가졌던 사람이었다. 남부지역의 장로교회들이 남부연합을 구성하기 위해 전국적인 장로교 조직으로부터 탈퇴할 때, 조셉 윌슨은 자신의 교회를 새로운 총회General Assembly 장소로 제공했다. 그는 이때 남부연합 장로교단에서 세번째로 높은 지위에 선출되었다. 윌슨의 아버지는 교회 강단 위에서 노예문제에 대한 남부의 입장에서 항상 설교를 했고, 그의 설교는 남부에서 대중적인 인기를 얻어 조지아 주 전역에 배포되는 신문들에 자주 실렸다.

시민전쟁이 일어나자 윌슨의 가족은 남부 지역 여러 곳에 있는 시설들을 도왔다. 조셉 윌슨은 그의 교회에서 남부연합군을 지원하는 활발한 활동을 벌였다. 그는 남부연합 전선에서 죽어가는 그리고 지쳐있는 수많은 군인들을 돌보았다. 그는 잠시 전쟁터에서 채플린으로 섬기면서 군인들을 돕기도 했다. 윌슨의 어머니도 크고 작은 병원에서 부상당한 군인들을 적극적으로 돌보았다. 아버지의 교회는 남부연합군의 군인들을 치료하는 병원으로 바뀌었다. 어린 아이 윌슨에게 자신의 눈 앞에서 펼쳐진 군인들의 참상은 어떤 말로 형언하기 어려운 인간의 비참한 모습이었을 것이다. 그는 시민전쟁에 의해 큰 충격을 받았다. 그의 시민전쟁의 경험은 훗날 대통령으로서의 정책결정에 심오한 영향을 미쳤다. 아마도 시민전쟁은 그의 인생에서의 모든 의사결정에 가장 큰 영향을 끼쳤던 사건이었을 것이다.

윌슨은 어린 시절을 통해 경험한 시민전쟁이 자신의 삶에 어떤 역할을 했는지에 대해 다음과 같이 말했다. "소년은 그의 어린 시절을 결코 잊을 수 없다. 그리고 그가 어렸을 때 그에게 각인되었던, 그래서 그의 삶의 한 부분이 되었던 미묘한 영향들을 결코 바꿀 수 없었다." 윌슨은 또한 1904년 프린스턴 대학 졸업식 연설에서 "… 세계의 한 작은 관중인 소년은 … 그가 보았던 사건들에 대해 시간이 흐르면서 그것들에 대한 이야기를 서서히 시작한다."고 말했다. 여기서 "세계에 대한 관중"이 되고 "그의 어린 시절을 결코 잊지 않는 소년"에 대한 윌슨의 언급은 자신의 어린 시절이 훗날 그의 삶에서 이루어진 결정에 어떤 역할을 했는지를 알게 하는 중요한 단서들이다.

어린 소년 윌슨에게 전쟁은 훗날 세계 역사를 바꿀 수 있다는 생각에 영향을 미쳤을 것이다. 소년 월슨의 렌즈를 통해서 바라 본 전쟁의 참상은 훗날 그가 대통령이 되었을 때 미국 역사와 외교정책에 매우 중요한 관점을 제공했다. 월슨의 시민전쟁의 경험은 그의 인생을 통해 그가 추구했던 국가적 화해와 통합, 그리고 그의 외교정책의 근본인 도덕적 원리를 끌어냈다. 월슨의 도덕주의와 평화주의는 미국을 잔인한 싸움의 도가니 속으로 몰고 갔던 시민전쟁에 대한 그의 어린 시절의 경험을 근거로, 그로 하여금 이러한 비전으로 움직이게 했다.

월슨의 도덕주의는 제1차 세계대전 이후 세계평화질서를 구축하기 위해 그에게 국제연맹의 창설을 이끌도록 했다. 그는 국제연맹에 대한 그의 사상을 통해, 미국은 보다 더 위대한 일을 위해 투쟁해야 한다고 믿었다. 월슨에 의하면, 미국은 시민전쟁으로 노예해방을 추구했지만 훗날 그는 분파주의와 헌법적 갈등의 혼란을 보았다. 만일 미국이 유혈과 비싼 대가를 치르면서 전쟁에 참여하고자 한다면, 월슨은 이 전쟁은 동일한 원칙을 위해 치러져야만 한다고 느꼈다. 그는 이 세계전쟁은 "민주주의로 세계를 안전하게 만들기 위하여," 그리고 국제사회에서의 전쟁을 종식시키고 영구적인 평화질서를 보장하는 국제연맹을 위해 싸워야만 하는 것으로 생각했다. 월슨은 수많은 미국의 젊은이들은 미국의 연합을 위하여 시민전쟁에서 희생했다고 믿었다. 그리고 그에게 있어서 이제 그것은 세계평화를 유지하는 국제연맹이란 새로운 국제질서를 창출하기 위한 희생이었다. 어린 시절에 시민전쟁에서의 월슨의 경험 없이 이러한 사상은 결코 현실화되지 않았을 것이다.

평화적 세계질서 구축을 위한
도덕적 비전과 헌신

1914년 유럽에서 발생한 세계적인 규모의 전쟁은 윌슨과 미국을 당혹하게 만들었다. 전쟁이 발발하자 윌슨은 미국의 중재자 역할을 강조했다. 1914년 의회에서, 윌슨은 의회에서의 여론의 분열은 우리의 평화에 치명적이며, 우리는 당파적이 아니라 친구로서 평화와 합의에 대한 조언을 말해주는 역할을 담당하고, 위대한 평화의 나라로서 우리의 의무를 온전하게 이행하는 방법을 굳건하게 지켜야 한다고 역설했다. 그는 미국이 평화와 화해를 위한 조언을 하고 상호 적대적인 진영간의 조정자 역할을 감당해야 한다고 주장했다.

윌슨의 중재자 선언은 전쟁에서 미국의 중립을 강조하는 것으로서 이것은 미국은 대륙의 문제에 관여하지 않는다는 먼로주의의 전통을 따르는 것을 의미했다. 그러나 미국내 여론은 미국의 중립을 유지하는 것이 매우 어렵다는 것을 보여주었다. 유럽에서 미국으로 건너온 이민 세대들은 다양한 국가 출신의 배경을 갖고 있었기 때문에 그들도 중부 유럽국가들과 이에 대항하는 연합국의 두 부류로 나뉘어졌다.

1915년 5월 7일 독일이 영국의 여객선 루시티아니아호_{Lusitania}를 잠수함으로 공격하여 침몰시켰다. 이 사건으로 수백명이 희생되었다. 이 가운데 128명이 미국인이었다. 미국내 반독일 감정이 격화되었다. 윌슨도 자신의 중립정책이 독일의 잠수함 공격으로 훼손되는 것에 대해 매우 격노했다. 미국내 여론은 윌슨을 점점 더 압박했다. 그는 루시타니아호의 침몰로 자신의 중립정책을 변경해야 할 것인지 아닌지에 대한 입장을 밝혀야만 했다.

사건이 발생한 지 불과 4일째 되던 5월 11일에 윌슨은 필라델피아 컨벤션 홀Philadelphia Convention Hall에서 그의 유명한 연설인 "Too Proud to Fight"을 통해 미국이 어떻게 평화의 모범이 되어야만 할 것인가에 대해 분명하게 밝혔다. 이 연설은 미국의 이민자들이 아메리칸 드림을 갖도록, 그리고 자유와 정의를 위해 싸우는 사람이 되도록 격려함으로써 미국의 이상을 재정의했다. 또한 이 연설은 그가 비록 직접적으로 독일의 공격을 강조하지 않았다 할지라도, 그 자리에 모였던 약 1만5천 명의 청중들에게 그의 주장에 귀를 기울이지 않을 수 없게 만들었다. 윌슨는 미국의 지도자로서 그리고 미국의 중립의 수호자가 되고자 하는 그의 능력으로 청중들을 자극했다. 그는 미국의 역할은 미국이 전세계에서 민주주의의 수호자이며 인권을 지키는 나라가 되는 것이라고 생각했다.

윌슨의 이상주의의 근거는 미국이 세계의 도덕적 리더가 되어 이 세계를 보호하고, 보다 더 좋은 곳으로 만들기 위하여 어깨 위에 무거운 짐을 지는 것이었다. 윌슨은 이 연설을 통해 어둠의 세계에서 미국이 빛을 비추는 등불이라는 것을 청중들에게 확신시켰다. 그리고 윌슨은 그의 높은 이상과 도덕적 확신을 바탕으로 미국이 전쟁에서 중립으로 남아있어야 하는 미국의 도덕적 의식과 이를 통해 미국이 미래의 새로운 사회를 혁신적으로 이끄는 지도자가 될 것이라고 믿었다.

"그러므로 세계에서 미국의 사명은 부와 권력을 얻는 것이 아니라, 세계의 평화와 통합이라는 도덕적 목적과 이의 진전을 위해 리더십을 발휘

하여 인류를 섬기는 것이다. … 미국의 국가적 가치들은 보편적이며 혁
진적인 가치들과 일치했으며, 특별한 나라로서 미국은 질서있는 미래의
국제사회를 향해 인류의 선두에 서는 사명을 가졌다.”

월슨은 여론의 압력에도 불구하고 중립을 지키고자 했다. 그는 독일
의 사과와 잠수함 공격 중단을 수용하는 온건한 대응을 통해 미국의 중
립을 유지했다. 그리고 1916년 독일이 다시 미국의 상선 서섹스호_{Sussex}
를 어뢰로 공격하자 월슨은 잠수함 전쟁은 불가피하게 인권의 원리와
양립할 수 없다는 사실을 재차 강조하고 독일의 잠수함 전쟁 포기 서약
을 받아냈다. 그럼에도 불구하고, 1917년 초 독일이 무제한 잠수함 전
쟁 계획을 발표하고, 멕시코를 독일의 동맹국으로 끌어들여 미국을 공
격하는 계획을 시도하자 월슨은 미국내 점점 높아져가는 비판과 압력
으로부터 더 이상 미국의 중립을 유지하는 것이 어렵다고 느꼈다. 결국
월슨은 “민주주의를 보호하는 세계”를 만들기 위하여 미국의 참전을 선
포했다. 1917년 4월 2일 월슨은 의회의 전쟁 승인을 요청하는 메시지에
서 다음과 같이 말했다.

“민주주의를 보호하는 세계를 만들어야 한다. 평화는 정치적 자유를
시험받은 후 그 토대 위에서 형성되어야 한다. … 우리는 단지 인권의
수호자들 가운데 하나일 뿐이다. … 이 위대한 국민들을 전쟁으로 이끄
는 것은 두려운 일이다. … 그러나 정의는 평화보다 더 귀중하다. 그리
고 우리는 항상 우리 가슴에 가까이 다가오는 것들 즉, 민주주의를 위
해, 작은 국가들의 정의와 자유를 위해, 모든 나라들에게 평화와 안전
을 가져다 주고 세계를 마침내 자유롭게 할 자유로운 국민들의 합의에
의한 정의의 전반적인 지배를 위해 싸울 것이다.”

월슨의 메시지는 어떤 전쟁도 어떤 정치 지도자도 만족시킬 수 없는 평화에 대한 기대감을 높여주었다. 그는 전쟁은 인간의 존엄성을 파괴하고 평화를 가져올 수 없다는 믿음에서 미국의 중립을 유지하고자 했지만, 평화를 향한 월슨의 신념과 도덕적 열정은 결국 민주주의를 안전하게 지킬 수 있는 세계를 만들기 위하여 미국을 전쟁에 참전하도록 이끌었다. 그리고 종전 후, 월슨은 식민지 국가들의 국가의 지위와 공정한 평화의 보장이라는 확고한 목표를 갖고 협상에 참여했다.

1918년 1월 8일 월슨은 미의회에서 강대국과 약소국 모두의 영토의 보존과 정치적 독립의 보장을 돕는 것을 목적으로 하는 조직으로서 "정복 없는 평화"와 "대등한 국가들 사이에서의 평화"라는 국제연맹의 사상을 포함하여 그의 유명한 〈14개 조항_{Fourteen Points}〉을 발표했다. 그는 이 연설에서 자신의 평화에의 의지와 열정을 다음같이 밝혔다.

"...평화를 위한 절차가 시작될 때, 그 절차는 완전히 공개되어야 하며, 지금부터는 어떠한 종류의 비밀 양해도 포함하거나 허용해서는 안 된다는 것이 우리의 소원이자 목적이 될 것이다. 정복과 세력 강화의 시대는 지나갔다. 마찬가지로, 특정 정부의 이익을 위해 체결된 뒤, 어떤 예기할 수 없는 시점에서 세계평화를 뒤엎을 가능성을 내포한 비밀 협약의 시대도 지나갔다. 이제 아주 가버린 한 시대에 아무런 미련도 두지 않고 있는 모든 공인들에게 분명하게 된 이 다행한 사실은, 정의와 세계 평화에 부합하는 목적을 갖고 있는 모든 국가들이 연상하는 목표를 현재 또는 여타 시기에 공언할 수 있게 한다."

월슨의 〈14개 조항〉은 전쟁을 종식하고 모든 나라들의 공정한 평화를 목적하는 수단으로 구성되었다. 월슨은 이 연설에서 공개적인 평화

협약, 평시나 전시를 막론하고 공해상에서의 항해 자유, 경제적 장벽 철폐, 군비축소, 민족자결의 원칙, 유럽의 영토 복구와 재건, 그리고 강대국과 약소국의 정치적 독립과 영토보전의 상호보장 등을 발표했다. 그는 연설을 마치면서 자신의 〈14개 조항〉은 확실하게 어떤 의혹이나 의문도 인정할 수 없을 만큼 구체적인 용어들이라고 확신했다. 특히, 마지막 14번째 조항은 정치적 독립과 영토 통합의 상호보장을 강대국과 약소국 모두에게 동일하게 적용하는 것을 목적으로 하는 특별한 계약 아래서의 전반적인 국가연맹을 제안하는 것으로서, 이것은 윌슨이 세계평화질서구축의 도덕적 원리를 밝히는 것이었다.

윌슨은 이러한 도덕적 원리가 〈14개 조항〉을 관통하는 원칙이며, 그것은 모든 국가와 국민에 대한 공정의 원칙이고, 또 그들이 강대국이든 약소국이든 상호 평등한 조건의 자유와 안전 속에서 사는 권리라고 밝혔다. 그러면서 이 원칙을 옹호하기 위해 미국인들은 그들의 생명과 명예와 그들이 갖고 있는 모든 것을 바칠 용의가 있다고 확신했다. 그는 이 원칙의 도덕적 결정, 즉 인간의 자유를 위한 결정적이고도 최종적인 싸움은 이제 시작되었으며, 미국인은 이 시험에 그들 자신의 힘과 지고한 목적과 주체와 헌신을 제공할 용의가 있음을 천명했다.

윌슨은 전후 유럽의 복구와 평화협상을 위하여 파리에서 6개월을 보냈다. 미국의 공화당은 "승리 없는 평화"를 지속적으로 비판했다. 그러나 그는 자신이 천명한 〈14개 조항〉에 근거한 협정이 이루지도록 쉬지 않고 수고했다. 그의 가장 중요한 목표는 국제연맹의 창설이었다. 그것은 윌슨에게 있어서 "세계의 도덕적 힘"을 조직하는 것이었다. 마침내 국제연맹 헌장은 베르사이유 조약에 포함되었다. 그는 평화를 정착하기 위해 유럽을 여행할 때, 로마에서 교황 베네딕트 15세를 만나기도 했다.

1919년 베르사이유 평화조약을 체결하고 윌슨은 미국으로 돌아왔다. 전후 유럽의 복구와 세계 평화질서 구축을 위한 윌슨의 열정과 헌신은 세계 평화가 세계의 희망임을 세계에 알려주는 것이었으며, 그것은 엄격한 도덕적 원리에 기초하고 있음을 보여주는 것이었다. 이 일로 윌슨은 1919년 노벨 평화상을 수상했다.

1919년 윌슨은 국제연맹 조약을 비준하기 위해 힘겨운 투쟁을 벌였다. 미국 상원에서 조약이 승인받기 위해서는 3분의 2의 찬성이 필요했다. 1919년 9월 3일, 미국내 아이리쉬 카톨릭과 독일인들은 대부분 민주당을 지지했지만, 윌슨은 그들의 반대에도 불구하고 전국을 다니면서 그를 도와줄 것을 호소했다. 그러나 전국 투어를 시작한 지 얼마되지 않아 그는 뇌졸중으로 건강이 악화되면서 9월 26일 전국 투어를 중단했다. 그는 아내의 도움을 받으면서 백악관에서 애를 썼다.

1918년 총선 이후 상하 양원은 공화당의 럿지_{Henry C. Lodge}의 지도하에 있었고 국제연맹의 운명은 전쟁을 선포했던 의회의 손에 달렸다. 의회에서 다수의 연합을 구성하는 것은 가능하게 보였어도, 이 조약을 통과시키는데 필요한 3분의 2의 지지를 얻는 것은 불가능해 보였다. 윌슨의 민주당은 조약에 대해 강력한 지지를 선언하는 그룹과 일부 수정을 전제로한 지지 그룹으로 분리되었다. 그리고 럿지가 이끄는 공화당은 가장 큰 세력으로서 윌슨이 극복해야만 하는 상대였다. 그들과는 타협이 필요했다. 공화당은 의회의 표결없이 국제연합이 불가피할 경우 전쟁을 승인하는 권한이 포함된 조항에 문제를 제기했다. 마침내 공화 ·

민주 양당의 13명의 "타협할 수 없는" 그룹은 어떤 형태로든 이 조약을 반대하기로 합의했다. 그리고 럿지와 공화당은 조약을 반대하는 민주당 의원들과 연합을 구성하여 조약을 유보하기로 결정했다. 그러나 윌슨은 그들의 합의를 거부했고 윌슨이 이끌었던 많은 민주당 의원들은 비준을 포기했다. 아마도 윌슨은 자신의 뇌졸중 때문에 많은 영향을 받았던 것 같다. 그는 건강 때문에 럿지와 효율적인 협상을 하기가 어려웠다. 윌슨의 뇌졸중은 심리적으로 그를 불안정하게 만들어 감정이 자주 변했고, 그의 판단은 흔들렸으며, 결국 의회는 미국의 국제연맹 가입을 승인하지 않았다.

도덕적 비전으로 평화의 가치를 높였던 윤리적 리더

국제연맹은 제1차 세계대전 이후 윌슨의 가장 중요한 외교정책 목표였다. 그는 세계 평화질서를 구축하기 위하여 많은 나라들이 연합한다면, 미래의 세계에 또 다른 큰 전쟁의 기회가 줄어들 것이라고 믿었다. 집단안보에 근거한 세계에 대한 그의 도덕적 비전은 그에게 국가간 연합 조직의 창설로 이끌었다.

윌슨은 〈14개 조항〉에서 새로운 미국의 국제관계 체제를 위한 자신의 목표를 제시했다. 그의 사상은 자신의 도덕적 비전에 확고하게 뿌리를 내린 새로운 국제질서였다. 그는 도덕주의에 근거한 새로운 원리들을 중심으로 세계평화의 목적을 이루고자 했다. 윌슨과 그의 집단안

보사상, 무정부주의의 국제체제를 완화시키기 위해 노력하는 국제연맹, 그리고 모든 민족의 자결주의는 오늘날 국제관계의 핵심적인 요소들이다.

제2차 세계대전 후, 미국과 동맹국들은 세계평화와 국제분쟁 해소를 위해 국제연합UN을 창설했다. 오늘날 유엔은 세계의 다양한 이슈들을 해결하기 위해 중요한 역할들을 감당하고 있다. 민족자결주의는 대부분의 국가들에 의해 국제체제 유지의 근본적인 권리로 받아들여졌다. 아프리카에는 더 이상 유럽의 식민지들이 없고, 아시아 역시 식민지 국가들이 없다. 그리고 식민지주의 사상은 포기되었다.

세계의 수 많은 지도자들은 민주주의를 위해 일하고 있다. 그들은 민주주의의 확산이 세계를 안전하게 만든다는 사상을 공유하고 있다. 어떤 의미에서 그들 모두는 윌슨의 후예들이다. 오바마 미 대통령은 자신의 정책들을 정당화시키기 위해 윌슨의 도덕성에 대한 사상을 활용했다.

우드로 윌슨은 역대 미국 대통령들 가운데 가장 대중적으로 인식되어 있는 지도자가 아닐 수 있다. 그러나 그의 대통령직은 미래의 대통령들의 모델이었다. 그의 대통령직은 미국민들의 불확실한 시대에서 수행되었다. 윌슨의 외교적 이상주의와 반대편인 현실주의에 서 있는 헨리 키신저Henry Kissinger는 "윌슨은 자신의 시대에서 미국의 역사를 근본적으로 바꾸는 보기드문 지도자들 가운데 한 사람으로서 미국의 분수령이었다."고 평했다.

윌슨은 엄격한 도덕주의자였다. 그는 전후 평화질서 구축을 위해 국제연맹의 창설을 이끌었고, 민족자결주의를 주창했다. 그는 국제관계가 도덕과 정의의 원칙에 근거하여 지배되길 원했다. 국가간 무력보다는 평화적인 방법에 의해 분쟁이 해결되고, 주권과 영토의 존중을 주창했다. 그의 민족자결주의는 제2차 세계대전 후 약소국들의 독립에 영향을 끼쳤고, 유엔헌장에도 반영되었다.

국제 평화질서 구축을 위해 리더십을 발휘했던 윌슨은 분쟁과 갈등이 지속되고 있는 21세기에도 여전히 확고한 도덕적 원리에 기초한 윤리적 리더십의 이상적 모습을 우리에게 보여준다. 윌슨의 말이다: "거부할 수 없는 것이 도덕적 힘이다. 세계를 억누르기 위한 노력을 무력화시킨 물리적 힘처럼 강한 것이 도덕적 힘이다."

 도움이 되는 책들

Berg, A. Scott. 2014. *Wilson*. Berkley.

Cooper Jr., John Milton. 1985. *The Warrior and the Priest: Woodrow Wilson and Theodore Roosevelt*. Belknap Press.

_____. 2011. *Woodrow Wilson: A Biography*. Vintage.

Ferrell, Robert H. 2006. *Presidential Leadership: From Woodrow Wilson to Harry S. Truman*. University of Missouri.

Knock, Thomas J. 1995. *To End All Wars: Woodrow Wilson and the Quest for a New World Order*. Princeton University Press.

MacMillan, Margaret and Richard Holbrooke. 2003. *Paris 1919: Six Months That Changed the World*. Random House Trade Paperbacks.

Maynard, W. Barksdale. 2008. *Woodrow Wilson: Princeton to the Presidency*. Yale University Press.

Pestritto, Ronald J. 2005. *Woodrow Wilson and the Roots of Modern Liberalism*. Rowman & Littlefield Publishers.

Striner, Richard. 2014. *Woodrow Wilson and World War I: A Burden Too Great to Bear*. Rowman & Littlefield Publishers.

Willson, Woodrow. 2006. *Congressional Government: A Study in American Politics*. Dover Publications.

_____. 2011. *The New Freedom*. Gray Rabbit Publications.

올바른 일을 위해 도덕적 용기는 반드시 필요하다.

— 조지 마샬(1880~1959)

올바른 일을 위해 도덕적 용기를 가져라

조지 마샬

> 우리의 정책은 특정 국가나 원칙에 대한 것이 아니라, 기아, 빈곤, 절망과 혼돈에 맞춰져 있다. 그것의 목적은 세계경제를 회복시켜 자유로운 체제가 존재할 수 있는 정치사회적 환경을 만드는 것이다."

조지 마샬에게는 많은 수식어가 붙어있다. 제1차 세계대전에서 전투 조직과 병참을 지휘했던 탁월한 직업 군인, 두 차례의 세계대전 사이에서 군사교육의 혁신을 가져온 개혁가, 루스벨트 행정부에서 전쟁에 앞서 군사조직의 사전준비를 강력하게 주장하면서 미 육군을 재편한 조직가, 제2차 세계대전에서 미합참과 연합군 양측의 지휘구조를 조직한 사람, 전후 중국 내전을 방지하기 위해 중국에 파견된 외교관, 미 국무장관이자 전후 유럽부흥의 아버지, 미국 적십자사 총재, 한국 전쟁 중 미 국방장관, 조지 마샬은 50년 동안 이와 같은 중요한 리더십의 위치에서 일을 했다.

조지 마샬은 미국 역사에서 가장 성공적인 행정가들 가운데 한 사람이었다. 윈스턴 처칠은 그를 제2차 세계대전의 "승리의 설계자the organizer of victory"라고 높이 평가했고, 노벨상 위원회는 그를 "평화의 설계자the organizer of peace"로 불렀다. 미국 시사주간지 〈타임〉은 1940년부터 1948년 까지 모두 여섯 차례에 걸쳐 마샬을 커버스토리의 주인공으로 실었고, 1944과 1948년에 두 차례에 걸쳐 '올해의 인물'로 선정했다. 특히 1948 년에는 전후 유럽부흥의 주역인 그를 "희망이 필요한 사람들을 위한 희 망"이라고 부르면서 그에게 '올해의 인물'의 영예를 안겼다. 마샬은 그 가 책임을 맡았던 모든 역할에서 개인적 덕성, 강한 도덕적 기질, 그리 고 영감있는 리더십을 끊임없이 발휘함으로써 자신의 명예를 높였다.

전문성을 갖춘 직업 군인으로서의 성장

마샬은 1880년 12월 31일 펜실베니아주 유니온타운Uniontown에서 태 어났다. 그의 아버지는 석탄제련공장을 운영했기 때문에 마샬은 부유 한 가정환경에서 성장했다. 그의 외할버지는 영국 성공회 목사로서 강 력한 노예해방자였으며, 마샬과 그의 형, 그리고 누나는 신앙의 성장 과정에서 외활아버지의 영향을 받았다. 그러나 그가 10대시절에 아버 지 사업의 실패로 심각한 재정난을 겪었지만 그런 환경에서 마샬을 위 로하고 그의 야망을 자극하며 그에게 극도의 성실성을 길러준 사람은 어머니였다. 그는 어려서부터 남에게 지는 것을 참지 못했다. 어떤 일 을 하더라도 그는 상대방이 자기를 무너뜨리지 못하도록 철저하게 계 획을 짜서 방어를 했다.

마샬의 아버지는 매우 완고했고 자녀들이 그에게 가까이 다가서는 것을 용납하지 않았다. 그래서 마샬은 어려서부터 어머니의 따뜻한 사랑으로 돌봄을 받았다. 특히 그의 어머니는 음악을 무척 좋아했는데, 훗날 마샬은 자신의 내면에 침착하고 고요한 자기확신을 설명할 때 어머니의 음악사랑이 영향을 끼쳤다고 말했다. 또한 마샬은 10대 시절에 가족이 겪었던 심각한 재정난으로 가족을 대신해서 동네 정육점에서 고기를 얻어오는 일을 하기도 했는데, 이런 경험은 그에게 어려운 상황에서 제한된 물자를 관리하고 자신의 위엄을 지키는데 도움을 주었다.

마샬의 인생의 전환은 그가 일찍이 군인이 되기로 결심하면서부터 시작되었다. 1897년 그는 버지니아 군사학교Virginia Military Institute로 진학하여 그곳에서 군인경력의 첫 발을 내딛었다. 그는 그곳에서 역사 과목을 제외하고 다른 분야에서 좋은 성적을 얻지 못했지만, 군인으로서 갖춰야할 덕목에서는 두각을 나타냈다. 그는 매년 군사교육, 훈련, 군기, 의사결정과 리더십 분야에서 탁월한 능력을 발휘했다. 마샬은 군사학교 생활 중 다른 사람들과의 사회적 관계를 매우 잘 유지했고, 단체규율을 엄격하게 지키면서 다른 사람들을 지휘하는 방법을 배우고, 극한적인 상황에서도 침착성을 잃지 않도록 노력하면서 리더십을 키워갔다. 1901년 4월에 마샬은 버지니아 군사학교를 졸업하기 전에, 사전 약속도 없이 맥킨리McKinley 대통령을 방문해서 군장교 임관을 위한 특별시험을 치르도록 허락해 달라고 요청했고, 결국 시험에 통과했다. 그리고 그는 1902년 미국이 스페인으로부터 빼앗은 필리핀 주둔 보병부대의 소위로 임관되었다.

마샬은 제1차 세계대전이 일어나기 전에 다양한 지위에서 경력을 쌓게 되는데, 가장 중요한 것은 1906년부터 1908년까지 캔사스 주 포트 리벤워드Fort Leavenworth에 있는 육군참모대학the Army Staff College에 입학하여 연구하고 가르치고 지도하는 기회를 갖게 된 것이었다. 그는 여기서 군의 역사와 군사전략 등을 연구했는데, 마침내 최고 성적으로 졸업했다. 열정을 갖고 학업에 임했던 장교 마샬은 육군참모대학 교장인 프랭클린 벨J. Franklin Bell의 총애를 받았는데, 훗날 그는 마샬이 미육군 주방위군National Guard의 경험을 쌓도록 여러 주로 파송했다. 그리고 마샬은 1913년과 1916년 사이에 보다 더 큰 부대훈련을 지휘하고 평가하는 교관으로서의 리더십의 경험을 쌓을 수 있었다.

제1 차 세계대전이 발발하자 마샬은 프랑스의 미국 원정군에 파견되었다. 그는 이곳에서 지휘관으로서 뛰어난 명성을 얻었다. 그는 "병참(수송)의 귀재"로 불렸다. 그는 전투 중 무려 6십만 명의 거대한 병력을 독일 군대의 저항없이, 단 한건의 사고도 없이 무사히 이동시키는 놀라운 업적을 달성했다. 그는 병력 이동과정에서 지휘체계를 정확하게 구성하고 적재적소에 사람을 배치하고 뛰어난 팀워크 리더십을 발휘했다. 마샬의 명성은 이렇게 만들어졌다.

군사행정 전문가로서 마샬의 뛰어난 능력은 계속 되었다. 그는 1927년부터 1932년까지 조지아 주 포트 베닝Fort Benning에 있는 보병지휘관 훈련학교Infantry Officer Training School의 부교장으로 복무했다. 여기서 그는 지휘관 훈련을 혁신적으로 바꾸고 그곳에서 교육받는 모든 지휘관들은 비전통적 상황에서 혁신과 문제해결 능력을 배양시키도록 철저하게 훈련했다. 훗날 이 훈련은 제2차 세계대전에서 육군의 야전 능력을 더욱 향상시키데 중요한 기여를 했다. 그는 계속해서 국가수비대를 비롯해 뉴딜의 민간보호부대New Deal's Citizens Conservation Corps와 중국 천진에서 미국의 군사적 사명을 책임지는 등 다양한 일들을 했다.

리더십의 측면에서 마샬의 업적은 시사주간지 〈타임〉을 통해서도 잘 알 수 있다. 1943년에 타임은 그를 '올해의 인물'로 선정하면서, 그를 상대적으로 짧은 시기에 "두번째 수준의 군사력을 세계에서 가장 효과적인 군사력으로 전환시켰다."고 높이 평가했다. 마샬은 1939년 9월 1일 독일이 폴란드를 침공하면서 제2차 세계대전을 일으켰을 때, 미육군참모총장으로 임명되었고, 1943년 말에. 그는 13만 명의 열악한 장비를 갖춘 장병들을 좋은 장비로 무장시켰고, 의회의 반대에도 불구하고 8백만 명의 장병들을 뛰어나게 훈련시켰다. 그는 전쟁의 모든 위협 속에서 통합된 연합군 명령 체계를 지도 관리하고, 전쟁에 참여하면서 가장 짧은 시간 안에 가장 강력한 군대를 조직했다.

그리고 그는 계속해서 독일과 일본의 무조건적 항복을 넘어 수개월 간 전쟁의 전체적인 상황을 관찰했다. 그는 전쟁 중 미국의 동맹국들과의 협력과 조정, 전쟁 초기 군 조직의 대대적인 개편, 전쟁 중 여러 지휘관들과의 효과적인 가교 역할, 전후 중국에서 공산당과 국민당 사이의 중재 역할, 1947-1948년 국무부 장관, 1947-1948년 유럽부흥을 위한 마샬 플랜_{Marshall Plan}기획과 수행, 한국전쟁 중 국방부 장관 임무 수행, 1948-1949년 미국 적십자사 총재 등 그는 50여 년 공직 생활을 역임하면서 가장 모범적인 군인의 전형을 보여주었고, 공인으로서의 훌륭한 도덕적 자질을 발휘했다.

마샬의 신념과 도덕적 자질들

마샬은 자신의 신념을 근거로 담대하고 용기있는 행동을 보여주었다. 그는 어떤 결정을 내릴 때 그것이 잘못된 방향으로 흐른다거나 그 결정으로 인해 엄청난 다른 결과가 야기될 수 있다고 판단될 때는 정확한 자료에 근거하여 자신의 의견을 용기있게 제시했다. 이것은 자신의 개인적인 공명심을 위해서가 아니라 공정한 마음, 공공의 이익을 위한 마음에서 비롯된 것이었다. 이와 관련하여 마샬의 잘 알려진 일화들이 있다.

제1차 세계대전 당시 미국 원정군의 총지휘관은 존 퍼싱_{John Pershing} 장군이었다. 그는 우드로 윌슨 대통령으로부터 군 지휘권과 외교권까지 위임을 받은 막강한 권력을 지녔던 전쟁 지휘관이었다. 1917년 10월 어느 날 퍼싱 장군은 전선을 방문하여 군사훈련을 참관했다. 퍼싱은 군사훈련에 만족하지 못했다. 그는 지휘관들을 심하게 꾸짖었다. 이 때 중령 마샬은 퍼싱 장군의 질책은 부당하다고 공개적으로 용기있게 자신의 의견을 피력했다. 마샬은 당시 전선의 상황을 바탕으로 많은 정보들을 퍼싱에게 보고했다. 그 모습을 지켜보던 동료들은 이제 마샬의 군생활은 끝이 났다고 생각했다. 그러나 퍼싱은 마샬의 정직함과 용기를 높이 평가하고 그를 위로했다. 그리고 퍼싱은 그를 자신의 참모로 일하도록 파리로 불렀고, 전쟁이 끝난 후에도 마샬은 계속 그를 보좌했다. 그는 1919년부터 1924년까지 퍼닝의 참모로서 육군정치를 비롯해 많은 것을 경험하고 배웠으며, 퍼닝이 육군참모총장이 되었을 때 마샬은 그의 오른 팔로 계속 남아 있었다.

1938년 11월 마샬이 처음으로 백악관 회의에 참석했을 때 놀라운 일이 그에게 일어났다. 이 회의에서 그는 군 최고통수권자인 프랭클린 루스벨트 대통령과 마주했다. 루스벨트는 1만대의 전투기 제작에 대한 자신의 구상을 소개했다. 그 자리에 참석한 모든 사람들은 서열상 마샬보다 위에 있었는데, 그들은 루스벨트의 의견에 동의했다. 그리고 루스벨트가 마지막으로 마샬에게 의견을 물었다. 마샬은 루스벨트가 그 구상을 현실화시키기 위해 필요한 인력과 장비 체계를 확보하고 있지 않다는 사실을 알고, 루스벨트에게 자신은 동의하지 않는다고 말하면서 그 이유를 구체적으로 설명했다. 참석자 모두가 깜짝 놀랐다. 루스벨트도 놀랐다. 결국 그는 회의를 중단했다.

이와 유사한 이야기들은 마샬에게 많이 있다. 그는 정부와 군의 수뇌부들의 의견이 자신의 견해와 다를 때는 매우 침착하고 용기있게 그리고 논리적으로 설명했다. 마샬은 자신의 이런 기질로 종종 진급에서 손해를 보는 경우가 있었다. 물론 마샬은 어떤 문제에 대해 용기와 자신의 균형상실 사이의 내적 긴장을 느끼지 않은 것은 아니었다. 그러나 그는 언제나 중요한 원칙들과 핵심적인 목표를 지키는데 있어서 자신있게 의견을 개진하는데 주저하지 않았다. 1946-47년 중국에서 주은래와 장개석과의 어려운 협상에서도 마샬의 이런 원칙과 자세는 일관되게 유지되었고, 1947년 소련 외무장관 비아체슬라프 몰로토프^{Viacheslav} _{Molotov}와 독일과 오스트리아의 평화적 해법을 이끌어내는 시도에서도 마샬은 인내심과 용기로 일관했다.

공인은 자신의 공적 지위와 힘을 공적 이익을 위해 사용할 때만 그것을 정당하게 인정받을 수 있다. 마샬은 사적 동기나 이익이 아니라 공적

이익을 우선했다. 자신의 군 경력과 민간인으로서 정부 경력 전체를 통해 마샬이 일관되게 지켰던 신조는 군인은 헌법정신에 따라 국가의 시민적 권위에 복종해야만 한다는 것이었다. 그는 비선출직 공직자는 개인의 정치적 결정을 해서는 안된다는 확고한 철학을 갖고 있었다. 만일 그가 공직 생활 중 정치적 당파성을 가진 인물로 인식되었다면 그는 효율적인 리더가 되지 못했을 것이다. 그는 무엇보다도 군인들이 공직에 출마하거나 정치에 진출하는 것을 달갑지 않게 여겼다.

마샬은 자신이 이룬 업적에 대해 공개적인 찬사를 받는 것을 좋아하지 않았다. 그는 전형적으로 자신의 지휘 아래에 있는 사람들에게 신뢰를 주었다. 윈스턴 처칠이 마샬의 상관인 헨리 스팀슨Henry Stimson 전쟁성 장관을 통해 그의 공로에 대한 헌사를 보냈을 때, 마샬은 그의 부관에게 처칠의 헌사가 해당부서에서 처리되도록 지시했다. 마샬은 매스컴의 관심은 군사적 혹은 국가적 목적, 예를들어 전쟁채권 판매, 유럽의 기아대책 혹은 유럽의 경제 재건과 같은 문제를 진행하는 곳에서만 있어야 한다고 믿었다. 그는 사명을 성취하는 일에 집중할 필요가 있는 것과 별로 상관없는 일들에 대해 자신이 집중을 받는 것은 바람직하지 않다고 생각했다. 매스컴의 관심을 좋아하지 않았던 마샬은 공익에 대한 그의 개념만큼이나 내적 겸손을 보여주었다. 제2차 세계대전 기간 동안 그리고 다시 국무성에서 그를 보좌했던 한 참모에 의하면,

"세계에서 가장 힘있는 자리에 있었던 이 사람에게서 믿기 어려울 정도의 개인적 자질은 겸손이었다. 그의 재임 마지막 시기에, 사람들은 그를 발견하고 그에게 자발적으로 박수를 보냈을 때, 그는 박수를 받는 사람을 보기 위해 자신의 주변을 돌아보았다."

마샬은 매우 높은 수준에서 겸손과 온전함을 유지했던 지도자였다. 1943년 11월 연합국들은 독일의 서부전선을 공격하기 위해 프랑스 해안에 병력을 상륙시키는 오버로드 작전_{Overroad Operation}을 수행하기로 합의했다. 문제는 이 작전을 수행할 장군을 누구로 임명하는가였다. 연합국들은 미국이 지휘관을 맡기로 결정했다. 루스벨트는 마샬과 아이젠하워 두 명의 장군 가운데 한 사람을 선택해야만 했다. 루스벨트의 고민은 깊어졌다.

많은 사람들은 당연히 마샬이 임무를 수행하게 될 것이라고 예상했다. 그러나 루스벨트는 아이젠하워를 임명했다. 이 때 루스벨트는 마샬이 자신의 군사고문으로 곁에 남아 있어주길 간청했고, 마샬은 자신이 지휘권을 맡고 싶었지만, 군통수권자의 결정을 겸손하게 받아들였다. 그리고 그는 미국 내에서 정치적, 군사적 집단 이해관계를 조율하고, 전쟁수행에 필요한 모든 조치들을 관리하고, 미국내 연합국들의 관리들과의 외교적 협상을 주도하면서 아이젠하워가 오버로드 작전을 성공적으로 수행할 수 있도록 최선을 다했다.

마샬은 공적 · 사적 관계에서 엄정하게 공정성을 유지했다. 그는 자신의 가족이나 친구가 그에게 특별한 대우를 구하는 것을 거절했다. 그는 가족과 친구들에게 매우 정중하게 그들의 요청을 거절했고, 다른 사람들의 진급 요청이나 그들의 남편들 혹은 자녀들을 돕는 것에 대해서도 자신의 엄격한 공정성을 유지했다. 마샬은 최선의 자기훈련은 인격의 내부로부터 발전된 자기훈련이라고 믿었다.

과제에 대한 그의 철저한 헌신, 자신만의 자기훈련이라는 특성을 그의 군 생활에서 뿐만 아니라 민간인으로서 정부직을 수행할 때도 여러면에서 나타났다. 마샬은 그 자신이 하나의 명백한 모델이 되어 그와 함께 일했던 사람들에게 높은 수준의 윤리적 행위를 요구했다. 그는 전쟁에 대한 충성, 정직한 일처리, 그리고 철저한 약속이행을 영예롭게 여기는 강한 도덕적 코드를 소유했다. 그는 지휘관의 행동은 일반 사병들보다 높은 수준에 있어야만 한다고 믿었다. 그는 한 때 일부 지휘관들에게 이렇게 말했다.

> "여러분이 지휘관이라는 사실을 여러분 스스로 결코 벗어버릴 수 없다. 운동장에서든, 클럽에서든, 시민복장을 하든, 심지어 집에서 머물 때도, 여러분이 군의 임명받은 지휘관이라는 사실은 여러분의 사적인 지도가 평범하거나 필수적으로 여겨지는 것보다 높은 기준의 일관된 의무를 부과한다."

마샬은 성실성의 전형적인 모델이었고, 투철한 정직성과 명예심을 소유한 사람이었다. 그는 자신을 포함해서 자신과 관련된 어떤 사람에게도 어떤 방식으로든 특혜가 주어지는 것을 좋아하지 않았다. 그는 평생을 엄격한 위계질서가 존중되는 조직에서 성장했기 때문에 지휘체계의 중요성을 강조했고, 훌륭한 군인으로서 군기와 권위라는 원칙과 인간적 측면을 잘 조화하는 것이 중요하다는 것을 매우 잘 알고 있었다. 마샬은 자신의 이런 모습을 보여주기 위해 노력했고, 권위에 의해 좌절되거나 위축되지 않으면서도 그것을 존중하는 능력을 직접 보여줌으로써 신념과 도덕적 자질을 소유한 리더로서 확고한 위치를 차지할 수 있었다.

전쟁 승리와 유럽 복구, "평화의 설계자"

제2차 세계대전은 만 6년간 지속되었고 미국을 중심으로한 연합국의 승리로 끝났다. 그러나 전쟁의 참상은 비참했고, 전쟁은 야만적인 파괴를 인류에게 남겨주었다. 유럽 전역은 철저하게 파괴되었고, 유럽의 경제는 도저히 회생할 수 없는 상황이었다. 20세기 문명사회의 재난은 남아있는 자들에게서 찾아볼 수 있는 것은 자포자기와 무기력뿐임을 보여주었다.

그러나 유럽은 다시 일어서야 했다. 유럽 국가들은 전쟁의 재난을 극복하기 위해 노력했지만 전쟁을 위한 군수산업 위주로 전환했던 경제구조로는 한계가 드러났다. 유럽의 경제구조의 회복을 위해서는 천문학적 재원과 긴 시간이 필요했다. 미국은 전쟁이 끝나자마자 유럽의 총체적 위기하에 1947년까지 유럽 국가들에게 약 90억 달러의 원조를 제공했지만, 유럽 경제는 회복되지 않았다. 게다가 소련의 팽창주의는 유럽의 민주주의을 위협했다. 미국은 유럽문제를 해결하기 위해 근본적인 처방책을 준비해야만 했다.

1947년 4월 모스크바 외무장관회담이 실패로 끝나자 마샬은 유럽문제를 해결하기 위한 특단의 조치를 취해야만 했다. 그는 모스크바에서 귀국하자마자 조지 캐넌_{George Kennan}에게 유럽원조를 위한 새로운 계획을 준비하도록 지시했고, 그해 5월 조지 캐넌, 딘 애치슨_{Dean Acheson}, 그리고 찰스 볼렌_{Charles E. Bohlen}의 도움으로 한편의 연설문을 작성하여, 6월 하버드 대학 졸업식에서 그의 기념비적인 연설을 했는데, 그는 이 연설에서 유럽의 재건에 대한 자신의 비전을 제시했다.

"미국은 세계 경제를 회복시키기 위해 무엇이든 해야만 한다. 그렇게 하지 않으면 어떤 정치적 안정도 평화도 보장받지 못한다. 우리의 정책은 특정 국가나 원칙에 대한 것이 아니라, 기아, 빈곤, 절망과 혼돈에 맞춰져 있다. 그것의 목적은 세계경제를 회복시켜 자유로운 체제가 존재할 수 있는 정치사회적 환경을 만드는 것이다."

그리고 마샬은 이 연설에서 유럽의 재건을 위해 모든 유럽 국가들이 적극적으로 참여해야 하며, 미국은 이를 위해 재정원조를 책임지지만 유럽의 통합에 대한 발의는 반드시 유럽에서 나와야 한다는 점을 강조했다.

마샬은 유럽의 재건은 단순한 경제회복에만 있는 것이 아니라 민주적인 제도들이 활발하게 움직일 수 있는 유럽의 정치사회적 통합을 통해 유럽의 평화를 구축하는 것에 있음을 분명하게 밝혔다. 마샬의 비전은 트루만 대통령의 승인을 받아 "마샬 플랜Marshall Plan"으로 명명되었다. 마샬은 민주주의 제도의 실용성을 믿었던 사람이었다. 그는 자신의 신념과 철학을 바탕으로 유럽의 부흥이라는 계획을 제안했고, 그것을 만들었고, 그리고 실행에 옮겼다. 마샬은 유럽의 재건을 통해 자유적이며 민주주의적이고 자본주의적인 세계질서의 유지에 바탕을 두는 유럽의 평화질서 구축을 희망했다. 그리고 그는 이러한 노력을 통해 소련의 팽창주의를 저지하고 유럽의 통합이 단계적으로 이루어지길 원했다.

마샬 플랜은 전후 유럽의 재건을 통해 미국과 유럽을 중심으로 한 세계 민주주의 미래를 새롭게 하는 획기적인 외교정책이었다. 마샬은 이러한 원대한 비전이 성공적으로 추진되기 위해서는 무엇보다도 영국의 협력이 필요하다는 것을 잘 알고 있었다. 당시 영국은 유럽 통합에 대해 비판적 입장에 있었기 때문에 영국과의 협력은 매우 중요했다. 그러나 당시 유럽 국가들은 유럽의 경제 회복을 위해서는 미국의 지원이 절대적이라는 사실을 너무나 잘 알고 있었고, 미국의 막대한 자원을 얻기 위해서는 마샬이 연설에서 밝혔듯이 유럽 국가들간의 협력은 필수 불가결했기 때문에 마샬의 국가간 협력 강화 요구를 따라야만 했다. 마샬이 제시한 비전은 한 사람의, 한 국가의 이야기가 아니었다. 그것은 서로의 차이를 넘어 세계를 향한 세계 시민의 비전이며 이야기였다.

1951년 마샬은 공직에서 완전히 물러났다. 그 이후에도 그는 수많은 세계인들의 존경을 받았다. 그는 인류 역사상 가장 야만적이며 파괴적이었던 제2차 세계대전으로부터 유럽의 민주주의와 경제, 그리고 통합을 통한 평화질서를 구축한 "평화의 설계자"였다. 1953년 노벨위원회는 그에게 평화상을 수여하면서, "금세기에 가장 건설적인 평화활동을 수행한 인물"이라고 말했다.

윤리적 리더십의 이상적 모델

마샬의 직속 상관이었던 헨리 스팀슨 전쟁성 장관은 마샬에 대해, "내가 만난 사람중에 가장 자기 희생적인 공직자였다."라고 말했다. 해리 트루만 대통령도 그에 대해 "세계 어느 나라에서도 배출할 수 없는 위대한 인물이다."라고 격찬했다. 마샬은 어떤 다른 리더들보다 격동의 세계사 한 가운데서 군인으로서, 외교관으로서, 그리고 정부의 각료로서 광범한 경력을 통해 윤리적 리더십의 힘이 공적 영역에서 얼마나 중요한 것인가를 보여줌으로써 그는 공직에서 가장 바람직한 윤리적 리더의 전형이 되었다. 그에게 있어서, 두 차례에 걸친 세계적 규모의 전쟁의 현실과 좌절적인 상황들은 확실히 국가에 대한 헌신, 상호협력적 행동, 그리고 뚜렷한 사명과 성취를 향해 가는 환경을 창조하는 데 도움이 되었다.

마샬은 군인으로서, 그리고 정부의 각료로서 그가 서 있었던 모든 자리에서 공인으로서의 윤리적 태도와 가치, 그리고 비전과 사명을 갖고 헌신했던 윤리적 리더였다. 그는 자신의 내면에서부터 자기훈련을 통해 도덕적 자질을 함양하고 군인으로서 문민우위의 헌법 정신에 충성하고 민주주의에 대한 확고한 신념을 소유한 사람이었다. 그는 올바른 정책결정을 위하여 자신의 사적 이익 보다 공적 이익을 우선하였고, 사안에 필요하다고 판단되는 모든 지식과 정보, 그리고 자원들에 대해 공정하고도 철저하게 분석하고 판단함으로써 최선의 결정이 이루어지도록 노력했다.

마샬은 모든 사람이 인정할 정도의 성실성과 온전함으로 자신에게 엄격한 도덕적 규율들을 바탕으로 조직의 구성원들에게 공적 이익을 우선하도록 지도했고, 그들에게 높은 수준의 윤리적 기준들을 요구했다. 그는 두번의 전쟁을 통해 군인으로서, 그리고 전쟁 이후 정부의 각료로서 외교관으로서 그의 모든 경력에서 뛰어난 도덕적 자질과 높은 수준의 윤리적 기준을 전쟁에서의 지휘와 명령을 통해, 제2차 세계대전 후 유럽의 경제재건과 평화 구축을 위해, 또한 국제 외교와 국가 재건 등 다양한 직무를 수행하면서 실천했다. 격동의 시대에서 마샬이 보여준 윤리적 리더십은 오늘날 정치와 군사, 그리고 행정부를 비롯하여

심지어 기업의 영역에 이르기까지 광범한 영역에서 가장 이상적인 모델을 보여준다. 마샬의 윤리적 자질들은 리더십이 갖추어할 속성들을 가장 이상적으로 반영하는 것이었으며, 그는 또한 모든 영역에서 윤리적 리더십의 이상적 모델이다.

 도움이 되는 책들

Brower, Charles F. 2011. *George C. Marshall: Servant of the American Nation (The World of the Roosevelts).* Palgrave Macmillan

Cray, Ed. 2006. *General of the Army: George C. Marshall, Soldier and Statesman.* Cooper Square Press.

Husted, Stewart W. 2006. *George C. Marshall: Rubrics of Leadership.* Army War College Foundation Press.

Jeffers, H. Paul and Alan Axelrod. 2011. *Marshall: Lessons in Leadership.* St. Martin's Griffin.

Pogue, Forrest C. 1973. *George C. Marshall, Vol. 3: Organizer of Victory, 1943-1945.* Viking Press.

Pops, Gerald M. 2009. *Ethical Leadership in Turbulent Times: Modeling the Public Career of George C. Marshall.* Lexington Books

Stoler, mark A. 1989. *Twentieth Century American Biography Series: George C. Marshall.* Johm Milton Cooper (Editor). Twayne Publishers.

Uldrich, Jack. 2005. *Soldier, Statesman, Peacemaker: Leadership Lessons from George C. Marshall.* AMACOM.

화해는 나약함이나 비겁함이 아니다.
이와 반대로 화해는 용기와 때로는 영웅적인 행위도 요구한다.
화해는 다른 사람들에 대한 승리가 아니라 자신에 대한 승리다.

— 요한 바오로 2세(1920~2005)

도덕적 힘으로 막힌 담을 허물어라

교황 요한 바오로 2세

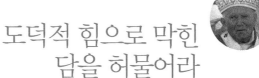

> ❝ … 폭력의 길로 가지 말고, 평화의 길로 돌아오라.
> 정의는 마땅히 실현돼야 하며 나 역시 정의를 믿고, 정의를
> 추구한다. 그러나 폭력은 오히려 정의의 역사를 파괴할 뿐이다.❞

요한 바오로 2세는 역대 교황 가운데 제2차 세계대전 이후 세계질서에 가장 큰 충격을 주었던 교황이다. 그는 재임 기간 중 냉전체제의 종말을 불러왔고, 전례없이 세계의 많은 사람들에게 카톨릭 교회의 메시지를 전했다. 이 일로 지구상의 수억의 사람들은 그의 따뜻함, 카리스마, 용기 그리고 온전함을 사모했다. 시사주간지 〈타임〉은 1994년 그를 '올해의 인물'로 선정했을 때, 그는 "지상 위의 어느 누구도 필적할 수 없는" 열광을 불러 일으켰다고 평가했다.

〈타임〉은 또한 요한 바오로 2세는 보수적으로 강력한 도덕적 견해를 소유했으며, 자본주의의 도덕적 실패를 공산주의 체제에 대한 비판만큼 강력하게 서구 사회에 도전을 주었다고 말했다. 요한 바오로 2세는 카톨릭 교회가 세상에 대한 책임을 다하지 못했던 과거에 대한 비판

적 반성을 통해 화해의 손을 펼쳤고, 세계가 어두운 인권의 밤과 도덕적 몰락에 대해 무관심의 한복판에 서 있는 것이 무신론의 확산에 기여하는 것이라고 비판하면서 카톨릭 교회가 이전보다 더 열린 그리고 민주적인 교회가 되도록 자극을 주었다.

요한 바오로 2세는 20세기말 세계 역사의 중심점에 서 있었다. 폴란드에서 추기경으로 재임할 때, 그는 노골적인 적개심을 드러내지 않으면서 교회의 아젠다를 발전시키는 기민하면서도 굴하지 않는 공산주의의 반대자였다. 교황으로서 폴란드의 자유노조 운동인 '솔리다리티 운동_{Solidarity Movement}'에 대한 그의 은밀한 지원은 궁극적으로 훗날 공산당 정권의 붕괴를 이끌었다. *Inside the Vatican*의 저자 파더 토마스 리스_{Father Thomas Reese}는 "나는 그가 폴란드 국민들에게 그들의 인권을 위해 일어설 것을 격려하고 솔리다리티 운동에 대한 그의 지원으로 공산주의의 종말을, 냉전체제의 종식을 가져오는데 매우 이례적인 역할을 했다고 생각한다."고 말했다.

연극 지망생이 교황이 되다

요한 바오로 2세는 1920년 5월 18일 폴란드 남부지역의 바도비체_{Wadowice}에서 삼남매 가운데 막내로 태어났다. 그의 이름은 폴란드어로 카롤 유제프 보이티야_{Karol Józef Wojtyła}이며, 그의 가족은 매우 헌신적인 카톨릭 신앙을 소유했다. 보이티야의 아버지는 예비역 육군 장교였으며 어머니는 초등학교 교사였지만, 그가 불과 9살 때 어머니가 세상을 떠났고, 이어 그가 12살 때 의사였던 형과 누나 마저 죽으면서 보이티야는 십대 시절부터 아버지와 함께 경제적으로 매우 어려운 환경에서 성장했다. 가난했지만 그는 늘 열정적인 소년이었다. 어린 시절 그의 친구였던 스체판 모기엘니키Szczepan Mogielnicki는 2003년 CNN과의 인터뷰에서, "소년 보이티야는 운동을 할 때 매우 집중했고, 그에겐 열정이 넘쳤다. 그는 매우 고귀한 사람이었으며, 그는 여러 일들을 고결한 방식으로 표현했다. 그에겐 어떤 어리석음도 찾아볼 수 없었다."고 말했다. 보이티야는 매우 영리했으며 축구, 수영, 카누, 그리고 스키 등과 같은 운동을 좋아했다. 그는 어려서부터 부모의 헌신적인 신앙의 영향으로 종교적 열정이 강했고, 시와 연극에 많은 관심을 가졌다.

1938년 그는 문학과 철학을 공부하기 위해 크라쿠프Krakow의 야기에로니아 대학Jagiellonian University에 등록했으며, 1939년 독일이 폴란드를 침공하자 그는 화학 공장에서 석공으로 일을 하면서 연극을 공부했다. 당시 보이티야는 독일 나치에 대한 저항정신을 용기있게 보여준 청년이었다. 1941년에 그는 친구들과 함께 지하연극단체를 만들어 폴란드의 나치 저항을 다루는 내용의 연극을 비밀리에 무대 위에 올리면서 비판적 저항의식을 용기있게 표현했다. 문학과 연극에 심취했던 대학생 보이티야는 세계 역사에서 가장 비참했던 제2차 세계대전을 경험하면서 이데올로기에 의한 인간의 심각한 고통과 국가와 민족의 분열을 깨달을 수 있었다.

1941년 보이티야의 아버지가 세상을 떠났다. 그의 아버지는 보이티야가 성직자가 되는 모습을 꿈에 그리며 살았는데 늘 보이티야에게 "나는 오래 살지 못할 것이다. 그리고 내가 죽기 전에 너는 하느님을 섬기기 위해 너 자신을 드릴 것을 나는 확신한다."고 말했다. 아버지가 돌아가신지 18개월 후, 보이티야는 오랜 고민과 기도 끝에 나치Nazi가 그들을 반대했던 성직자들을 체포하여 죽이고 있었음에도 불구하고, 성직자가 되기 위해 크라쿠프의 지하신학교에 등록하여 공부를 시작했다.

보이티야는 크라쿠프에서 기초적인 신학공부를 마치고, 1946년 11월 1일에 사제 서품을 받았다. 그리고 얼마 지나지 않아 정통신학을 공부하기 위해 로마의 성 아퀴나스St. Aquinas 교황청립 대학교에 입학하여 「십자가의 성 요한의 작품에 나타난 신앙Doctrina de fide apud S. Ioannem a Cruce」이란 제목의 논문으로 1948년에 박사학위를 받았다. 그리고 1949년에 그는 크라쿠프의 성 플로리아누스 교회St. Florian's Church 에서 사목활동을 하면서 루블린Lublin 의 카톨릭 대학교Catholic University 에서 윤리학을 강의했다. 1958년 보이티야는 크라쿠프 교구의 보좌 주교auxiliary bishop로 서품을 받았는데 당시 그의 나이는 불과 38세였다. 이 시기에 그는 대학 강의와 카톨릭의 다양한 관심사들에 대한 견고한 수호자로서 자신의 이름을 널리 알렸다.

보이티야가 바티칸으로부터 능력을 인정받으면서 보다 더 큰 주목을 받게 되었던 일은 1962년 제2차 바티칸 공의회가 개최되었을 때였다. 이 때 그는 공의회의 지적 리더들 가운데 한 사람이 되어 종교의 자유에 관한 선언과 사목헌장에 대한 결의를 이끌어내는 과정에서 탁월한 리더십을 발휘했다. 이 일로 그는 1963년 12월에 크라쿠프의 대주교로 임명을 받고, 1964년 3월에 취임식을 가졌다. 그리고 1967년 6월 26일 바오로 6세는 보이티야 대주교를 사제급 추기경에 서임한다는 발표를 했고, 이틀 후에 그는 정식으로 추기경으로 취임했다.

1967년 교황 바오로 6세가 그를 추기경으로 지명하자 폴란드 정부는 환영을 표했다. 당시 보이티야는 "다소 거칠지만 유연한" 그리고 온화한 개혁가로, 그러나 공산주의와 공산주의자들에 대해서는 저항적인 노선을 유지한 개혁가로 비춰졌다. 마침내 1978년 10월 16일 보이티야 추기경은 바티칸에서 새로운 교황으로 선출되어, 10월 22일 교황 요한 바오로 2세로 취임했다. 당시 그의 나이는 불과 58세로, 그는 130년만에 처음으로 60세 이전에 선출된 교황이자 455년만에 최초의 비이태리계이자 최초의 슬라브계 출신 교황이었다. 게다가 그의 고국 폴란드는 공산주의 국가였다.

교황 요한 바오로 2세는 모든 점에서 새로운 기록을 세웠다. 이것은 놀라운 사건이었으며, 향후 교황으로서 그의 미래가 어떻게 펼쳐질 것인가를 암시하는 것이기도 했다. 그는 자신이 교황으로 선출되었을 때, "나는 이 지명을 수락하는 것을 두려워했다"고 로마의 성 베드로_{St. Peter} 광장에 모였던 수많은 사람들을 향해 말했다. "그러나 나는 우리 주 예수 그리스도에 대한 순종으로 그리고 그분의 어머니 가장 거룩한 마돈나의 전적인 확신으로 수락했다"고 선포했다.

인권을 강조하고 자본주의의 도덕적 실패를 비판하다

세계는 요한 바오로 2세의 일터였다. 그는 전 세계를 자신의 일터로 만들었다. 그는 세계 여러 나라들을 방문하면서 이전의 교황들이 전혀 경험하지 못했던 글로벌 정치에 도전을 주는 그의 가르침을 주었다. 폴란드, 동유럽 국가들, 아프리카, 필리핀, 남미의 국가들 등 다른 수많은 국가들에서 인권과 개인의 자유에 대한 교황의 설교는 정치적 변화를 위해 투쟁하는 많은 사람들에게 영감을 불어 넣었다.

그는 세상에 그리스도의 복음을 전파하고 그의 믿음을 전하는 것 뿐만 아니라, 교황직을 인권의 대변인으로 전환할 정도로 세계 여러 나라들에서 인권문제를 언급했고 개선을 촉구했다. 파라과이의 독재자 알프레도 스트로에스너_{Alfredo Stroessner}, 칠레의 오구스토 피노체트_{Augusto Pinochet}와 필리핀의 페르디난드 마르코스_{Ferdinand Marcos}와 같은 독재자들에 대한 그의 비판은 결국 그 나라들의 정부를 무너뜨리는 저항운동에 많은 용기를 주었다. 교황은 자신의 고국 폴란드에서 자유노조 연대인 솔리다리티 운동_{Solidarity Movement}으로 투옥된 많은 지도자들에게 폴란드내 성직자들을 통해 자신의 메시지를 전하면서 그들을 격려하고 운동을 지원함으로써 공산당 정권이 몰락하는데 중요한 역할을 했다.

요한 바오로 2세는 1987년 그의 'Sollicitudo Rei Socialis_(on social cocerns, 사회적 관심에 대하여)'에서 인권의 가치를 다음과 같이 강조했다.

"개인과 공동체가, 인간의 존엄성과 가족과 종교적 결사체들과 함께 시작하는 각 공동체의 온전한 정체성에 근거한 것으로서 한 도덕적이며 문화적인 그리고 영적인 요구들에 대해 적극적인 관심을 보여주지 않을 때, 그 남은 모든 것들, 즉 재화의 가용성, 일상 생활에 적용되는 풍부한 기술적 자원들, 어떤 수준에서의 물질적 복지 등은 결국엔 불만족한 것으로 여겨질 것이다."

인권에 대한 교황의 관심은 무엇보다도 과거 인권 문제에서 교회가 침묵했던 부끄러운 역사에 대한 반성을 통해 시작되었다. 요한 바오로 2세는 교황이 되면서부터 폴란드의 반유대주의의 어두운 측면을 종식시키기 위해 많은 생각을 했다. 그는 유대인에 대한 폴란드의 편견을 제거하기 위해 힘든 노력을 기울였다.

1968년에 폴란드 공산당 정부는 새로운 그리고 가혹한 반유대주의 캠페인을 벌였다. 그러나 폴란드의 카톨릭 교회는 침묵했다. 교회에는 유대인을 돕는 어떤 신학도 없었다. 보이티야 추기경 자신도 1968년에 폴란드를 탈출했던 3만8천 명의 유대인들에 대한 무자비한 진압에 대해 침묵했다. 그는 카톨릭 교회가 제2차 세계대전 중에도 홀로코스트_{Holocaust}에 대해 침묵했던 것도 알고 있었다.

보이티야는 어린 시절에 바도비체_{Wadowice}에서 유대인들과 함께 교제를 했다. 그의 아버지는 유대인 집주인으로부터 아파트를 임대했고, 보이티야는 유대인들과 함께 학교를 다녔다. 소년시절에 그의 가장 가까운 친구는 유대인 옐치 크루거_{Jerzy Kluger} 였는데, 그는 당시 그 지역에서 부유한 가정의 아들이었다. 그는 보이티야와 오랜 시간 우정을 나누었는데, 훗날 그는 교황이 유대인들과의 화해를 위해 주어진 현실의 제약을 넘어서기 위해 많은 노력을 기울였다고 강조했다.

1968년 폴란드의 반유대주의 정책에 대해 보이티야 추기경은 말이 아닌 상징적 행위를 통해 그것에 대한 조용한 저항을 보여주었다. 그는 이례적으로 개인적인 제스처를 취했다. 그는 크라쿠프의 유대인 지역에 있는 회당을 방문하기로 했다. 폴란드의 교회는 지금까지 회당을 방문한 적이 없었다. 크라쿠프의 유대인 공동체 대표가 보이티야의 방문을 수락했는데, 그의 방문은 1968년 폴란드에서의 반유대주의를 반대하는 행위를 상징했다. 이것은 1986년 교황이 로마의 유대인 회당 방문이라는 역사적 사건의 리허설이었다. 1986년 교황의 유대인 회당 방문은 유대인과 카톨릭 교회의 화해를 상징하는 역사적 의미가 있었다. 그리고 12년 후인 1998년, 바티칸은 나치의 박해로부터 유대인들을 돕지 못했던 카톨릭의 모습을 사과했고 과거 수세기 동안의 설교들이 유대인을 경멸하는 것이었음을 깨달았다.

요한 바오로 2세는 2000년 3월에 과거 카톨릭 교회가 유대인들, 이단들, 여성들 그리고 원주민들을 다루었던 일들을 포함하여 많은 죄악들에 대한 용서를 구하는 설교를 했다. 카톨릭 교회의 지도자의 한 사람으로서 교황의 용서를 구하는 고백은 카톨릭 교회의 역사에서 최초의 사건이 되었다. 그는 또한 역사에서 유대인들과 관계를 개선하기 위해 노력하는 교황이 되었다. 이것은 매우 중요한 일로, 이제 유대인들과 카톨릭 성도들은 다시 형제와 자매로서 서로를 관계하는 일이 시작되었음을 알리는 것이었다. 그는 또한 1991년 걸프전과 2003년 미국의 이라크 침공을 모두 반대함으로써 인권의 무자비한 침해에 대한 도덕적 경고를 주었다.

교황은 인권문제에만 관계하지 않았다. 그는 서구 자본주의의 도덕적 실패에 대해서도 우려와 반성의 메시지를 전했다. 그는 특히 서구 사회가 물질주의의 노예가 되었는데, 그것은 진리를 알 기회를 놓쳐버리는 것이기 때문에 격렬한 비판을 했다. 그는 이것으로 인해 서구사회가 치러야할 대가는 사회의 도덕적 필터링 기능의 약화였다고 믿었다.

요한 바오로 2세가 미국을 처음 방문했을 때, 그는 물질주의의 위험, 이기주의와 세속주의를 비판하면서 미국인들의 생활수준을 낮추면서 제3세계 국가들의 식량문제를 지원하고 부를 함께 나눌 것을 제안했다. 물론 그의 제안은 실현되지 않았지만, 그가 자본주의와 공산주의를 동전의 양면으로 보았듯이, 교황은 물질주의가 정답이 아니라는 생각을 멈추지 않았다. 그는 "이 세계는 인간을 행복하게 만들 수 없다."고 말했다.

요한 바오로 2세는 서구 자본주의 사회의 도덕적 실패의 대표적인 사회문화적 현상으로 피임, 낙태, 그리고 안락사를 언급하면서 이것들을 서구 사회의 "죽음의 문화"로 불렀다. 피임과 낙태는 그가 절대로 용납할 수 없는 그리고 어떤 반대에도 굽힐 수 없는 문제였다. 그러나 자본주의의 도덕적 타락의 저항으로 그것은 쉬운 일은 아니었다. 그가 교황으로 선출되어 힘을 가졌을 때 그는 자신이 해야할 일 가운데 하나가 카톨릭의 가르침을 회복해야 하는 것이라고 깨달았다. 교황은 "좋다, 그들은 순종하지 않을 것이다. 그들이 받아들이지 않더라도, 적어도 그들은 교회가 말하는 것이 무엇인지 알 것이다."라고 말하면서 서구 사회의 도덕적 타락에 대한 비판과 경고를 멈추지 않았다.

1994년에 그는 카이로에서 열린 유엔의 인구와 개발에 대한 컨퍼런스에서 인구제한에 대한 미국의 계획을 저지하기 위해 그의 영향력을 사용하기도 했다. 요한 바오로 2세는 1994년 그의 베스트 셀러 *Crossing the Threshold of Hope*에서, "우리는 직접으로 인권을 짓밟고, 또한 개인과 가족의 삶 뿐만 아니라 사회 그자체를 위해 근본적인 가치들을 철저하게 파괴하는 길로 인도하는 어떤 형태의 관대함도 허용할 수 없다."고 강조했다. 그는 또한 동성결혼을 강력하게 비판했는데, 그것은 사회를 은밀하게 위협하는 것이며, 낙태를 "합법적으로 멸절"하는 것이라고 말했다. 아울러 교황은 유럽 의회가 게이 결혼을 허용하는 것에 대해서도 "만일 게이 결혼이 악의 새로운 이데올로기의 부분이 아니라면, 아마도 그것이 인권을 가족과 인간에 반대하는 위치에 갖다놓는 시도일 것이라고 스스로 질문하는 것이 정당하고 필요하다."고 비판했다.

요한 바오로 2세의 인권과 자본주의의 도덕적 실패에 대한 깊은 관심과 비판의 메시지는 그가 얼마나 교회의 전통적인 보수적 가르침에 근거하고 있는지, 그리고 그것에 근거한 그의 도덕성이 얼마나 강한 것인가를 잘 보여준다.

공산주의의 몰락

교황의 첫번째 회람인 'Redemptor Homini(The Redeemer of Man, 인간의 구원자)'는 그의 가르침의 가장 중요한 요소들인, 각 사람은 존엄성을 갖고 있으며, 우리의 본성은 단지 물질적인 것만 아니라 영적이며 도덕적이라는 것, 진정한 자유는 진리에 기반되어 있으며, 그리고 사랑이신 하느님은 우리의 구주이며 진리이신 예수 그리스도 안에 완전하게 계시되어 있다는 가장 기본적인 원리들을 담고 있었다. 이러한 원리들에 근거하여, 교황은 개인과 공동체의 종교적 자유가 제한되는 것은 인간의 진정한 존엄성에 대한 공격이며, 오직 무신론주의만이 공적 및 사회적 삶에서의 시민의 권리를 박탈한다고 강조했다. 이러한 교황의 메시지는 지구상의 공산주의 세계를 향해 울려퍼졌다.

1979년 교황 취임 8개월 후, 요한 바오로 2세는 폴란드를 방문했다. 이 때 교황은 공산주의 국가에서 처음으로 거대한 군중들이 모여든 것을 보았고, 이 사건은 10년 후 야루젤스키Wojciech Jaruzelski's 장군의 통치를 무너뜨리는 일련의 연관된 사건들이 발생하는데 큰 기폭제가 되었다. 1979년 교황의 폴란드 방문은 절대적인 변혁적 경험이었다.

1979년 6월 2일 바르샤바의 승리의 광장Victory Square에는 25만 명 이상의 폴란드 시민들이 모였다. 교황은 이곳에서 철의 장막에 가려져 있는 여전히 공산주의 체제 하에서 자유와 인권의 상실의 고통을 겪는 자신의 조국 폴란드를 향해 자유와 희망의 소식을 선포했다. 그는 이 연설을 통해 그리스도가 없이 폴란드에서 개인과 인류의 발전을 기대할 수 없으며, 우리의 미래와 폴란드의 미래를 위하여 그리스도가 우리의 생명의 책이 되는 것은 중단되지 않을 것이라고 선포했다.

그의 설교는 교황으로서의 순례여정에서 최초의 위대한 설교였으며, 승리의 광장에 모였던 수많은 청중들에게는 이전에 결코 들어볼 수 없었던 영감이 넘치는 희망의 메시지였다. 그리고 그는 자신이 교황으로 선출되기 전까지 활동했던 크라코푸에서 다시 폴란드의 강한 믿음을 보존하면서 영적이며 문화적인 갱생의 필요성과 그리스도의 변혁적인 사랑을 강조했다.

교황의 폴란드 방문은 공산주의 정권 하에서 최초로 독자적인 노조 운동을 위해 결성된 솔리다리티 운동Solidarity Movement을 더욱 담대하게 만들었다. 훗날 솔리다리티의 지도자로서 공산당 정권의 몰락 이후 민주적 선거에 의해 대통령으로 선출되었던 레흐 바웬사Lech Walesa는 교황의 말은 폴란드에서 솔리다리티 운동에 큰 힘을 불어 넣었다고 말했다. 당시 소련 KGB의 수장이었던 유리 안드로포프_{Yuri Andropov}는 교황은 폴란드의 공산체제를 불안정하게 만들었고 동유럽 공산권에서 구소련의 입지를 약화시켰다고 결론지으면서, 요한 바오로 2세의 영향력이 얼마나 컸었는지를 회상했다. 미국의 레이건_{Ronald Reagon} 대통령은 "교황의 폴란드 방문은 종교가 소비에트의 치명적인 급소임을 보여주었다."고 높이 평가했다.

교황의 메시지는 소비에트 제국의 종말의 시작을 알리는 것이었다. 그것은 하나의 제국이 미사일 공격과 경제봉쇄와 같은 수단들에 의해서가 아니라 오직 정의로운 한 사람에 의해, 오직 한 믿음의 사람에 의해 서서히 붕괴되는 조짐을 알려주는 것이었다.

교황은 구소련체제의 몰락에도 큰 영향을 끼쳤다. 당시 세계의 가장 영향력 있는 세 명의 위대한 지도자인 레이건 대통령, 대처 수상, 그리고 요한 바오로 2세는 공산주의를 무너뜨리기 위해 함께 노력했다. 역사가 폴 존슨_{Paul Johnson}은 "레이건, 대처, 그리고 요한 바오로 2세는 소비에트 공산주의와 그 악의 제국을 무너뜨린 트리오_{trio}였다."고 말했다. 특히 요한 바오로 2세는 1989년에 개혁과 개방을 위해 노력하던 소련의 서기장 고르바초프_{Mikhail Gorbachev}를 접견하는 자리에서 그가 개혁과 개방을 성공적으로 추진하도록 용기를 실어 주기도 했다. 1991년 12월 8일 Immaculate Conception_(성모 마리아가 하느님의 특별한 은총으로 원죄없이 잉태되었음을 기념하는 축일, 필자)의 엄숙함을 나타내는 그 날에, 구소련의 미하일 고르바초프는 소비에트 연맹의 해체를 선언했다. 그리고 12월 25일 크리스마스 데이에 그는 사임했다. 1992년 1월 1일 소비에트 연방은 더 이상 지구상에 존재하지 않았다.

20세기 후반 냉전시대의 종언에서 교황의 역할은 매우 중요했다. 그는 공산주의의 붕괴에 불을 당겼고, 공산주의의 몰락의 진정한 승리자였다. 자신의 고국 폴란드에서 공산주의 정권의 붕괴를 시작으로 동유럽의 자유와 민주화의 바람, 그리고 구소련의 미하일 고르바초프와의 공산주의의 몰락을 위한 은밀한 협상은 냉전체제의 종식에서 그의 역할이 얼마나 큰 것이었는지 말해준다.

시대를 깨우고 변화시킨 도덕성

1998년 10월에 교황 재임 20년을 기념하는 한 주간에 걸쳐 진행되었던 행사 마지막 날에 요한 바오로 2세는 성 베드로 광장에 모인 7만 5천 명을 위한 공개 미사를 열었다. 그는 이 자리에서 "여러분은 교회의 성실하고 주의 깊은 주인이 되었는가?", "여러분은 교회의 신실함에 대한 기대를 충족시키기 위해 노력했는가, 그리고 교회의 바깥 세상에서 우리가 느끼는 진리에 대한 굶주림을 경험해보았는가?"라고 스스로 큰 소리로 물었다. 교황은 그 질문에 아무런 답변도 하지 않았지만, 그는 자신이 마지막까지 올바른 일을 하도록 기도를 요청했다. 교황이 수많은 군중들에게 외쳤던 질문은 바로 그 자신이 교황으로서 그동안 해왔던 일들에 대한 반문이었다.

요한 바오로 2세는 20세기말 냉전시대의 종식과 21세기 화해의 시대를 열어가게 만든 세기의 인물이었다. 그는 과거 교회가 침묵했던 반유대주의와 같은 인권의 문제에 대해 깊은 반성을 통해 유대인과의 역사적 화해를 시도함으로써 20세기의 반목의 역사를 정리하고 새로운 밀레니엄 시대의 창을 열었다. 그는 제 2차 세계대전 이후 50여년간 냉전 이데올로기로 인간의 존엄성을 노예화시켰던 공산주의 체제를 몰락시키고 세계질서가 자유와 인권, 그리고 민주주의의 물결로 출렁이는 21세기의 평화의 시대의 문을 열었다. 그리고 요한 바오로 2세는 자본주의 사회의 도덕적 실패를 날카롭게 비판하면서 서구 사회의 도덕적 갱신을 요청했다. 교황의 메시지는 시대를 깨우고 변화시키는 도덕적 힘과 믿음으로 가득찼다.

요한 바오로 2세를 과거 100년 동안 가장 중요한 인물들 가운데 한 사람으로 인식하는 것은 아무 의심의 여지가 없다. *Witness to Hope: The Biography of Pope John Paul II*의 저자 조지 웨이겔_{George Weigel}은, "교황은 지난 수백 년에 걸쳐 가장 지적으로 교황직을 수행했고, 전세계에서 지속적으로 지적인 삶과 문화적인 삶을 유지하면서 교황직을 감당한 교황을 찾아보는 것은 쉬운 일이 아닐 것이다."라고 말했다. 교황은 바티칸의 리더십에 커다란 영향을 끼쳤다. 그는 바티칸의 성직자들이 그의 전임자들보다 더 협조적인 리더십을 소유하도록 엄격한 훈련을 요구했다. 요한 바오로 2세는 그의 명령을 수행하는데 실패한 사람들에게 조금의 관용도 베풀지 않았다.

요한 바오로 2세는 보다 나은 세계에 대한 그의 비전을 펼치는 데 두려움이 없었고 그 스스로 그 비전을 더욱 확고하게 붙잡고자 하는 열정과 온전함을 소유했다. 그는 오늘날 교황의 직무를 새롭게 변화시킨 인물이다. 그는 공산주의의 몰락을 가져온 교황이다. 그는 유대인들과 기독교의 화해를 위해 끊임없이 노력했던 교황이다. 그는 오늘날 자본주의 사회의 "죽음의 문화" 속에서 시대적 악에 대항해서 분명하게 자신의 목소리를 냈던 교황이다. 비록 그의 전통적인 카톨릭 교회의 보수적인 가르침으로 교회 내부의 분리와 불확실성의 유산을 남겼다 할지라도 오직 믿음과 도덕성의 힘으로 세계의 수많은 청중들에게 메시지를 전하기 위해 그가 기울였던 끊임없는 노력들은 그를 20세기와 21세기 초에 가장 존경받는 영향력있는 인물 가운데 한 사람으로서 기억하게 만들었다.

요한 바오로 2세, 그는 강한 도덕성과 믿음으로 세계를 깨우고 변화시켰다. 그는 도덕적 위기와 테러의 위협으로 혼란을 겪는 오늘날 이 시대가 그의 메시지에 다시 귀를 기울여야 할 위대한 멘토다.

 도움이 되는 책들

Conley, John J. and Joseph W. Koterski. 1999. *Prophecy and Diplomacy: The Moral Doctrine of John Paul II*. Fordham University Press.

Evert, Jason. 2014. *Saint John Paul the Great: His Five Loves*. Ignatius Press.

Formicola, Jo Renee. 2002. *Pope John Paul II: Prophetic Politician*. Georgetown University Press.

Journalists of Reuters and Mikhail Gorbachev. 2003. *Pope John Paul II: Reaching Out Across Borders (Reuters Prentice Hall Series on World Issues)*. Reuters Prentice Hall.

O'Sullivan, John. 2008. *The President, the Pope, and the Prime Minister: Three Who Changed the World*. Regnery History.

Pope John Paul II. 1995. *Crossing the Threshold of Hope*. Knopf.

Weigel, George. 2005. *Witness to Hope: The Biography of Pope John Paul II*. Harper Perennial.

_____. 2011. *The End and the Beginning: Pope John Paul II--The Victory of Freedom, the Last Years, the Legacy.* Image.

Wojtyla, Karol. 1993. *Love and Responsibility.* Ignatius Press.

Wyatt North. 2013. *The Life and Legacy of Pope John Paul II.* CreateSpace Independent Publishing Platform.

제 5 부

공공의 리더들

Public Leaders

 열정과 자율성을 갖고 공익을 위해 헌신하라

 사람들의 차이와 지리적 경계를 넘어 함께 일하라

 빈곤을 넘어 위대한 사회를 꿈꿔라

 공감된 이야기로 마음을 이끌어라

어느 누구도 당신의 동의없이 당신이 열등감을
느끼게 할 수 없다.

— 엘리너 루스벨트(1884~1962)

열정과 자율성을 갖고
공익을 위해 헌신하라

엘리너 루스벨트

> 66 여러분은 정면에서 실제로 공포를 이겨내는 경험을 할 때마다
> 다시 힘과 용기와 자신감을 얻는다. 그러면 여러분은 스스로
> '나는 이 무서운 일을 극복하며 살았다. 나는 다음에 닥쳐오는
> 일도 감당할 수 있다'라고 말할 수 있다."

엘리너 루스벨트는 유엔의 세계인권선언Universal Declaration of Human Rights을 이끌어 낸 역사적인 인물이자 20세기 세계 최고의 여성 지도자 가운데 한 사람이다. 엘리너 루스벨트는 대통령보다 더 대통령다웠던 퍼스트 레이디였다. 그녀는 공식적인 권위가 없었음에도 불구하고 리더십을 행사했던 20세기 미국에서 가장 영향력있는 여성이었으며, 전 세계적으로도 가장 존경받는 여성으로 거론된다. 시사주간지 〈타임〉은 커버스토리(1939년 4월 17일)를 통해 "퍼스트 레이디 엘리너 루스벨트는 세계에서 필적할바 없는 영향력을 소유한 여성이지만, 클레오파트라나 엘리자베스 1세와는 달리, 그녀의 힘은 통치자의 힘이 아니다. 그녀는 통치자의 아내이다. 그러나 그녀의 영향력은 남편으로부터 나오는 것이 아

니라, 대중 여론으로부터 나온다. 그것은 자신이 만든 영향력이다."라고 평가했다.

엘리너는 당시 미국 사회에서 개인과 사회의 다양한 집단의 정체성에 대해 명료하고도 도전적인 비전을 제시했고, 강도 높은 사회개혁 프로그램을 통해 소외계층을 돌보고 여성들의 정치적 입지와 인권신장을 위해 헌신했을 뿐만 아니라 국제사회에서도 평화와 인권을 위해 리더십을 발휘했다. 이런 이유로 프랭클린 루스벨트 대통령의 뒤를 이어 백악관에 들어간 해리 트루만_{Harry Truman} 대통령은 엘리너 루스벨트를 "세계의 퍼스트 레이디_{The World's First Lady}"라고 불렀다.

독립된 여성으로서의 자아정체성 확립

애나 엘리너 루스벨트_{Anna Eleanor Roosevelt}는 1884년 10월 11일 뉴욕에서 태어났다. 그녀의 아버지 엘리오트 루스벨트_{Elliot Roosevelt}는 시어도어 루스벨트 대통령의 동생이었으며, 그녀의 어머니 애나 홀_{Anna Hall}은 뉴욕의 부유한 가정의 딸이었다. 엘리너의 아버지는 알콜 중독자이자 자폐증을 앓고 있어 부모의 결혼생활은 행복하지 않았다. 엘리너는 8살 때 어머니를, 그리고 10살 때 아버지를 잃어 부유한 가정이었지만 어린 나이에 그녀는 고아가 되어 동생과 함께 외할머니의 보호를 받으며 성장했다.

일찍 부모를 잃어 다소 위험해 보였던 엘리너는 15살 때까지 사립학교에서 교육을 받은 후, 여자 학교인 영국의 알렌스우드 아카데미로 유학을 떠나 이 학교의 여자 교장인 마리 수브레스트 Allenswood Academy 의 특별지도를 받았다. 마리 수브레스트는 엘리너에게 깊은 Marie Souvestre 애정을 갖고 그녀를 지도했고, 엘리너는 수브레스트를 어머니처럼 여겼다. 수브레스트는 엘리너에게 남성중심 사회에서 젊은 여성의 독립과 사회적 책임에 대해 많은 교훈을 주었으며, 그녀는 수브레스트를 통해 독립적인 여성이 되기 위해 어떻게 자신을 다스리고 상황에 대처해야 하는지를 배웠다. 훗날 엘리너는 수브레스트의 가르침은 자신이 독립된 여성으로 굳게 서는 씨앗이 되었다고 말했다. 엘리너의 공식적인 교육은 18세에 끝났다.

그녀는 뉴욕으로 돌아와 월도프 아스토리아 호텔 Waldorf-Astoria Hotel 에서 첫 사회생활을 시작했다. 당시 미국은 시어도어 루스벨트 대통령의 혁신적인 정치로 진보의 기운이 일어나고 있었다. 이런 정치사회적 분위기에서 엘리너는 전국소비자연맹 National Consumers' League 과 청소년연맹 Junior League 에 가입하여 조직을 중심으로 한 사회활동에 발을 내딛어 가난한 근로자들의 일터의 조건과 환경, 그리고 빈민가의 생활환경 개선과 청소년들을 위해 일했다. 그녀는 또한 뉴욕 맨하탄 리빙스톤가의 이민자들의 집단주거지 Rivington Street Settlement House 에서 이민가정의 자녀들을 교육하는 교사로서 봉사하면서 공공부문에서의 활동을 통해 사회개혁운동을 경험하기 시작했다.

1905년 20세의 나이로 엘리너는 자신보다 2살 연상이자 하버드 대학교를 졸업하고 컬럼비아 대학 로스쿨에 재학중인 프랭클린 루스벨트와 결혼했다. 프랭클린은 그녀의 먼 사촌이었기 때문에 두 사람은 어린 시절부터 알고 지냈었는데, 그들은 엘리너가 영국에서 돌아오면서부터 더욱 가깝게 지냈다. 그리고 두 사람이 결혼할 때 엘리너의 삼촌인 시어 도어 루스벨트 대통령이 그녀의 손을 잡고 입장했다.

프랭클린은 정치적 야망이 매우 큰 사람이었다. 1910년에 루스벨트 는 뉴욕주 상원 의원으로 선출되면서부터 자신의 정치경력을 쌓기 시 작했다. 루스벨트 부부는 개인적인 복잡한 관계를 비롯해, 미국 역사에 서 가장 귀중한 정치적 동반자 가운데 한 사람이었다.

1918년 그들은 결혼 생활 초기에 위기를 만났다. 엘리너는 남편 프 랭클린이 자신의 여비서 루시 머서Lucy Mercer 와 부적절한 관계를 맺고 있 는 것을 발견했다. 그녀는 프랭클린에게 이혼을 요구했다. 그러나 그 는 이혼은 사회적 오명을 남길 뿐만 아니라 자신의 정치적 경력에 상 처를 줄 수 있다는 내용을 포함하여 다양한 이유로 결혼 상태를 유지하 기로 선택했다. 프랭클린의 외도는 엘리너로 하여금 보다 더 적극적으 로 정치사회적 문제들에 대해 그녀의 독자적인 행동을 펼쳐가도록 이 끌었다.

프랭클린 루스벨트가 미국 정계에서 착실하게 성장해 가는 동안, 제 1차 세계대전이 발발하자 엘리너는 미국 적십자에서 봉사를 했고, 해 군 적십자를 조직해서 해군병원에서 자원봉사 활동을 했다. 1920년대 초기부터 그녀는 민주당 정치에서 적극적인 활동을 펼쳤고, 그와 동시 에 여성유권자연맹League of Women Voters 과 여성근로자연맹Women's Union Trade League 과 같은 활동적인 조직에 관여하여 개혁운동을 펼쳤다. 1921년 프랭클 린 루스벨트가 소아마비로 신체의 어려움을 겪게되자 엘리너는 남편의 재활을 위해 헌신적인 노력을 기울였고, 그가 다시 정계에 복귀하는데 에도 전력을 다했다. 1928년에 프랭클린 루스벨트는 뉴욕 주지사에 선출되었고, 6년 후에 그는 백악관에 입성했다. 엘리너는 퍼스트 레이디로서 그녀의 인생의 새로운 전환을 맞이했다.

여성 지도자로 우뚝 서다

1920년대는 엘리너가 여성지도자로 자리매김한 중요한 시기였다. 영국 유학시절에 마리 수브레스트에 의해 여성의 독립과 사회적 책임에 대한 영감을 얻은 엘리너는 언제나 학습을 통해 다른 여성들에게 영감을 불어넣는 꿈을 가졌다. 그녀는 1920년대 후반부터 백악관에 들어가기 전까지 여자 사립학교인 토드헌터 스쿨_{Todhunter School}의 교사와 멘토로 수년간 열정적으로 봉사했다. 심지어는 퍼스트 레이디가 되어서도 "나는 가르치는 것을 사랑하기 때문에 가르친다. 나는 그 일을 포기할 수 없다."고 말할 정도로 대공황 시기에 계속해서 교사로 섬기는 열정을 가졌다.

당시 그녀가 봉사했던 학교에는 부유한 가정의 자녀들이 등록했다. 그들은 매우 유복한 환경에 속해 있었기 때문에 다른 가정의 어려움을 알 수 있는 기회를 갖지 못했다. 엘리너는 학생들에게 미국 전역에 걸쳐 수 많은 가정들이 재정적 어려움에 직면해 있다는 사실을 알려주고 현실을 깨닫게 해주기 위해 다양한 학습방법을 활용했다. 그녀는 학교에서 'Happenings'라고 불리는 시사 과목을 개설하여, 교과서 대신 신문과 잡지의 기사들을 사용하여 학생들이 현실 세계에 대한 지식과 정보를 갖고 그것으로부터 교훈을 얻어내도록 지도했다. 뉴욕시에 대한 토론과 충분한 연구는 학생들에게 시사적인 문제들에 대한 이해를 돕는데 있어서 엘리너에겐 효과적인 지도 방법이었다.

그녀는 이외에도 뉴욕의 여러 기관들, 뉴욕 아동법원, 엘리스 섬_{Ellis Island}, 그리고 시장, 주변의 이웃들의 생활상 등 뉴욕시 전체를 방문하면서 학생들에게 도시의 생활과 그 실태를 보다 구체적으로 파악하게 함으로써 현실의 문제들을 이해하도록 도움을 주었다. 학교수업과 도시 투어를 통해 엘리너는 학생들에게 질문을 하도록 격려했다. 엘리너의 프로그램의 목적은 어린 리더들과 학습자들의 공동체 탐방과 궁금증 유발이라는 부분적 경험을 각자에게 주는 것이었다.

미국 정치와 경제에 대한 여성의 인식과 참여의 확산을 위한 엘리너의 사명은 매우 강했다. 그녀는 미국 전역에 걸쳐 여성들의 정치적 토대를 구축하기 위해 많은 여성 그룹들과 함께 일했다. 1924년에 민주당 전국위원회는 엘리너에게 여성문제에 대한 강령을 다룰 위원회의 의장을 맡아줄 것을 요청했다. 엘리너는 이를 수락하고 여성 강령은 "이 나라의 모든 여성조직들"에 대한 권고를 담아내야 한다는 자신의 주장을 당지도부에 피력했다. 민주당 역사에서 처음있는 일로서 엘리너는 혁신적인 여성 아젠다를 제출했다. 그녀가 제출한 아젠다에는 여성과 남성의 평등권, 어머니와 자녀들에 대한 정부보조금 지급, 그리고 모든 사람들을 위한 공공교육 기회의 제공 등 당시로서는 매우 혁신적인 인권개선 사항들이 포함되었다.

그러나 민주당은 여성들의 권고 가운데 어느 것도 채택하지 않았다. 그들은 여성위원회의 혁신적 아젠다를 논의하는 동안, 엘리너를 회의장 밖으로 내보냈다. 그녀는 회의장 밖에서 조용히 물러나 있을 때, "처음으로 여성이 전국 컨벤션이 개최되었을 때 밖에 서 있었다. 나는 여성들이 전혀 중요하지 않았다는 것을 빨리 발견했다. 그들은 모든 중요한 회의에서 문 밖에서 기다렸다."고 회고했다. 엘리너와 다른 여성 지도자들은 여성대표단과 대의원들을 여성이 임명하도록 민주당 컨벤션에게 요구했다. 그러나 이 요구도 부결되었다.

엘리너는 이후 그녀의 노력을 배가했다. 결국 1928년 전당대회에서 219명의 여성대표들과 302명의 대의원들이 조직되었다. 이것은 엘리너 자신이 미국 정치에서 여성의 역할에 대한 의지가 얼마나 강력한가를 상징적으로 보여주는 것이었다.

1928년에 엘리너는 미국 민주당에서 가장 유명한 그리고 가장 높은 위치에 있는 여성지도자가 되었다. 민주당 전당대회는 엘리너를 여성분과의 책임자로 지명했고, 엘리너는 여성들의 목소리를 듣기 위해 여성에게 권한을 위임하는 일에 최선을 다했다. 민주당의 여성들은 엘리너를 그들의 지도자로 생각하며, "민주당 여성운동의 심장the heart of Democrats' Women's Movement"으로 여겼다. 그녀가 여성위원장으로 일하던 기간 동안, 엘리너는 모든 미국 여성들에게 그들 자신의 인생을 생각하고 그들이 보길 원했던 도전을 시작하라고 자극을 주었다. 엘리너는 이제 미국정치에서 중요한 여성지도자가 되었다.

사회운동에 참여하면서 훗날 여성운동 지도자들이 되었던 대부분의 여성들처럼 엘리너는 다른 여성들과 함께 사회정의의 문제들에 대해 일할 때 그들이 직면한 수많은 장벽들을 알게 되었다. 비록 그녀가 결혼하기 전에 뉴욕 맨하탄 리빙스턴가의 이민자 주거센터에서 일을 하고 전국소비자연맹에 가담했다 할지라도, 현실적인 장벽들을 극복하기 위해 보다 광범한 조직으로서 여성 네트워크에 대한 엘리너의 기여는 제1차 세계대전 후에 그녀가 빈곤과 전쟁의 문제를 다루기 위한 국제근로여성회의the International Congress of Working Women와 평화와 자유를 위한 여성국제연합the Women's International League of Peace and Freedom(WILPF)과 함께 일했던 것에 있었다.

엘리너는 1920년에 여성유권자연맹에 가담했고, 1922년에 여성근로연맹에, 그리고 1923년에 뉴욕 민주당 여성분과 의원장을 맡아 활동했다. 이 시기에 엘리너는 국제근로여성회의의 로즈 슈나이더만Rose Schneiderman, WILPF의 캐리 채프만 카트Carrie Chapman Catt, 여성유권자연맹의 에스더 라페Esther Lape와 엘리자베스 리드Elizabeth Read 그리고 민주당 여성분과위의 몰리 듀이슨Molly Dewson, 매리온 딕커만Marion Dickerman, 그리고 낸시 쿡Lancy Cook 등과 깊은 교제를 나누면서 그들로부터 여성운동에 대한 이해의 폭을 넓힐 수 있었을 뿐만 아니라, 그녀의 인생에 커다란 도움과 도전을 받기도 했다. 엘리너는 훗날 "우정을 쌓고 유지하는 가장 만족스런 방법 가운데 하나가 함께 일을 하는 것이었다."라고 회상했다.

대통령보다 더 대통령 다웠던 퍼스트 레이디

엘리너는 처음에 퍼스트 레이디의 역할에 첫 발을 내딛는데 주저했다. 그녀는 어렵게 얻은 자신의 자율성을 잃어버리는 것과 그녀가 돌보았던 다른 사회적 활동을 포기해야만 하는 것으로 알았기 때문이었다. 그러나 그녀는 자신에게 주어진 새로운 도전이 무엇인지 확연하게 깨달았다. 그녀는 백악관에 들어오기전 자기 정체성과 독립성을 확보한 여성운동가로서 자기의 역할과 원칙을 지키고, 또한 퍼스트 레이디로서 자신이 살아야 한다는 것을 분명하게 인식했다.

엘리너는 백악관에 들어간지 2개월 후인 1933년 11월에 *It's Up to The Women*이라는 책을 출판했다. 이 책은 기존의 여성운동가들의 네트워크를 넘어서는 의미가 있었다. 엘리너는 자신의 저서가 미국 전역의 모든 여성들에게 알려져 여성의 권리를 위한 그녀의 노력에 그들이 동참하도록 영감을 불어 넣어줄 것을 희망했다. 이 책은 퍼스트 레이디들이 그들의 정치적 이상을 공식적으로 표현한 최초의 퍼스트 레이디 저서였다. 이 책을 통해 엘리너는 미국사회의 현실에서 사회경제적 그리고 문화적 특권을 누리는 여성들과 그들 주변의 정치사회적 이슈들에 별 관심없이 호화스러운 생활을 즐기고 있는 여성들을 비판했다. 엘리너는 그들에게 물질적 욕구만을 충족시키는 생활을 줄이고, 자신의 주변에서 자원봉사자로 살아가도록 촉구했다. 또한 그녀는 이 책에서 자신의 힘으로 가족을 부양하는 가난한 여성들에게도 여성의 평등을 위해 계속해서 투쟁할 것을 강조했다.

엘리너는 전통적인 퍼스트 레이디의 역할에서 벗어나 보다 더 가시적이면서, 프랭클린 루스벨트 행정부에 적극 참여하는 것으로 전격적인 전환을 시작했다. 무엇보다도 그녀는 정치사회적으로 그리고 박애주의적으로 퍼스트 레이디의 지위를 매우 지혜롭게 활용했다. 그녀의 영향력은 특히 뉴딜 사회프로그램 구성에서 탁월하게 발휘되었는데, 그녀는 여성의 권리, 인권, 그리고 근로자와 청소년 프로그램 개발에 큰 기여를 했다. 또한 엘리너는 퍼스트 레이디로서 전국에 걸쳐 있는 정부기관들과 프로그램들 그리고 수많은 시설들을 방문한 후에 루스벨트 대통령에게 보고서를 제출하면서 남편의 눈과 귀가 되어 활동했다.

엘리너는 여성의 평등과 권리를 주창하면서 프랭클린에게 능력있는 여성들의 이름이 적힌 목록을 건네주고 행정부 요직과 정부기관에 여성들이 임용되도록 강력하게 요청했고, 뿐만 아니라 정계에서 여성이 중용되도록 노력했다. 비록 속도는 느렸지만, 여성의 중용은 꾸준히 증가했다. 많은 정부기관에 여성들이 임용되었다. 그리고 1938년에 민주당 정책원회에 여성들이 임명되었다. 엘리너의 노력이 보다 더 가시화되었다.

엘리너는 백악관에 들어가면서 부터 인권과 사회정의 문제에 깊숙히 관여했다. 그녀는 전미유색인종지위향상협회_{the National Association for the Advancement of Colored People}와 함께 일을 하면서 공공영역에서 인종차별 철폐와 흑인들이 가정, 직장, 공공장소에서 완전한 시민으로서 대우받을 권리를 위해 퍼스트 레이디로서 공식적인 목소리를 내기 시작했다. 한 역사가는 당시 엘리너의 개혁적 활동에 대해 "루스벨트 부인은 뉴딜의 양심같이 섬겼다"고 평가했다.

그녀는 예술가들과 작가들을 위한 정부기금 조성에도 적극 지원했고, 많은 여성 기자들이 백악관의 기자회견으로부터 소외되었을 때, 엘리너는 여성 기자들을 위해 수백 몇 차례에 걸쳐 기자회견을 하기도 했다. 또한 그녀는 당시 몇몇 신문에 자신의 칼럼을 기고했는데, 그 중에 '나의 일상_{My Day}'이라는 칼럼은 그녀가 세상을 떠나기 전까지 실렸다. 1930년대에 각종 신문에 여성이 고정칼럼을 개제하여 자신의 목소리를 낸다는 것은 보기 드문 일이었다. 엘리너는 칼럼을 통해 광범한 범위에 걸쳐 정치 사회적 이슈들에 대한 자신의 입장과 다양한 활동들에 대한 정보를 제공하면서 독자들과 함께 견해를 나누었다. 그녀는 자신만의 소통의 방법으로 그리고 독자적인 힘으로 자신의 정치적 영향력을 키워갔다.

제2차 세계대전은 세계의 자유와 민주주의를 위협하는 악의 힘이었다. 전체주의가 세계 민주주의를 흔들었다. 이 세계적 위기 앞에서 프랭클린과 엘리너는 국내 문제에만 매달려 있을 수 없었다. 프랭클린은 전쟁의 위기 속에서 미국 역사상 전례없는 4선 대통령이 되었다. 엘리너는 자신의 평화주의적 입장에도 불구하고 자유와 인권, 그리고 민주주의를 위해 미국의 전쟁참여에 노력했고, 남편 프랭클린의 정책도 적극 지지했다. 그녀는 프랭클린이 대통령 임기를 처음 시작했을 때 뉴딜을 위해 전국의 정부기관들을 직접 방문했던 것처럼 아시아와 유럽의 미국 군대들을 방문하여 참전중인 젊은 병사들을 위로하고, 프랭클린을 대신하여 일을 처리하기도 했다.

그러나 전쟁의 혼란 속에서도 엘리너는 여성문제를 자신의 주요 관심사에서 빠뜨리지 않았다. 그녀는 군수산업체들에게 전쟁물자 생산에 여성들이 직접 참여하도록 길을 열어줌으로써 여성의 경제행위를 독려했다. 그리고 군복무와 관련하여 흑인이 차별을 받지 않도록 하면서 그들이 가정과 일터에서 완전한 미국 시민으로서 대우를 받을 권리를 위해 싸웠다. 물론 이런 일들은 강한 반발을 불러오기도 했다. 그러나 엘리너는 자신의 신념을 굽히지 않고 목표를 이루기 위해 최선을 다했다.

퍼스트 레이디를 넘어서

1945년 남편 프랭클린이 사망하자, 엘리너는 뉴욕으로 돌아와 그곳에서 공직에 나설 계획도 갖고 있었지만, 그녀는 한 시민으로서 보다 더 높은 수준의 활동을 하기로 했다. 1945년, 엘리너는 프랭클린 루스벨트의 뒤를 이어 백악관에 들어간 해리 트루만 대통령에 의해 최초의 유엔 미국 대표로 임명을 받았다. 그녀는 1945년 12월 31일부터 1952년 12월 31일까지 6년간 유엔 미국 대표로 일했다. 유엔 미국 대표로서 재임 기간 동안 엘리너는 세계적 차원에서 인권의 개선을 위해 노력했다. 유엔 대표로 그녀가 이룬 가장 위대한 업적은 유엔 세계인권선언_{Universal Declaration of Human Rights}의 성취다.

1946년 4월 엘리너는 유엔 인권위원회의 초대 의장으로 임명되었다. 그녀는 세계인권선언문을 만들기 위해 헌신적인 노력을 기울였다. 이 선언문은 세계의 모든 사람들에게 존엄성, 정치적 영향과 경제적 안정을 약속했고, 세계의 모든 인간은 인류, 피부색깔, 성, 언어, 종교, 정치적 의견, 그리고 국가의 구별없이 동등한 자유를 지니고 있음을 선언했다. 미국을 넘어 세계적 차원에서 여성지도자가 된 엘리너는 여성들에게 전세계적 차원에서 평등을 가져다주기 위해 투쟁하는 이 선언의 강력한 지지자였다. 그녀는 특히 여성과 남성에게 결혼과 이혼의 문제에 있어서 모두 동등한 권리를 보장하는 제16조를 지지했다.

"1. 성인 남녀는 인종, 국적 또는 종교에 따른 어떠한 제한도 없이 혼인하고 가정을 이룰 권리를 가진다. 그들은 혼인에 대하여, 혼인기간 중 그리고 혼인해소시에 동등한 권리를 향유할 자격이 있다.

2. 혼인은 장래 배우자들의 자유롭고 완전한 동의하에서만 성립된다.

3. 가정은 사회의 자연적이고 기초적인 단위이며, 사회와 국가의 보호를 받을 권리가 있다."

1948년 12월 10일 유엔 총회는 당시 가입국 58개국 가운데 55개국의 치지를 얻어 이 선언문을 채택했다. 유엔 총회에 참석한 세계 각국의 대표들은 모두 일어나 엘리너에게 박수를 보냈다. 엘리너의 리더십이 세계적 차원에서 빛을 발하는 순간이었다. 그녀는 다음과 같이 말했다.

"우리는 오늘 유엔의 생명과 인류의 생명에 있어서 위대한 사건의 문턱에 서있다. 이 선언은 세계 도처에서 모든 사람들을 위한 국제적 마그나 카르타가 될 것이다."

엘리너는 전세계적인 인권의 상징적 존재로 우뚝섰다. 그녀는 세계의 모든 사람들, 특히 여성의 평등을 위한 길고 긴 투쟁의 여정을 성공적으로 살아올 수 있었다. 그녀는 이 선언문이 자신의 인생에서 어떤 의미가 있었는가를 다음과 같이 강조했다.

"기본적으로, 만일 우리가 개인적인 인간의 권리, ⋯ 그들의 중요성, 그들의 존엄성을 깨닫지 못했다면 ⋯ 그리고 세계를 통해 허락받아야만 했던 기본적인 문제였다는 것을 동의하지 못했다면⋯ 우리는 평화, 혹은 평화가 자랄 수 있는 분위기를 소유할 수 없었을 것이다."

1961년 1월 20일 뉴프론티어십New Frontiership을 주창한 존 에프 케네디 대통령이 취임했다. 케네디는 대통령 선거과정에서 엘리너의 자문을 받았다. 그리고 백악관에서 그는 엘리너의 도움이 필요했다. 케네디는 그녀에게 대통령 직속기구인 여성지위 특별위원회Commission on the Status of Woman 초대 의장을 맡아 도와줄 것을 요청했다. 그녀는 세상을 떠나는 1962년까지 의장의 역할을 맡아 자신이 평생 동안 헌신했던 여성의 권리 향상을 위해 최선을 다했다.

엘리너는 자신이 남편 프랭클린 루스벨트에게 그랬던 것과 같이 여성지위 특별위원회 의장으로서 케네디에게 행정부에 여성들이 영향력 있는 자리에 임명되도록 강력하게 요구했다. 이외에도 그녀는 전미유색인종지위향상협회와 평화봉사단 자문회Advisory Council of Peace Corps를 포함하여 여러 조직의 이사회 멤버로 봉사하면서 자신의 마지막 삶을 공익을 위해 헌신했다.

인류애적 공동선을 위해 헌신한 리더

아버지의 알콜중독과 자아파괴로 황폐해진 가족 환경 속에서 자란 엘리너 루스벨트는 삶을 통해 많은 역경을 겪었다. 그녀의 멘토이자 선생인 마리 수베스트르는 엘리노에게 젊은 여성으로서 자기 정체성을 확고하게 갖도록 여성의 독립과 사회적 책임에 대해 가르쳐 그녀를 여성들에게 영감을 불어넣고 권위를 부여하는 일을 하도록 인도했다. 행동가요, 교사요, 그리고 지도자로서 엘리너는 사회에서 여성의 진보와 평등한 인권에 대한 강한 믿음을 가졌다.

자신의 신념을 바탕으로 가장 거침없이 말을 한 퍼스트 레이디 엘리너 루스벨트는 미국 역사에서 가장 존경받는 여성이었다. 그리고 엘리너는 그녀의 인생 마지막까지 세계인권선언에 담긴 인간의 권리를 쟁취하기 위해 최선을 다했다. 해리 트루먼 대통령은 엘리너가 자신의 전생애를 통해 이룬 인류애적 성취로 그녀를 '세계의 퍼스트 레이디_{The} _{World's Most Woman}'라고 불렀다. 그녀의 말과 행동의 유산은 많은 나라들의 헌법정신 안에 그리고 전세계에 걸쳐 남성과 여성의 권리를 보호하는 국제법의 정신안에 나타나 있다.

엘리너는 퍼스트 레이디로서 정치적, 사회적, 그리고 인류애적 대의를 위해 백악관에서 자신의 지위를 유감없이 발휘했다. 특히 그녀는 뉴딜을 구상하고 실행하는 과정에서 여성의 권리, 시민권 운동, 근로자들, 그리고 청년들을 위한 프로그램 등 다양한 분야에서 큰 성과를 거두었다. 그녀는 여성들의 정치 참여를 적극적으로 지지했고, 진보적인 문제를 다루는데 자신의 목소리를 분명히 냈다. 또한 퍼스트 레이디로서 엘리너는 미국의 소외된 자들의 권리를 회복하기 위해 싸웠고, 프랭클린 루스벨트를 비공식적으로 자문하면서 대통령의 의사결정에 강력한 영향력을 행사했다.

1945년에 남편 프랭클린이 세상을 떠난 후, 엘리너는 6년간 유엔의 미국 대표로서 글로벌적 규모의 정치 활동을 펼쳤다. 그리고 1948년 유엔의 세계인권선언문 탄생에 결정적 기여를 했다. 1962년 사망할 무렵에도 엘리너는 여전히 백악관에 영향력을 행사하는 힘을 지닌 사랑받는 정치인이었다. 실제로 그녀는 오늘날에도 대부분의 여론조사에서 가장 존경받는 미국인 가운데 한 사람으로서, 그리고 세계의 여성지도자로 거론된다. 물론 그녀는 보수적인 여성들로부터 비판을 받기도 했다. 그러나 엘리너는 미국의 대공황과 진보적인 사회분위기의 확산, 그리고 제2차 세계대전의 시대적 상황에서 대통령을 헌신적으로 보좌한 퍼스트 레이디로서 자신의 역할과 자신의 신념에 근거한 행동을 통해 많은 업적을 남겼다. 그녀의 유산은 오늘날에도 국내 및 국제정치에 영향을 끼치며 남아있다.

엘리너 루스벨트는 20세기 여성 리더십의 위상을 이전 시대에서는 상상할 수 없었던 수준으로 확고하게 다졌다. 그녀는 비공식적 권위로 공공영역에서 탁월한 리더십을 발휘했으며, 인류애적 공동선을 위해 헌신적인 삶을 살았다. 소외계층의 삶의 조건 개선, 여성 참정권과 정치적 지위향상, 인종차별 철폐, 그리고 국제평화와 인권을 위해 지속적인 정치활동을 펼쳤던 엘리너 루스벨트는 오늘날 국내외 정치에서 공공 리더십의 가장 이상적인 모델이자 영향력 있는 존재로 남아있다.

 도움이 되는 책들

하워드 가드너. 2007. 『통찰과 포용』. 송기동 옮김. 북스넛.

Beasley, Maurine H. 2010. *Eleanor Roosevelt: Transformative First Lady*. University Press of Kansas.

Black, Allida M. ed. 2000. *Courage in a Dangerous World*. Columbia University Press.

Gerber, Robin. 2003. *Leadership the Eleanor Roosevelt Way: Timeless Strategies from the First Lady of Courage*. Portfolio.

Glendon, Mary Ann. 2002. *A World Made New: Eleanor Roosevelt and the*

Universal Declaration of Human Rights. Random House Trade Paper-
backs.

Goodwin, Doris Kearns. 1995. *No Ordinary Time: Franklin and Eleanor
Roosevelt: The Home Front in World War II*. Simon & Schuster.

Roosevelt, Eleanor. 2011. *You Learn by Living: Eleven Keys for a More Fulfill-
ing Life*. Harper Perennial.

_____, and Allida Black. 2012. *Tomorrow Is Now*. Penguin Classics.

_____. 2014. *The Autobiography of Eleanor Roosevelt*. Harper Perennial.

Ward, Geoffrey C. and Ken Burns. 2014. *The Roosevelts: An Intimate History*.
Knopf; MTI.

모든 계획에는 항상 꿈이 있다. 그 꿈이 지속될 수 있다면 언젠가는 현실이 된다.

— 장 모네(1888~1979)

사람들의 차이와 지리적 경계를 넘어 함께 일하라

장 모네

> 66 사람들이 그들의 차이와 지리적 경계를 넘어 공동의 관심사가
> 있는 것을 보며 함께 일하도록 만들어라."

  장 모네는 국가의 경계를 넘어 창조적인 역사를 만든 20세기의 가
장 기념비적인 인물들 가운데 한 사람이었다. 그는 지역적이면서도 글
로벌적 차원의 어려운 문제들을 해결하기 위해 그의 능력과 기술들을
사용했던 뛰어난 지도자였다. 많은 사람들은 장 모네가 중요한 시대에
개인들과 각 정부를 이끄는 비범한 리더십을 소유했다고 믿는다. 그는
제2차 세계대전에 뒤이어 등장한 강력한 기구들이 창설되는 시나리오
뒤에서 일했던 영향력있는 전략가요 지도자였다. 그는 자신의 조국 프
랑스에서 어떤 정치적 지위나 위엄을 드러내는 자리에 있지 않았지만
전후 유럽의 항구적인 평화질서 구축이라는 공동선을 위해 헌신했다.

  모네는 유럽연합Europe Union 창설의 길을 닦았다. 그는 유럽에서 전쟁
시대를 종식시키고 통합된 유럽을 만드는 기구들을 창설하여 유럽이

평화적으로 유지되는 시대를 꿈꿨다. 제1차 세계대전의 충격, 우드로 윌슨이 앞장 섰던 국제연맹의 와해, 유럽에서의 파시즘의 등장과 확산, 그리고 제2차 세계대전의 비참함 등은 '하나의 유럽'을 만들기 위해 헌신했던 모네의 모든 노력과 꿈을 물거품으로 만들기에 너무나 충분했다. 유럽은 두 번의 세계적인 전쟁으로 전례없는 위기의 진원지가 되었다.

유럽 경제는 회복하기 어려울 정도로 무너졌고, 국가간의 갈등을 해결하는데 있어서 과거의 전통적인 외교방법은 아무 도움이 되지 않았다. 그리고 유럽 대륙은 고통스러울 정도로 황폐해졌다. 유럽인들의 자존감, 희망, 그리고 연대의식은 산산조각이 났고, 게다가 유럽은 냉전체제로 새로운 장벽들이 세워져 그들은 또 다른 세계 갈등의 심각한 위험에 직면했다. 이러한 재난과 같은 유럽의 현실에서 장 모네는 유럽의 평화질서를 구축하고, 정치적으로 그리고 경제적으로 유럽을 다시 건설하는 새로운 유럽을 만들기 위해 노력했다.

모네는 스스로 확신했던, "모든 실패는 또 하나의 기회를 낳는다."는 신념을 믿고 전쟁으로 폐허가 되어버린 유럽의 비참한 현실 앞에서 유럽 통합이라는 거대한 꿈을 포기하지 않고 거의 반세기 동안 자신의 사명에 헌신하며 탁월한 리더십을 발휘했다.

1950년 5월 9일 슈만 선언Schuman Declaration의 내용을 작성한 사람은 장 모네였다. 이 선언은 연합된 국가를 선포하고 위험한 경쟁 관계를 극복하기 위해 하나의 초국가적 국제조직을 선포했는데, 이것은 결과적으로 진정한 새로운 국가의 탄생으로 이끌었다. 이 날에 공식적으로 유럽연합이 탄생되었고, 유럽은 전후 경제 회복과 재건의 길을 성공적으로 걸어 갈 수 있는, 그리고 더 이상 전쟁이 없는, 유럽의 항구적 평화질서를 구축하는 '하나의 유럽'의 탄생을 가져오는 굳건한 토대가 구축되었다. 세계는 장 모네를 "유럽의 아버지_{the Father of Europe}"라고 부른다.

실용적 교육이 만든 경계없는 세계인

장 모네는 1888년 11월 9일 프랑스의 세계적으로 유명한 포도주 생산지인 꼬냑_{Cognac}에서 포도주 산업을 이끌었던 부유한 사업가 가정에서 태어났다. 16세에 그는 대학 입학 시험을 합격한 후, 공식적 교육을 포기하고, 아버지의 권유로 영국 런던으로 갔다. 거기에서 그는 2년 동안 사업과 상업 영어를 배웠다. 1906년에, 그의 아버지는 모네가 전통적인 가족 사업의 뒤를 잇기를 원해 그가 국제적 차원에서의 비지니스 감각을 익히도록 유럽을 비롯하여 여러 국가들로 여행을 보냈다. 이때 그의 아버지는 모네에게 "어떤 책이든 가져가지 마라. … 너를 배려할 사람은 아무도 없다. 창 밖을 보아라, 그리고 사람들과 대화를 하라…"고 충고했다.

유럽과 북미대륙 여행은 모네에게 협상과 권고의 기술들을 배우고 익히는데 많은 도움을 주었다. 모네는 스칸디나비아, 러시아, 이집트, 캐나다, 그리고 미국 등을 전세계에 걸쳐 사업 여행을 다녔다. 특히, 영국, 미국, 그리고 캐나다에서 보낸 시간을 통해 모네는 팀워크의 중요성과 가치를 배울 수 있었다. 이후 그는 가족의 사업에 관계하면서 초국가적 관점을 개발하는 것이 얼마나 중요한 것인가를 깨달았을 뿐만 아니라, 어떤 이슈나 문제에 대해 정부가 지닌 국가적 관점도 이해할 수 있었다. 그의 초국가적 관점은 머지않아 그에게 지역적 차원에서 미칠 파급효과가 무엇이며, 장기적으로는 전체 지정학적 차원에서 해결책을 구하도록 이끌었다.

제1차 세계대전이 일어났을 때, 모네는 26살이었다. 그는 전쟁에 참여하여 자신의 역할을 담당하고 싶었지만 건강문제로 징집에서 제외되었다. 그러나 모네는 전쟁 중 개인 생활과 비즈니스를 통해 익혔던 자신의 국제적 전망과 실용주의가 프랑스와 연합국들에게 중요한 기여를 하도록 활동했다.

전쟁 초기에 프랑스와 영국은 연합군이었지만 각자의 군수물자를 독자적으로 이용하고 있었다. 두 나라 사이에는 어떤 협조체제가 전혀 갖춰지지 않았다. 모네는 20세기 전쟁은 각 나라의 자원을 모두 협력적으로 활용하는 것이 중요하다는 것을 깨달았다. 그래서 그는 두 나라 사이의 리더들에게 확신을 주는 것이 필요하다고 생각했다. 모네는 프랑스 수상에게 영국과의 협력을 통해 전쟁 물자공급이 원활하게 이루어지는 것이 전쟁의 승리에서 매우 중요하다는 확신을 심어주었고, 그것은 성공적으로 이루어졌다. 모네는 국가간 협력에 대한 자신의 성공적인 첫 경험에 매우 고무되었고, 이 경험은 동시에 개별 국가들에게 공통적인 문제들을 해결하는데 있어서 그들의 관심이 매우 취약한 현실을 파악하고 이해하는데 많은 도움을 주었다.

제1차 세계대전이 끝난 후, 1919년에 모네는 미국의 우드로 윌슨 대통령이 주창한 국제평화의 길을 모색하기 위해 창설한 국제연맹League of Nation의 사무차장으로 임명되었다. 이 때 그의 나이는 불과 31살이었다.

그러나 그는 가족의 사업이 어려움을 겪게 되자 1923년에 사무차장직에서 물러났다.

모네는 국제적인 비지니스맨으로서 가족의 포도주 생산 사업을 성공적으로 키우고, 약 10년간에 걸쳐 뉴욕 월가_{Wallstreet}를 중심으로 국제적인 금융전문가로 성장했다. 그는 1927년에는 폴란드, 1928년에는 루마니아의 경제안정을 도우면서 중부 및 동유럽의 여러 국가들의 경제회복을 위해 노력했다. 1929년 모네는 수년간의 국제 금융경험을 바탕으로 샌프란시스코에서 미국 최대 은행인 뱅크 오브 아메리카_{Bank of America}를 설립하여 공동 대표가 되었다. 그리고 1934년부터 1936년까지, 그는 장개석 총통의 초대로 중국에서 살면서 중국 철도망의 재건을 도왔다. 이러한 경험들은 향후 모네가 유럽의 금융체제를 새롭게 구축하고 통합을 이루는 과정에서 유익하게 활용되었다.

1938년에 모네는 프랑스 수상 에두아르드 알라디어_{Edouard Daladierd}의 지시로 프랑스 군용기 구매를 위해 미국과의 협상을 이끄는 사명을 받고, 사전조사를 위해 그는 프랑스와 영국 정부 공동합의에 따라 1939년 런던으로 파송되었다. 거기서 그는 두 나라의 생산능력들을 체계적으로 조사했다. 이 시기에 독일의 히틀러가 등장하면서 유럽은 다시 전쟁기운의 확산으로 두려움이 번져가기 시작했다. 이때 또 다른 전쟁의 가능성을 감지한 모네는 드골_{de Gaulle} 장군과 처칠_{Churchill} 수상에게 프랑스와 영국의 군비증강의 필요성을 역설하고, 전시체제를 대비한 양국의 연합 문제에 대해 깊이 고민했다. 모네는 자신의 구상을 드골에게 설명하고 그것을 받아들이도록 영향을 끼쳤지만, 당시 드골은 프랑스의 자주성과 독립성, 우월성을 내세우며 국가의 권익을 주장했기 때문에 그의 구상은 수용되지 않았다.

1940년 모네는 영국 군수물자 위원회British Supply Council의 유일한 프랑스 사람으로 임명되어, 전쟁물자 구매협상을 위해 영국 정부에 의해 미국으로 파송되었다. 워싱턴에 도착한 후, 모네는 프랭클린 루스벨트 대통령이 가장 신뢰하는 조언자들 가운데 한 사람이 되었다. 그는 루스벨트에게 군사물자와 함께 연합군을 지원하기 위하여 대량 무기생산 프로그램을 진행할 것을 권고했다. 실제로 미국은 민주주의의 무기고가 되어, 모네는 수개월간 이 목표를 위해 적극적으로 활동했다. 1941년에, 루스벨트 대통령은 처칠의 동의를 받아, 승리 프로그램the Victory Program을 진행했는데, 이것은 미국이 제2차 세계대전에 참전하는 강력한 의사 표시를 의미했다. 경제학자 케인즈는 이 프로그램으로 장 모네는 "전쟁을 일년 단축시키는" 놀라운 공을 세웠다고 평가했다.

1943년에 모네는 드골이 알제리에서 자유 프랑스 정부인 프랑스 국민해방위원회the National Liberation Committee 위원장이 되도록 적극 지원하고 자신은 위원회의 위원이 되었다. 그 해 8월 5일에 모네는 이 위원회에서 유럽의 국가들의 협력체제 구축의 필요성을 역설하면서 유럽 통합을 향한 자신의 비전을 밝혔다.

> "(유럽) 국가들의 재건이 정치적 및 경제적 보호의 특권을 함축하고 있는 국가 주권에 근거하지 않는다면, 유럽의 평화는 존재하지 않을 것이다. … 유럽의 국가들은 개별적으로 그들 국민을 위한 번영과 사회적 발전을 충분하게 보장받을 수 있을 만큼 강하지 못하다. 그러므로 유럽의 국가들은 공통의 경제적 단위를 형성할 하나의 연방 혹은 하나의 유럽 통합체를 구성해야만 한다."

그리고 모네는 국민해방위원회의 위원장인 드골 장군의 요청으로, 프랑스 경제회복을 위한 국가 근대화와 발전계획을 구상하고 실행했다.

유럽 통합의 비전을 향하여

장 모네는 유럽 통합의 실질적인 설계자였다. 드골을 비롯하여 유럽의 여러 지도자들은 그를 새로운 유럽의 탄생을 뒤에서 적극 지원하고 영감을 불어 넣은 사람, 실용적인 비전을 소유한 사람, 그리고 획기적으로 평화를 구축한 사람이라고 불렀다. 모네는 국가들의 공동체를 구성하는데 적극적인 비전을 소유했다. 제2차 세계대전은, 그가 프랑스와 영국이 연합국에 대한 군수물자 공급을 협상하는 과제와 함께 그에게 다시 국제적으로 중요한 역할을 부여했다.

그러나 그가 유럽 통합의 시나리오에서 주도적인 역할로 신뢰를 받고 막강한 영향력을 발휘할 수 있는 시대가 온것은 제2차 세계대전이 끝난 후였다. 무엇보다도 모네는 유럽의 재건과 부흥을 위한 마샬 플랜의 맥락에서 프랑스의 경제 재건과 회복을 목표로 한, 프랑스 근대화를 위한 계획의 대표를 맡았다. 모네는 이 과제를 수행하면서 유럽연합 창설의 기폭제가 된 지역통합에 대한 중요한 일들을 다시 구상하고 실천했다.

모네의 구상은 유럽의 혼돈적 상황에 깊은 관심을 가졌는데, 이것은 유럽의 정치경제적 황폐함 즉, 높은 수준의 인플레이션, 식량부족, 그리고 국립공원들을 재생하기 위해 필요한 외국 자원들을 끌어들이는데 있어서 중요한 어려움들과 관련된 시나리오를 담고 있었다. 게다가 모네는 마샬 플랜으로 투입된 미국의 자본이 유럽의 힘을 영구적으로 무기력하고 종속적인 것으로 남겨놓을 것이라는 우려도 하고 있었다. 그는 유럽이 이러한 길로부터 벗어날 수 있는 유일한 방법은 미래의 평화를 집단적으로 보장하고 경제안정을 추구할 수 있도록 유럽 국가들의 공통된 노력을 증진시키는 것이라고 믿었다.

다른 한편, 소련의 팽창주의로 세계질서가 서구 자본주의와 동구 공산주의의로 양분되는 새로운 현실은 미래의 세계질서에 또 다른 갈등의 잠재력을 더욱 가중시켰다. 이런 상황에서, 모네는 동서간의 갈등으로 빚어진 냉전을 미래의 새로운 전쟁의 첫 단계로 이해했다. 따라서 유럽이 직면한 새로운 위기적 상황을 지혜롭게 극복하면서 유럽의 평화질서를 구축하는 일은 어떤 다른 것보다 중요한 일이 아닐 수 없었다. 무엇보다도 모네는 사람들의 마음을 바꾸는 일, 즉 독일이 또 다시 유럽에 커다란 희생을 가져올 것이라는 두려움, 특히 프랑스의 두려움을 약화시키는 일이 필요하다고 느꼈다. 이것은 유럽연합을 창설하는 데 있어서 매우 중요한 키였다.

실용적인 교육을 통해 국가의 경계를 넘어서 자원을 공유하며 통합을 추구하는 실용주의적 비전을 소유했던 모네에게 전후 유럽의 재건과 부흥, 그리고 평화질서 구축을 위한 실제적인 아이디어는 많았으며, 그는 그것들을 단계적으로 실천할 수 있는 전략적 사고와 리더십을 소유하고 있었다. 1947년에 모네는 자신의 비전을 실용적으로 펼쳐가는 첫 단계로 프랑스 산업과 농업의 현대화에 대한 구상을 준비했다. 모네의 구상은 당시 유럽의 재건을 위하여 마련된 마샬 플랜과도 일맥상통

했다. 그는 자신의 구상을 실행에 옮기는 과정에서 국제적인 비지니스를 통해 맺어온 많은 인간관계를 적절하게 활용했고, 마샬 플랜의 주역인 미국과 유럽의 중심국인 영국과 프랑스와의 미묘한 관계를 잘 다짐으로써 세 나라의 연대를 지속시키기 위해 노력했다.

마침내 1950년 소련의 팽창주의로 국제긴장이 고조되자, 장 모네는 유럽 국가들의 통합을 향해 지체할 수 없는 조치들을 취해야 하는 시간이 다가오고 있다고 느꼈다. 그는 자신의 팀과 함께 유럽공동체_{Europe Community} 사상을 생각했다. 1950년 5월 9일에 독일 아데나워_{Adenauer} 수상의 동의를 얻어, 훗날 프랑스 수상이 된 당시 외무장관 로버트 슈만_{Robert Schuman}은 프랑스 정부의 이름으로 모네가 준비한 '슈만선언_{Schuman Declaration}'을 유럽의 정상들에게 발표했다. 슈만은 이 선언에서 개별국가의 영향을 받지 않는 회원국 공동의 집행부인 'High Authority'의 지도 아래에서 프랑스와 독일에서 생산되는 모든 철강과 석탄을 유럽의 다른 국가들에게 개방을 실행하는 것을 제안했다. 그리고 슈만은 이와 같은 제안은 유럽에서의 평화 보존을 위하여 유럽연합을 창설하는 목표를 향한 최초의 구체적인 단계를 나타내는 것임을 분명하게 밝혔다.

슈만선언이 공표되자 독일, 이태리, 벨기에, 룩셈부르크, 그리고 네델란드가 환영의 의사를 나타냈고, 프랑스를 포함한 6개국은 유럽 최초의 초국가적적인 기구이자 향후 유럽공동체의 토대가 될 유럽석탄철강공동체_{European Coal and Steel Community(ECSC)}를 탄생시켰고, 1952년에 장 모네는 'High Authority'의 초대 의장이 되었는데, High Authority는 유럽석탄철강공동체에 대한 행정적 및 법률적 권한을 위임받은 강력한 기구였다.

유럽 최초의 초국가적 기구인 유럽석탄철강공동체$_{ECSC}$는 서유럽 국가들이 시장, 노동, 그리고 부를 건설적이고 협력적으로 공유할 수 있음을 보여주었다. 모네는 이 경제기구를 시작으로 자신의 비전인 유럽의 평화질서 구축을 위한 유럽 통합의 가능성을 보다 더 분명하게 발견했고, 이것은 또한 다른 분야에서도 얼마든지 가능하다는 것을 깨달았다. 한편, ECSC를 창설하는데 합의한 조약에서 중요한 것은 유럽의 평화를 유지하고 경제성장을 위하여 이와 같은 국제기구$_{International Organization}$의 창설이 중요하다는 주장을 반영했다는 사실이다. ECSC를 창설한 조약은 유럽을 위한 중요한 획기적인 사건이었다. 그러나 이것으로 유럽의 평화를 혁신적으로 구축하는 일이 끝난 것은 아니었다. 모네의 정치 경제적 목표에 대한 비전은 점차적으로 다른 유럽 공동체들을 세우는 것으로 집중되었다.

장 모네가 구상한 통합 모델이 추구하는 목적은 유럽에서의 항구적인 평화질서를 구축하는, 국제관계에서 핵심적인 역할을 회복하도록 유럽을 정치경제적으로 확고하게 세우는, 그리고 공산주의의 위협이 증가되는 것을 방지하는 것들이었다. 이러한 목적을 이루기 위해 슈만의 멘토로서 모네에 의해 고안된 수단은 초국가적인 조직의 형성을 통해 합법적으로 '상호 지속적인' 통합을 이루는 것이었다. 그러나 이 국제기구는 회원 국가들 사이의 협력 증진을 제한하지 않았다. 그것은 회원 국가들에게 보다 효과적으로 공동의 이익을 유지하기 위해 그들의 주권 일부를 수용했다. 이것은 즉각적으로 진기하고도 다른 모습을 만든 새로운 모델이었다.

이런 목표들을 달성하기 위해 국제조직은 전통적인 정부간 지배력의 모델로부터 벗어나 연방적인 초국가적 지도의 모델로 운용되어야 하며, 이 조직은 영구적인 제도의 틀로 형성되어야 할 것이며, 개별 국가들로부터 제한된 영역의 범위 내에서 부분적인 국가의 주권을 부여받지만 점차적으로 그 영역을 확장할 수 있어야 하며, 국제기구는 각국의 정당들의 일방적인 결정을 계승할 의무가 없이 모든 유럽 국가들에게 개방되며, 마지막으로 연방주의는 점차적으로 일반적인 통합을 향하여 나아갈 각 분야별 통합을 인정하는 기능주의 방법을 통해 도달해야 한다는 방법론에 의한 통합의 지속이라는 목적을 추구했다.

1955년 모네는 유럽방위공동체_{European Defence Community(EDC)}를 구상했지만 뜻을 이루지 못했다. 그러나 그는 유럽의 재건과 부흥을 위해 유럽연합실행위원회_{Action Committee of the United States of Europe}을 조직했다. 모네의 적극적인 활동으로 이 위원회는 유럽의 여러 정당들과 노조들이 가입하여, 향후 유럽의 경제판도를 바꾸게 될 유럽공동시장_{Europe Common Market}, 유럽통화체제_{Europe Monetary System}, 유럽협의회_{European Council}, 그리고 영국의 회원가입과 보통선거에 의한 유럽의회_{European Parliament} 설립을 포함한 유럽연합_{European Union} 창설로 박차를 가하기 시작했다.

하나의 유럽을 향한 모네의 열정은 끝이 없었다. 그의 마지막 날 조차도, 모네는 "계속하라, 계속하라, 연합 만큼이나 유럽 사람들의 미래를 위한 것은 없다."고 반복해서 말하면서 유럽 국가들이 생존하기 위해 하나가 되어야만 한다는 자신의 신념을 굳게 가졌다.

'하나의 유럽'이란 공동선을 추구한 리더

장 모네는 지금까지 인류가 알고 있었던 가장 뛰어난 기술을 지닌 디자이너들 가운데 한 사람이었다. 모네는 증오와 원한으로 곪아터진 상처로 황폐해진 유럽의 재건과 화해를 위해 열정적으로 일했다. 그는 프랑스에서 정치경제적 동요로 사로잡혀 있던 사람들 사이에 있지 않았고, 결코 어떤 정치적 지위를 갖고 있지도 않았다. 그러나 그가 영예로운 권력의 자리와 위엄있는 직책으로부터 멀리 떨어져 있었다 할지라도, 그는 공적 지위에 있는 사람들의 의사결정에 높은 수준의 영향력을 행사하는 몇 안되는 사람이었다. 그는 경쟁관계에 있는 프랑스와 독일의 관계에서 중립적 입장을 갖고 유럽 통합의 기초들을 굳게 다지는 시나리오 뒤에서 일을 했다. 이태리 수상 알시드 드 가스페리_{Alcide de Gasperi}, 독일 수상 콘라드 아데나워_{Konrad Adenauer} 그리고 프랑스 수상 로버트 슈만_{Robert Schuman}이 유럽 통합의 주역들이었지만, 모네는 그들의 멘토로서 "유럽의 아버지_{the Father of Europe}"였다.

모네는 '하나의 유럽'이라는 자신의 비전을 성취해가는 과정에서 주변의 도전과 저항을 받기도 했다. 특히 드골의 반대는 그가 넘어야 할 큰 산이었다. 모네는 국가간의 경계를 넘어 국가의 평등, 국제협력의 가치를 강조했지만, 드골은 프랑스의 자주성과 독립성을 우선적으로 생각했다. 드골은 항상 프랑스와 독일을 중심으로 한 유럽을 생각했지만 모네는 영국의 중요성을 강조했다. 두 사람의 이념적 차이로 드골은 모네의 많은 계획들을 거부했다. 특히 드골은 새로 구성되는 유럽공동체에서 영국의 주도적 역할을 반대했다.

그러나 모네는 여기에 굴하지 않고 유럽 통합의 비전을 포기하지 않고 추진했다. 1951년 슈만 선언의 발표 이후 꿈에 그리던 유럽공동시장이 실현되고, 마침내 1992년 2월 7일 유럽공동체$_{EC}$ 외무장관회의에서 유럽중앙은행 창설과 단일통화 사용을 중심으로 한 경제통합과 유럽 공동체$_{Europe \ Community(EC)}$의 명칭을 유럽 연합$_{Europe \ Union(EU)}$으로 변경하는 내용의 마스트리히트 조약$_{Maastricht \ Treaty}$이 체결되어 1993년에 유럽연합이 탄생되었다.

유럽의 역사를 통해 절대권력을 지닌 황제나 독재자는 군사력으로 유럽을 통합하고 지배하려 했지만 그들은 모두 실패했다. 그러나 국가의 어떤 권력도 소유하지 않았던 모네는 그의 실용적인 비전과 건설적인 아이디어, 그리고 실천력이란 '소프트 파워$_{Soft \ Power}$'로 유럽통합의 토대를 구축했다. 1979년 모네는 세상을 떠났지만 그의 신념과 비전은 유럽의 한 국가를 넘어 유럽 대륙에서 성취되었다. 그가 사망한 후, 유럽 연합은 성공적으로 출범했고, 유럽의 통화체제를 유럽 대부분의 국가들이 채택하여 유로화가 통용되어 모네가 꿈꿨던 '하나의 유럽'은 평화와 안정을 성공적으로 구축할 수 있었고, 모네는 "유럽의 아버지"로 불리게 되었다.

공공의 리더에게는 자신의 리더십의 역할을 수행하는데 있어서 적합한 사고와 행동의 틀을 형성할 수 있는 도덕적 가치가 요구된다. 모네에게 있어서 그것은 공동선이었으며, 공동의 이익을 위해 자신의 사적 이해로부터 자유로워지는 중립의 감정이었다. 그는 프랑스인이었지만, 영국과 프랑스 사이에서 중립의 입장을 취했고, 그러한 도덕적 힘을 바탕으로 유럽 통합이라는 공동선의 가치를 실현할 수 있었다. 그는 진정으로 이기심이 없는 리더였다.

　모네는 '하나의 유럽'으로 유럽의 평화질서를 구축하는 공동선_{Common}_{good}을 추구했다. 그는 비공식적 권위로 유럽 전체의 공동 이익의 창출을 위해 노력한 리더였다. 모네는 유럽인들의 미래는 통합 외에는 길이 없다고 믿었다. 그의 신념은 국가들의 협력이 아니라 사람들을 하나로 통합하는 것이었다. 모네는 사람들이 그들의 차이와 지리적 경계를 넘어 공동이익을 창출하도록 함께 일을 하도록 만드는 하나의 목적을 가졌던 공공의 리더였다. 오늘날 자신의 진영에만 갇혀 있어 그것을 넘어서는 공동선을 바라보지 못하는 개인, 조직, 그리고 국가들에게 장 모네는 진정한 공동선의 가치가 무엇이며 그것을 이루기 위한 꿈이 지속될 수 있다면 언제가는 그것이 현실이 될 수 있다는 사실을 증명한 위대한 공공 리더십의 모델이자 멘토다.

 도움이 되는 책들

Brinkley, Douglas and Clifford Hackett. 1992. *Jean Monnet: The Path to European Unity.* Palgrave Macmillan.

Duchene, Francois and George W. Ball. 1980. *Jean Monnet: The First Statesman of Interdependence.* W. W. Norton and Company, Inc.

Duchene, Francois. 1994. *Jean Monnet: The First Statesman of Interdependence.* W W Norton & Co Inc.

Fransen, Frederic J. 2001. *The Supranational Politics of Jean Monnet: Ideas and Origins of the European Community.* Praeger

Kotlowski, Dean and Joan Hoff. 2000. *The European Union: From Jean Monnet to the Euro.* Ohio University Press.

Wells, Sherrill Brown. 2011. *Jean Monnet: Unconventional Statesman.* Lynne Rienner Publishers.

위대한 사회는 모두를 위한 풍요와 자유에 기반을 두고 있다.
그것은 빈곤의 종식과 인종적 부당함에 대한 종식을
전제로 한다.

— 린든 존슨(1908~1973)

빈곤을 넘어 위대한
사회를 꿈꿔라

린든 존슨

> ❝ 오늘 지금 이곳에서 미국 정부는 미국에서의 빈곤에 대한 무조건적
> 전쟁을 선언한다. 나는 이 의회와 모든 미국인들에게 이러한 노력을
> 위하여 나와 함께 하길 촉구한다. 그것은 간단하면서도 쉬운 투쟁이
> 아닐 것이며, 어떤 무기나 전략도 충분하지 않을 것이다. 그러나
> 우리는 이 전쟁이 승리할 때까지 쉬지 않을 것이다❞

　1964년 1월 8일 미의회 연두교서에서 린든 존슨 대통령은 미국에서
의 인간의 빈곤과 실업에 대한 '전면전_all-out war'을 선포했다. 존슨은 이날
을 미국 역사에서 가장 위대한 날로 만들기 위해 함께 노력할 것을 촉
구하면서 광범한 감세정책과 소비증진, 국민건강계획, 효율적인 대외
원조계획의 달성, 보다 더 효과적인 교통수송정책, 더 많은 학교, 더 많
은 도서관, 그리고 더 많은 병원을 세워야 할 것임을 강조하면서 역사
상 가장 큰 개혁을 촉구했다. 그는 이른바 '아메리칸 드림_American Dream'의
비전을 미국인들에게 심어주었다.

　린든 존슨은 1963년 11월에 존 에프 케네디 대통령이 암살되자, 당
시 부통령이었던 그는 뒤를 이어 미국의 제36대 대통령이 되었다. 그가

대통령이 되었을 때. 이미 미국 상하 양원의 국회의원을 역임했던 정치인으로서 재임 중 상당한 야망을 품고 모든 미국인들을 위하여 "위대한 사회_{Great Society}"를 만들고 빈곤을 추방하기 위한 목적으로 수많은 개혁정책을 야심적으로 펼쳤다. 그가 소개한 수많은 프로그램들, 의료개혁을 포함하여 교육, 도시개발과 시민권 등은 오늘날까지 미국사회에 지속적인 영향을 끼치고 있다. 그러나 국내정치에서 그가 성취했던 인상적인 개혁에도 불구하고 존슨은 대외정책, 특히 베트남 전쟁의 실패로 비판을 받았고 1969년에 백악관을 떠났다.

그는 그 시대에서 가장 전문적이며 능력있는 정치인들 가운데 한 사람으로 널리 알려졌지만, 5년간의 대통령직을 마친 후에 미국 역사에서 가장 대중적인 지지를 받지 못한 대통령들 가운데 한 사람이 되었다. 1968년 1월에 시사주간지 〈타임〉은 린든 존슨을 "올해의 인물"로 선정했는데, 커버스토리에서 그의 모습을 얼굴에 주름이 깊게 패어 있는 늙고 지쳐있는 노인의 캐리커처로 묘사함으로써 그가 재임 기간 마지막 시기에 대통령으로서 얼마나 고통스럽고 좌절을 겪고 있었는지를 함축적으로 보여주었다.

비록 존슨은 5년에 걸친 그의 대통령 재임 기간 중 베트남 전쟁의 실패로 가장 인기없는 대통령으로 초라하게 전락했어도, 우리는 그가 대통령 임기 초기에 대통령의 권한을 최대한 활용하여 의욕적인 개혁정치를 펼침으로써 빈곤에 대한 전쟁, 그리고 미국 역사상 기념비적인 민권법과 투표권법의 제정을 통해 인종차별의 장벽을 무너뜨리고 자유와 평등의 "위대한 사회"로서 아메리칸 드림을 이루기 위해 헌신적인 노력을 기울였던 사실에 대해 객관적 평가를 내릴 수 있어야 한다.

존슨의 "위대한 사회"는 보다 나은 사회를 만들고자 하는 정부의 '공동선'에 대한 도덕적 책임과 비전이 공공 리더십에게 얼마나 중요한 것인가를 깨닫게 한다. 대통령의 리더십은 개혁을 펼치기 위해 다양한 견해로 나뉘어져 있는 의회를 설득하고 국민에게 감동을 줄 수 있어야 한다. 정치란 자기 자신을 도울 수 없는 사람들을 돕는 것이다. 대통령과 정부의 역할이 여기에 있다. 그러므로 공공 리더십은 희망이 춤추는 사회를 꿈꿔야 한다. 이런 점에서 린든 존슨의 초기 개혁정치를 통해 공공의 리더의 역할과 모델을 재발견하는 노력은 의미가 있다.

권력을 알고 그것을 사용할 줄 알았던 탁월한 정치인

린든 존슨은 1908년 8월 27일 텍사스 중부에 위치한 존슨 시에서 태어났는데, 이 도시는 그의 친척들의 이름을 따라 지어졌다. 존슨의 가족은 몇 대에 걸쳐 이 지역에서 뿌리를 내린 전형적인 남부의 농부들이었으며, 그들은 시민전쟁 당시 남부연합을 위해 싸웠다. 그의 아버지는 젊은 시절에 정치적 재능이 뛰어났는데, 존슨이 태어나기 전인 27세에 텍사스주 의회 의원으로 당선되어 지역정치를 했다. 그러나 아버지가 정치를 그만두고 존슨이 십대초반 시절에 농장경영과 사업을 하다 막대한 부채를 짊어지면서, 존슨의 가족은 경제적인 어려움을 겪게 되었다. 십대 시절부터 겪은 경제적 어려움은 존슨의 삶을 통해 큰 영향을 끼쳐 그가 훗날 수많은 가난한 사람들의 경제적 환경 개선과 삶의 질을 향상시키는 일에 그가 헌신하도록 이끌었다.

존슨은 1930년에 오늘날 텍사스 주립대학Texas State University의 전신인 사우스웨스트 교육 대학Southwest Teachers College를 졸업하고, 남부 텍사스의 코툴라Cotulla에 있는 멕시칸-아메리칸 학생들이 다니는 학교에서 교사생활을 시작했다. 당시 이 학교는 가난한 가정의 자녀들이 다녔는데, 존슨은 이곳에서 빈곤층의 삶의 현실을 구체적으로 경험하면서 자신의 정치적 야망을 품기 시작했다. 존슨은 비록 1년 정도의 교사생활이었지만, 첫 사회생활에서부터 빈곤과 사회적 차별의 현실을 경험하였고, 그의 이런 경험은 훗날 그가 빈곤과 차별의 문제에 관심을 갖고 그것을 해결하기 위한 열정을 갖게 만들었다.

1931년 존슨은 텍사스주 출신의 미 하원 의원인 리차드 클레버그Richard Kleberg를 보좌하기 위해 교사를 그만두고 워싱턴 D.C.로 옮겼다. 존슨은 이곳에서 자신의 타고난 정치적 재능을 유감없이 발휘했다. 매우 정력적이며 능력이 뛰어난 존슨은 미 의회에서 영향력있는 사람들을 만나고 정치과정에 대하여 많은 것을 배우기 시작했다. 1935년에 존슨은 자신의 정치적 미래를 꿈꾸며 대공황 기간 중 청소년들의 자원봉사와 직업을 구하는 일을 돕는 것을 목적으로 한 연방 프로그램인 국립청소년청National Youth Administration 텍사스주의 디렉터Director를 맡아 고향으로 돌아왔다. 그는 이 일을 통해 지역에서 인지도를 높이며 자신의 정치경력을 준비했다.

1937년 존슨은 미 하원 의원으로 당선되어 본격적인 정치경력을 쌓기 시작했다. 그는 프랭클린 루스벨트 대통령을 멘토로 삼아 그와 같은 위대한 지도자가 되기를 꿈꿨다. 그는 빠른 시기에 하원에서 매우 스마트하고 열심히 일하는 의원으로 알려졌고, 이후 텍사스에서 5번의 하원의원으로 선출되었다. 1941년에 상원의원 보궐선거에서 실패했지만, 그는 미국이 제2차 세계대전에 참전했을 때 군의 실태를 조사하기 위한 의회 조사단의 자원봉사자가 되어 적극적인 활동을 하면서 의회에 보고서를 제출했다.

1948년에 존슨은 마침내 미 상원에 진출했다. 그는 상원에서도 매우 능력있는 의정활동과 리더십을 발휘하면서, 1953년 그의 나이는 44세에 소수당인 민주당의 최연소 상원 원내총무가 되었다. 그리고 2년 후 민주당이 원내 다수당이 되자 존슨은 다시 다수당의 리더가 되었다. 이 때 존슨은 공화당 소속의 대통령인 아이젠하워와 공개적인 대화를 할 정도로 자신의 정치적 능력을 보여주었고, 의회에서 중요한 법안을 통과시키기 위하여 당의 단합을 뒤에서 이끄는 탁월한 리더십을 발휘하면서 워싱턴 정가에서 영향력있는 정치 지도자로 자신의 위치를 확고하게 세워갔다.

1960년 존 에프 케네디가 민주당 대통령 후보가 되자, 그는 보수적인 남부지역 유권자들의 표를 의식했을 뿐만 아니라 존슨의 원내 리더십을 높이 평가하여 존슨을 러닝 메이트로 지명했다. 케네디는 공화당의 닉슨 후보를 물리치고 대통령이 되었고 존슨 역시 부통령이 되었다. 그러나 1963년 11월 22일 케네디는 텍사스 달라스에서 비운의 총격으로 목숨을 잃었고, 존슨은 국가적 충격과 슬픔, 그리고 위기 상황에서 대통령직을 승계받았다.

미국의 제36대 대통령이 된 존슨은 준비없이 갑작스럽게 대통력직을 수행하게 되자 우선적으로 미국의 현실에서 케네디가 주창했던 뉴프론티어십_{New Frontiership}의 정신을 그대로 계승하여 그의 진보적인 비전을 따랐다. 무엇보다도 케네디가 중용했던 동부 출신의 능력있는 참모들을 설득하여 자신을 돕도록 했다. 사실 존슨은 이미 상하 양원에서 국회의원으로서 오랜 시간 활동을 했고, 상원에서 소수당과 다수당의 원내총무를 역임하면서 풍부한 의회활동과 리더십, 그리고 연방정부에 대한 풍부한 지식을 갖고 있었기 때문에 자신의 목표를 이룰 수 있다는 자신감을 갖고 있었다. 이런 측면에서 존슨은 권력의 필요성과 그것을 활용할 줄 아는 리더였다.

그는 1964년 1월 의회 연두교서를 통해 "빈곤에 대한 전쟁_{A War on Poperty}"을 선포했고, 가난과 실업, 그리고 차별을 철폐하기 위한 많은 개혁법안들을 상정하여 의회가 이들을 통과시키도록 적극 추진했다. 전격적인 개혁정치를 펼치면서 1964년 대통령 선거에서 승리하자, 존슨은 모든 미국인들을 위한 '위대한 사회_{Great Society}'를 건설하기 위한 새로운 개혁정책들을 제안했다.

그리고 그는 또 다른 개혁정치로 인종문제와 차별철폐에 초점을 맞추었다. 그는 평등한 미국사회라는 아메리칸 드림을 구현하고자 했던 마르틴 루터 킹의 민권운동의 정신을 수용하여, 1964년에 역사적인 민권법_{Civil Rights Act}을, 그리고 1965년에 인종에 관계없이 미국의 모든 시민들에게 투표권을 부여한 투표권법_{Voting Rights Act}을 제정했다. 그가 재임 기간 중 펼쳤던 광범한 분야에 걸친 개혁정책들은 수백만의 미국인들의 삶을 개선했고 그들의 경제적 성장과 번영에 기여했다.

최고의 공동선의 가치 "위대한 사회"

존슨은 1964년 1월 연두교서에서 "빈곤에 대한 전쟁_{War on Property}"을 선포했다. 그는 여기서 "궁극적으로 많은 미국인들은 희망의 외곽지대에서 살고 있다. 일부는 그들의 빈곤 때문에, 그리고 다른 일부는 그들의 피부색 때문에, 그리고 너무 많은 사람들은 두 가지 모두 때문에…"라고 말하면서, 다음과 같이 강력한 메시지를 선포하면서 자신의 확고한 의지를 피력했다.

"오늘 지금 이곳에서 미국 정부는 미국에서의 빈곤에 대한 무조건적 전쟁을 선언한다. 나는 이 의회와 모든 미국인들에게 이러한 노력을 위하여 나와 함께 하길 촉구한다. 그것은 간단하면서도 쉬운 투쟁이 아닐 것이며, 어떤 무기나 전략도 충분하지 않을 것이다. 그러나 우리는 이 전쟁이 승리할 때까지 쉬지 않을 것이다."

그리고 4개월 후 7만 명의 군중이 모였던 미시간 대학교_{University of Michigan} 졸업식 연설에서, 그는 다음 반세기의 도전은 미국시민들이 풍요로운 부를 누리며 국민의 삶의 질과 문화의 질을 높일 수 있는 가에 있다고 말하면서, 우리는 부유한 사회와 힘이 넘치는 사회를 지향할 뿐만 아니라 위대한 사회로 상승하는 기회를 반드시 가져야 한다고 강조하면서 미국을 위한 공동선의 비전으로서 "빈곤에 대한 전쟁"을 보다 더 확대하는 "위대한 사회_{Great Society}"를 선포했다.

존슨이 선언한 빈곤에 대한 전쟁과 이의 확산으로서 자신의 원대한 비전인 "위대한 사회"는 궁극적으로 미국이 사회정의를 향해 가도록 이끄는 것을 목적으로 한 미국사회의 변혁이었다. 존슨은 자신의 우상인 프랭클린 루스벨트로부터 영감을 받았다. 그러나 존슨의 위대한 사회는 매우 광범했으며, 심지어 그의 전제는 이상주의적인 것으로 보였다. 루스벨트는 미국에서 혁명을 일으키지 않고 경제적 천재지변의 극복에 불을 붙였지만, 번영의 시기가 다가오자 존슨은 실제로 미국을 변혁할 방법을 찾고 있었다. 그는 미국을 위대한 사회로 변혁시키고자 하는 목적에서 수많은 개혁법안들을 의회에 제출하면서 빈곤에 대한 전쟁을 확산했다. 그는 1965년 1월부터 1967년 1월까지 의회에서 무려 200개 이상의 개혁법안들을 통과시켰다. 이것은 미국 역사에서 가장 생산적인 입법활동으로 평가받는다.

존슨은 미국이 사회 저소득계층에게 사회 경제적 기회들을 충분히 제공하지 않았다는 공통된 관심으로부터 제기된 빈곤에 대한 전쟁을 의회와 행정부에 요구했다. 케네디 대통령 시대에서도 미국의 빈곤 가정은 실제적으로 증가되었다. 아동복지는 정말 심각했다. 특히 인종적인 편견과 차별 때문에 경제적 혜택으로부터 소외된 가정은 더욱 증가했다.

존슨은 "위대한 사회" 아젠다를 야심차게 발표했다. 이것은 존슨이 대통령이 되면서 가장 강력하게 추진했던 개혁정치의 모든 것이었다. 그것은 궁극적으로 노인들의 헬스 케어_{Health Care}를 중심으로 한 건강보험개혁, 교육에 대한 연방정부의 지원, 빈곤층 유아지원을 위한 Head Start, 식료품 할인구매, 주요 지형 환경입법, 직업교육을 제공하는 Job Corps, 도심재개발 프로그램, 예술과 인문학에 대한 국가적 지원, 민권법 제정, 이중언어 교육지원 등과 같은 정책들을 포함했다.

특히 교육불평등구조를 해결하기 위해 막대한 자금을 대학에 쏟아 부었고, 초등학교와 중고등학교에 특히 빈곤지역의 학교들에 대한 연방 정부의 지원을 확대했다. 점증하는 도심지역 문제를 다루기 위해, 존슨은 주택과 도시개발부Department of Housing and Urban Development를 신설하여 최초로 내각에 흑인인 로버트 위버Robert Weaver를 장관으로 임명하여 부서를 이끌게 했다. 이 부서는 방대한 슬럼가를 정리하고, 그곳에 공공주택을 신설하고, 도심지 내부의 경제적 재개발을 추진했다. 특히 존슨의 "메디칼Medical" 프로그램은 위대한 사회의 복지 프로그램의 상징이었다.

야심적인 "위대한 사회" 아젠다는 지난 50년간 미국인들의 삶의 거의 모든 측면을 파고 들었다. 존슨의 대통령 재임 시기는 루스벨트의 뉴딜 이래 정부의 역할이 최대로 확장되었고, 심지어 대공황 시대의 프로그램의 반경을 넘어서는 것이기도 했다.

자유와 평등의 아메리칸 드림, 민권법과 투표권법

존슨은 남부 출신이었으며 모든 공공 시설물, 호텔, 학교, 병원, 공원, 레스토랑, 그리고 수영장 등에서 백인과 흑인들을 분리하는 'Jim Crow(정부의 인종차별과 억압 정책을 의미-필자)' 체제 하에서 성장했다. 그러나 존슨은 상원 의원이 된 이후, 인종문제에 대해 보다 온건해지기 시작했고, 흑인들에 대한 민권보호에 대해 조금씩 노력하기 시작했다. 그리고 존슨은 대통령직을 수행하게 되자, 케네디 행정부에서 이미 계획한 공공

시설물들에서의 인종분리를 종식시키는 민권 정책에 대한 안을 그대로 계승하여 1964년에 민권법을 통과했다. 이 법안에 대해 인종차별주의자들의 저항과 의회내 일부 반대세력의 저항에도 불구하고 의회에 대해 개인적인 리더십의 발휘와 몇명 상원 의원들에 대한 로비를 통해 민권법을 통과시켰다. 이 때 존슨은 북부와 남부 경계지역의 민주당 의원들과 자신의 빈곤에 대한 전쟁을 지지하는 온건한 공화당 의원들의 연합을 성공적으로 추진하여 법안을 통과시켰다. 이 법안은 공공시설에서의 인종분리는 비합법적인 것이자 또한 실천적으로 이 법안은 모든 지방의 시설물들에 대해서도 효력을 발휘했다.

다음 해, 민권 운동가들은 다른 이슈를 제기했다. 그것은 남부에서의 투표권 거부였다. 1890년대 이래, 흑인들은 지역의 투표 등록인들에 의해 인종차별적인 방법으로 관리된 주법에 따라 투표소에 접근할 수 없었다. 예를들어, 문자 시험으로 문맹인 흑인들이 낙방하도록 한다거나, "좋은 성품" 테스트로 새로운 유권자 등록을 위해 보증인을 세우게 한다거나, 수정헌법에 의해 삭제된 '인두세_{Poll Tax}'로 어떤 인종에 속하는 가난한 사람을 차별하는 등과 같은 방법이 여기에 속한다. 이러한 차별을 통해 남부의 모든 주는 수십 년에 걸쳐 흑인들의 투표를 원천적으로 봉쇄했다.

존슨은 이런 현실을 타개하는 정치적 목적을 가졌다. 그는 그것이 위대한 사회의 복지를 증진시키는 길이라고 믿었다. 1965년 마르틴 루터 킹은 투표권을 위해 앨라바마의 셀마_{Selma}에서 몽고메리_{Mongomery}까지 행진을 전개했다. 이 때 흑인 시위대들이 주정부군의 맹견들에 의해 공격을 당하고 물어 뜯기는 유혈장면이 전국적으로 텔레비전에 보도되었다. 시위진압을 위해 연방 군대를 파견해야 한다는 여론이 점증했다. 그러나 존슨은 귀를 막았다.

마르틴 루터 킹의 행진은 흑인들에게 투표권을 부여해야 한다는 여론을 불러 일으켰다. 존슨은 이 순간을 기다렸다는 듯이 1965년 투표권법을 제안할 기회를 포착했다. 그는 유권자 등록시 문자 테스트를 면제하고, 흑인들이 연방정부의 유권자 등록도 할 수 있는 법안을 준비했다. 8월에 법안은 의회에서 통과되었는데, 이는 역사적으로 매우 중요한 의미를 지녔다. 흑인 유권자들은 4년 안에 등록을 마쳐야 했는데 남부 전지역에서 그들은 백인 유권자들과 더 가까워졌다.

민주당에서 흑인들은 온건한 백인들과의 연합으로 "백합 백인_{lily white}" 으로 불렸다. 반면에 백인 보수주의자들은 존슨의 민권법과 투표권법, 그리고 개혁적 입법을 반대하여 민주당을 떠났다. 그들은 공화당에 가입하여 비로소 미국정치는 활기찬 양당 체제로 발전하기 시작했다. 그러나 존슨의 개혁정책에도 불구하고, 인종적 긴장은 증가했다.

민권법으로 존슨은 1964년의 선거에서 승리했지만, 소수인종들에게 충분하지 못했다. 1964년과 1968년 사이에 인종 폭동이 미국내 여러 도시에서 발생했다. 로스엔젤레스, 디트로이트, 시카고, 뉴어크, 그리고 뉴욕과 워싱턴 D.C. 등 대도시에는 연방 군대가 투입되어 사태를 진압했다.

1968년 여름 멤피스_{Memphis}에서 마르틴 루터 킹이 암살당하는 충격적인 사건이 발생했다. 많은 도시에서 거친 저항이 일어났다. 그러나 의회에서 즉각적으로 주택문제에 있어서 인종차별을 불법으로 규정하는 법안이 상정되었고, 존슨은 이 법안이 통과되길 원했고, 의회는 존슨의 뜻을 받아 들였다. 그리고 다음 해에 존슨은 워싱턴 D.C.에 위치한 미국 최대 규모의 흑인대학교인 하워드 대학교_{Howard University} 졸업식에서 다음과 같이 강조했다.

> "우리는 단지 자유뿐만 아니라 기회도 추구해야 한다. … 우리는 단지 … 권리나 이론으로서 평등뿐만 아니라 사실이요 결과로서 평등을 추구해야 한다."

1964년 민권법 제정과 1965년 투표권법 제정으로 미국 사회의 인종차별의 장벽들은 과감하게 무너졌다. 자유와 평등의 민주사회가 눈 앞에 펼쳐졌다. 당시 미국에서 3백 명 내외의 흑인들이 선출직 공직에 있었지만, Joint Center for Political and Economic Studies에 의하면, 2011년 현재 1만5백 명 이상의 흑인들이 선출직에서 활동하고 있다. 존슨은 인종차별 철폐의 상징적 의미로 주요 직책에 흑인을 기용했다. 그는 1964년에 도심지재개발을 위해 신설한 주택및 도시개발부의 장관으로 로버트 위버를 그리고 1967년에 흑인 민권변호사이자 흑인 노예의 위대한 후손인 더굿 마샬_{Thurgood Marshall}을 대법원 판사로 임명했다.

위대한 사회, 빈곤에 대한 전쟁, 그리고 민권법 모두는 가난한 자와 소수인종들에게 놀랄만한 혜택, 아니 이것들은 진정으로 미국을 자유와 평등의 민주주의가 화려하게 꽃을 피우게 했다. 그럼에도 불구하고 존슨의 재임 기간을 포함하여 국내정치의 중요한 유산이 되기까지에는 고통스러운 시민 혼란을 겪어야만 했다. 미국은 "분리와 불평등"이란 두 개의 사회로 나누어져 있었다. 이로 인해 미국의 도시들은 불평등과 인종주의의 심각한 갈등을 겪어야만 했다. 존슨은 이러한 현실을 극복해야만 했다. 그리고 그는 그것을 해냈다. 마침내 미국의 민주주의는 자유와 평등이라는 미국독립선언문의 도덕적 가치를 보다 더 높은 수준에서 구현할 수 있었다. 1968년 존슨의 관심은 대외로 향했다. 이제 위대한 사회로 향했던 그의 열정적 노력은 끝이나게 되었다.

공동선을 위해 대통령직을 최대한 활용한 리더

존슨의 비전은 "위대한 사회"였다. 이것은 미국 역사에서 지금까지 정부가 성취할 수 있는 것을 시험하는 가장 야심찬 노력이었다. 존슨은 자신의 야심찬 계획을 1964년 5월 22일 미시간 대학교의 졸업식 연설에서 발표했다. 1964년과 1968년 사이에 많은 법들이 제정되었고, 그것들은 크고 작은 방법으로 거의 모든 미국인들의 생활 속으로 파고 들었다. 위대한 사회의 법들은 인종의 장벽들로 무너뜨렸다. 노인들에게 헬스 케어를 제공했고 가난한 자들에게는 식량을, 전국에 걸쳐 오케스트라와 박물관을 세웠다. 오늘날 미국이 전국에 걸쳐 시민생활의 편리한 시설들을 사용하고 문화적 삶을 구가할 수 있는 것은 린든 존슨의 노력으로 이루어진 것이라고 말하지 않을 수 없다. 어쩌면 미국시민들은 린든 존슨의 미국에서 살고 있으며, 이 나라는 어떤 다른 대통령보다 존슨의 나라라고 말할 수 있을 것이다.

남부 출신의 존슨 대통령이 미국에서 민권법과 투표권법을 제정했다는 것은 매우 흥미로운 일이다. 이 중요한 시기에서 존슨의 승리는 미국 사회에서 소수 인종을 보다 더 강력하게 끌어들이면서 그들이 미국 사회에서 중요한 역할을 하게 만드는 것이었다. 이로 인해 그는 남부의 백인 민주당원들을 떠나 보내야만 했지만, 결과적으로 그의 선택은 미국 민주주의에서 보다 더 분명한 양당의 경쟁체제를 구축했다.

존슨의 대통령직은 비극으로 시작해서 비극으로 끝났다. 그는 케네디의 암살로 급작스럽게 대통령직에 올라 케네디 행정부의 계속성과 안정성을 제공했다. 그는 케네디의 유산을 발전적으로 수용하여 어떤 의미에서는 케네디보다 더 케네디다운 개혁정치를 이끌었다. 그는 케네디보다 더 의회에 대한 풍부한 지식을 소유했고, 의정 경험이 풍부했다. 이런 그의 지식과 경험은 그의 위대한 사회를 향한 수많은 개혁법안들이 의회에서 무난히 통과되고, 민권법과 투표권법의 제정을 통해 자유와 평등의 가치를 더욱 높이는 민주주의의 완성을 향해 나갈 수 있는 토대가 되었다.

존슨의 위대한 사회는 프랭클린 루스벨트의 뉴딜을 능가하는 개혁정책을 가져왔다. 뉴딜은 국가의 경제적 재난을 극복하는 프로그램이었다면, 위대한 사회는 미국사회의 변혁을 목표하는 것으로서 전미국인의 삶과 생각을 변화시키는 것이었다. 물론 그의 위대한 사회 프로그램은 미국정치에서 보수세력의 강한 반발을 야기하는 정치적 양극화를 불러왔지만, 오늘날 미국의 민주주의가 자유와 평등의 고귀한 가치를 높이 구현하는 결과를 가져왔다는 것은 부인할 수 없는 역사적 사실이다.

존슨은 대통령의 힘과 대통령의 자리로 가난과 차별을 없애고 부와 평등이 구현되는 위대한 사회로서의 공동선을 추구했다. 그는 이 목적을 위해 대통령과 정부의 모든 힘을 공적으로 사용했다. 그는 자신이 왜 권력을 필요로 하는지 그리고 그 권력을 어떻게 사용해야 하는가를 매우 잘 아는 리더였다. 존슨의 "위대한 사회"는 보다 나은 사회를 만들고자 하는 정부의 '공동선'에 대한 도덕적 책임과 비전이 공공 리더십에게 얼마나 중요한 것인가를 깨닫게 한다. 공공 리더십은 정부의 개혁정책들과 그것들을 성공적으로 추진하기 위해 의회를 설득하고 국민에게 감동을 줄 수 있어야 한다. 정치란 자기 자신을 도울 수 없는 사람들을 돕는 것이다. 대통령과 정부의 역할이 여기에 있다. 공공 리더십은 희망이 춤추는 사회를 꿈꿔야 한다.

 도움이 되는 책들

Andrew III, John A. 1999. *Lyndon Johnson and the Great Society*. Ivan R. Dee.

Bullion, John. 2007. *Lyndon B. Johnson and the Transformation of American Politics*. Pearson.

Califano Jr., Jeseph A. 2015. *The Triumph & Tragedy of Lyndon Johnson: The White House Years*. Touchstone.

Caro, Robert A. 1991. *Means of Ascent: The Years of Lyndon Johnson*. Vintage.

_____. 2003. *Master Of The Senate: The Years of Lyndon Johnson*. Vintage.

_____. 2013. *The Passage of Power: The Years of Lyndon Johnson*. Vintage.

Dallek, Robert. 2005. *Lyndon B. Johnson: Portrait of a President*. Oxford University Press.

Goodwin, Doris Kearns. 1991. *Lyndon Johnson and the American Dream: The Most Revealing Portrait of a President and Presidential Power Ever Written*. St. Martin's Griffin.

Heifetz, Ronald A. 1994. *Leadership Without Easy Anwers*. Harvard University Press.

Johnson, Lyndon Baines. 1971. *The Vantage Point: Perspectives of the Presidency*, 1963-1969. Holt, Rinehart and Winston

Kotz, Nick. 2006. *Judgment Days: Lyndon Baines Johnson, Martin Luther King Jr., and the Laws That Changed America*. Mariner Books.

Peters, Charles and Arthur M. Schlesinger. 2010. *Lyndon B. Johnson: The American Presidents Series: The 36th President, 1963-1969*. Times Books.

Wilson, Robert H. and Norman J. Glickman. 2015. *LBJ's Neglected Legacy: How Lyndon Johnson Reshaped Domestic Policy and Government*. University of Texas Press.

나는 이 나라를 구할 수 있는 사람이 나 외에
아무도 없다는 것을 잘 알고 있다.

— 마가렛 대처(1925~2013)

공감된 이야기로 마음을 이끌어라

마 가 렛 대 처

> 66 나는 선과 악 사이의 갈등 때문에 정치를 한다.
> 그리고 궁극적적으로 선이 승리할 것이라고 나는 믿는다."

'철의 여인Iron Lady', '대처리즘Thatcherism', … 영국의 전 총리 마가렛 대처를 설명하는 두 가지 용어다. '철의 여인'은 대외적으로 타협을 모르는 냉혹한 여전사의 이미지를 드러내는 것으로서 1970년대 대처가 두 차례 강경한 논조로 연설한 후 러시아인들이 붙여준 칭호다. '대처리즘'은 영국에서 사회주의 정책의 실패로 인한 혼란을 극복하는 과정에서 공공부문의 과감한 개혁을 통해 민영화와 민간주도 사업을 장려하고, 정부의 간섭을 줄여야 한다는 대처의 철학을 일컫는 용어다. 우리는 이 두개의 용어를 통해 대처가 유럽의 2류 국가로 전락했던 영국을 어떻게 다시 세계 일류 국가로 태어나게 했는가를 알 수 있다.

1945년 이후 영국은 전후 승전국이란 명예에 어울리지 않게 유럽을 비롯하여 세계 정치에서 영향력을 급속하게 잃어갔다. 영국은 유럽의 여러 국가들 가운데 하나가 되었고, 2류 열강 가운데 한 국가로 만족해야 했다. 영국은 전후 30년간 복지국가를 유지하기 위하여 자본주의와 사회주의의 장점만을 혼합한 일종의 사회주의적 혼합경제를 추구했다. 보수당과 노동당의 이념과 정책의 차이에 근거한 국가정책은 찾아보기 어려웠다. 그러나 사회주의적 혼합경제는 방만한 국가재정에 의존한 복지국가의 병폐를 심화시켰다.

대처가 집권하기 이전 1970년대 영국은 인플레이션과 저성장, 그리고 노동세력의 급성장으로 인한 파업의 열병을 심각하게 앓고 있었다. 영국은 공공부문의 비효율성으로 정부의 재정적자를 가속화시켰고, 방만한 복지정책은 국가의 지불능력을 무력화시켰다. 그리고 기간산업을 중심으로 한 노조세력의 비대화는 정부의 영향력을 약화시켜, 1974년 보수당의 에드워드 히스_{Edward Heath} 총리는 노조와의 투쟁을 선언했다가 총선에서 패배를 당하는 수모를 겪었다. 영국은 합법적인 정부가 아니라 비대해진 노동조합이 이끄는 것처럼 보였다. 이른바 영국병의 심화는 정부의 무능을 그대로 드러내는 것으로서 영국은 어디로 가는지 길을 잃고 있었다.

영국은 그 어느 때 보다 영국 사회의 진로를 근본적으로 바꾸어 놓는 강력한 리더십이 필요했다. 1979년 5월 총선 승리로 대처는 영국 역사상 최초의 여성 총리가 되어 다우닝가 10번지에 입성했다. 그리고 그녀는 총리 취임연설에서, "나는 이 나라를 구할 수 있는 사람이 나 외에 아무도 없다는 것을 잘 알고 있다." 고 강조하면서 고질적인 영국병을 치유하고 영국을 세계 일류국가로 다시 태어나게 하는 이른바 '대처혁명'을 시작했다. 대처는 20세기 영국에서 가장 오랜 기간₍₁₉₇₉₋₁₉₉₀₎ 총리직에 머물면서 영국의 역사를 바꿨다. 그리고 그녀는 다가오는 세대들에게 영감을 주는 리더십의 유산을 남겼다.

탁월한 리더십의 강력한 보수주의자

대처는 1925년 10월 13일 영국 중부의 그랜덤_{Grantham}이란 작은 도시에서 태어났다. 그녀의 아버지 알프레드_{Alfred}는 비교적 규모가 큰 식료품 사업을 했으며, 그랜덤 카운슬_{Grantham's council}의 회원으로서 다양한 정치적 직책을 맡아 지역사회에 영향을 끼쳤다. 알프레드는 자녀들에 대하여 높은 기대감을 갖고 있었기 때문에 엄격한 규율, 기독교 신앙, 그리고 지적인 행동을 가르쳤고, 대처는 어린 시절부터 지역정치에 관여했던 아버지의 보수적 성향의 영향을 받으며 성장했다. 대처는 그랜덤에서 고등학교를 졸업하고, 옥스포드 대학의 소머빌 칼리지_{Somerville College}에서 화학을 공부했다. 이곳에서 대처는 훗날 노벨상을 받아 유명해진 도로시 호지킨_{Dorothy Hodgkin}의 지도를 받았다.

대처는 지위상승에 대한 욕망이 큰 학생이었다. 그녀는 어린 시절부터 아버지로부터 정치교육을 받았기 때문에 옥스포드 대학에서 정치에 대한 열정을 품고 대학의 보수주의 정치협회_{Conservative Association}의 회장이 되어 그녀의 탁월한 리더십을 펼쳤다. 대처가 이 단체의 회장을 맡은 것은 영국의 미래와 관련하여 중요한 의미가 있었다. 그것은 대처의 정치철학과 세계관이 보수주의 전통에 견고하게 뿌리를 내리게 되었다는 것이다. 훗날 보수주의 전통과는 거리가 멀었던 영국의 정부와 경제의 현실에서 대처의 리더십은 혁명적이었다.

대학 졸업 후, 대처는 자신의 전공을 따라 취업했지만, 2년 뒤 그곳을 그만두고 법학을 공부해서 1953년 12월에 변호사 시험에 합격하여 일을 시작했다. 1951년에 그녀는 사업에서 크게 성공한 중년의 이혼남 데니스 대처Dennis Thatcher와 결혼하고 변호사 업무에 열중했지만, 정치에 대한 열정이 강했던 대처는 정계에 진출할 기회를 찾고 있었다. 1959년에 그녀는 보수성향이 강한 런던 외곽지역의 핀치리Finchley에서 출마하며 압도적인 지지로 당선되어 하원에 진출했다. 대처는 정치적 열정과 논리, 그리고 확고한 신념을 지닌 정치인이었기 때문에 보수당 내에서 떠오르는 차기 지도자군에 속할 수 있었고, 보수당의 유력한 중견 정치인들의 지도와 후원을 받으며 착실하게 당내 입지를 다져갔다.

1960년대 중반 이후 노동당이 집권하던 시기에 예비내각Shadow Cabinet의 멤버가 되기도 했고, 1970년 보수당이 집권하자 에드워드 히스 수상에 의해 교육과학부 장관으로 임명되었다. 보수당 내각의 각료로 임명된 이후 대처는 여러 각료직을 역임하면서 국가정책에 대한 세밀한 분석과 판단의 경험을 쌓았을 뿐만 아니라 주요정책 집행과정에서는 확고한 신념과 탁월한 능력을 발휘했다. 그녀가 교육과학부 장관 재임 시 교육관련 예산 삭감의 필요에 따라 학교에 우유무상지급을 폐지하자, 그녀는 "대처, 우유 강탈자Thatcher, milk snatcher"라는 비난을 받았지만, 교육시설 개보수와 인건비 예산은 결코 축소할 수 없다는 자신의 신념으로 정책을 집행했던 것은 훗날 타협하지 않는 그녀의 신념의 정치를 보여주는 것이었다.

대처는 자신의 꿈을 이루는데 적절한 상황의 조성과 타이밍의 중요성을 잘 알고 있었다. 히스 내각에서 탁월한 능력을 발휘했던 대처는 보수당의 차기 지도자로서 확고한 입지를 다지고 있었다. 그러나 그녀가 보수당의 당수가 된다는 것은 현실적으로 쉬운 일은 아니었다. 그녀는 항상 "자기 생애에 여성 총리가 나올 것이라고 생각하지 않는다."는 말을 하곤 했었다. 그러나 1975년에 그녀에게 기회가 왔다. 대처는 그 기회를 놓치지 않았다.

1974년 선거에서 보수당은 패했다. 그리고 1975년에 보수당은 당대표를 선출하는 선거를 치렀다. 이 때 대처는 여러 유력한 후보들이 뭉쳐 연합전선을 구축하는 상황을 지켜보면서 과감하게 자신도 후보가 되겠다고 선언했고, 그녀는 선거패배로 힘과 영향력이 약해진 히스와의 경선에서 승리를 이끌어 내었다. 이 선거에서의 승리로 대처는 영국 정치에서 최초의 여성 당대표가 되었고, 그녀는 의회에서 여당인 노동당을 이끄는 제임스 캘러핸_{James Callaghan}을 상대하는 야당의 리더로 반대편의 자리에서 확고한 지위를 구축할 수 있었다. 대처는 야당의 지도자로서 자신의 철학과 신념을 의회에서 뿐만 아니라 세계정치를 향해서도 거리낌없이 발표하면서 자신의 정치적 입지를 더욱 굳건하게 다져갔다.

1970년대 중반 이후, 영국은 캘러핸 내각의 무능으로 정치적으로나 경제적으로 커다란 소용돌이에 빠졌다. 정부는 거의 파산 상태에 직면했고, 거의 일상화되어 있는 노동조합의 파업으로 기간산업은 중단되었으며, 실업률은 높아져 사회적 갈등은 더욱 깊어져만 갔다. 영국 사회의 심각한 불안정과 위기는 결국 1979년 선거에서 캘러핸이 이끄는 노동당의 참패를 가져왔고, 대처의 보수당은 승리를 쟁취했다. 이 선거에서 대처는 "영국은 길을 잃었다."는 구호로 유권자들의 마음을 이끌었고 무기력한 영국을 다시 회생시키는 구체적인 공약을 발표하면서 새로운 선택을 유권자들에게 호소했다. 그리고 그녀는 선거에서 승리했다. 대처는 그해 5월에 다우닝 10번가에 들어와 보수당의 당수로서 그리고 영국 정부의 수상으로서 새로운 역사를 만들기 시작했다.

영국은 최초의 여성 수상 대처에 의해 새로운 혁명의 시대를 열기 시작했다. 이후 대처는 3차례 총리를 역임하면서 '철의 여인', '대처리즘'이란 신조어를 만들면서 국내적으로 자신의 확고한 신념과 철학을 바탕으로 이른바 "영국병$_{England\ Desease}$"을 극복하고, 국외적으로 서방세계 지도자로서는 최초로 소련의 미하일 고르바초프$_{Mikhail\ Gorbachev}$를 만나 지속적인 관계를 유지하면서 소련의 변화를 유도하였고, 또한 로날드 레이건$_{Ronald\ Reagan}$ 미국 대통령과 함께 세계정치의 중심에서 탈냉전 시대의 종식을 위해 강력한 리더십을 발휘하였다. 마가렛 대처는 보수주의 기치를 표방하면서 세계정치질서의 변화를 촉진시켰고, 20세기 후반 역사 속에서 세계를 움직이는 여성 지도자로서 그녀의 확고한 위치를 다졌다.

국민의 마음을 이끈 강력한 이야기

대처는 신념의 정치인이다. 그녀는 자신의 확고한 신념을 실천하기 위해 어떤 장애물들과 타협을 하지 않을 정도로 신념이 강한 정치 지도자였다. 그녀의 신념에는 그녀만의 강력한 이야기가 담겨 있었다. 그녀는 자신만의 이야기로 영국 국민의 마음을 바꿨다. 대처의 리더십이 보여준 탁월한 힘이 여기에 있다. 1975년 대처가 영국 보수당의 당대표가 되었을 때, 영국은 총제적 붕괴의 위협에 처해 있었다. 무기력한 노동당 정부는 재정 파탄으로 IMF 구제금융 지원을 받았고, 영국사회는 빈번한 노동조합 파업으로 심각한 갈등을 겪고 있었다. 많은 사람들은 이러한 현상을 "영국병"이라고 불렀다. 이것은 전후 영국이 적자재정을 감수하면서까지 추진했던 방만한 복지국가 정책이 불러온 병이었다.

영국의 생산성은 유럽공동체에 속한 국가들 가운데 가장 낮은 수준에 머물렀다. 한때 전 세계에 걸친 그리고 해가 지지 않는 광대한 제국을 형성했던 영국이 이제는 유럽의 2류 국가로 전락되고 말았다. 그로 인해 영국은 유럽에서 새롭게 등장하는 정치경제적 연합체의 일부가 됨으로써 유럽 군주국가의 지위를 내려놓아야만 했다.

1979년 총선에서 대처는 "영국은 길을 잃었다."고 영국 국민들을 향해 외쳤다. 그리고 그녀는 "영국은 한때 위대한 국가였다."고 말하면서, 지금 영국이 처해 있는 상황에서 자신이 총리가 되면 그 모든 것을 바꿔 놓겠다고 약속했다. 그녀는 영국은 과거의 영광을 다시 회복할 수 있다고 확신했다. 총선에서 대처는 이 약속을 위해 장차 자신의 트레이드 마크가 된 그리고 자신의 이름 뒤에 '이즘$_{ism}$'을 가진 최초의 영국 정치인이 되는 "대처리즘$_{Thatcherism}$"이라 불릴 수 있는 대국민공약을 내놓았다. 그녀는 "영국의 상업과 기업 분야의 천재들은 다시 활기를 되찾게 될 것이다. 노동조합의 목조르기 행태는 반드시 근절될 것이고, 산업과 그밖의 주요 기능은 민영화될 것이다. 영국은 미국과는 '특별한 동반자적 관계'로 되돌아 갈 것이고, 우리의 완전한 주권은 전 세계를 통틀어 지도적인 역할을 맡게 될 것이다."라고 영국 유권자들을 향해 선언했다.

대처는 1979년 총선에서 영국은 반드시 회복되어 세계 일류국가가 될 수 있다는 신념과 확신을 국민들에게 심어주었고 국가의 위기적 재난 앞에서 간절한 희망의 출구를 갈망했던 국민들의 마음을 이끌었다. 그리고 그녀는 승리했다. 선거 후 총리직에 오른 대처는 영국에 극적인 변화를 일으키겠다는 일념으로 "나는 이 나라를 구할 수 있는 사람이 나 외에 아무도 없다는 것을 잘 알고 있다."고 말하면서 국민들이 자신을 믿고 따르도록 하면서 자신이 총선에서 발표했던 공약들을 일관되게 실천했다.

대처는 총리 취임 후 몇 년간 집중력을 갖고 다양한 정책들을 쏟아내었다. 정책의 효과는 긍정적으로 나타났고 유럽의 여러 국가들이 보기에도 영국은 새롭게 태어나고 있었다. 대처는 공정한 사회구조를 만들어 누구에게나 국가발전에 참여할 수 있는 기회가 주어지길 희망했다.

그녀는 영국의 작은 변화를 목표로 하지 않았다. 광범한 의미에서 그녀는 세가지 목표를 추구했다. 하나는 보수당의 정치적 운명을 회복하는 것이었고, 다른 하나는 강력한 공공 철학으로 시장 자유주의를 부활하는 것이었으며, 마지막으로 정부가 자체적인 권위를 되찾는 반면에, 그 권한을 제한하면서 자유경제의 적합한 조건들을 창출하는 것이었다.

대처는 이 세가지 목표를 이루기 위하여 집중된 노력을 보여주었다. 그녀는 자신의 야망을 확고한 신념을 바탕으로 추진했고, 그 과정에서 정부와 공공부문의 과감한 개혁을 요구했다. 그녀는 이념과 정책의 헤게모니를 철저하게 장악했다. 신념으로 가득찬 대처의 이야기는 영국 국민들의 마음을 완전하게 바꾸어 놓았다. 그녀는 영국의 마음을 이끌었다. 영국은 변했다. 그녀는 지지자들과 반대자들 모두가 기대했던 것보다 더 큰 기대를 일구어 냈다. 아주 신속하게 매우 효과적으로 그리고 성공적으로 그녀는 자신의 개혁적 비전을 성취할 수 있었다. 결국 대처는 영국을 세계 중심에 올려 놓았다.

비타협적 신념의 리더십

대처는 영국 수상이 되면서 과거 15년간 영국을 이끌었던 캘러핸의 노동당 정부에 대해 영국이 직면한 국가적 위기에 대한 책임으로부터 자유로울 수 없다고 말하면서 노동당 정부는 첫째, 부의 창출을 적극 방해하면서 취약한 경제에서 다양한 집단들의 이기심만을 키우도록 방치했고, 둘째, 과도한 국가의 역할 증대와 개인의 역할 축소, 그리고 기업의 자유로운 활동과 노력을 제한했고, 셋째, 노동조합에게 과도한 힘을 부여해줌으로써 소수의 극단주의자들이 자유를 남용하도록 허용하고 영국이 성공할 수 있는 기회를 박탈했다고 신랄하게 비판했다.

노동당 정부의 실정에 대해 이와 같은 비판을 전개하면서, 대처는 자신의 보수당 정부는 지금 영국이 겪고 있는 대부분의 문제를 해결할 수 있으며, 영국 국민 개인의 자립과 자신감의 회복은 국가의 성공을 가져오는 확고한 기초임을 강조하면서, 이른바 '영국병'을 치유할 수 있는 자신의 신념을 국민들에게 제시했다. 대처는 1992년 한국방문시 일곱 가지 신념을 다음과 같이 정리했다.

1. 내 믿음의 뿌리에는 자유가 도덕적 원칙이라는 신념이 있다. 각자는 선천적인 재능과 능력을 지니고 있으며 이것들을 사용할 책임이 있다. 국가의 임무는 가능한 주어진 상황 속에서 개인의 이러한 재능과 능력이 완성될 수 있도록 하는 것이다. 이것은 개인에게 뿐만 아니라 사회에도 해당된다. 가족을 위해서 좀 더 최선을 다하고자 하는 것이 진보의 커다란 원동력이다. 대부분의 사람들은 이런 한 가지 목적을 위하여 일하고, 저축하며, 투자하고, 발명하고, 적응하며, 장사한다. 이것은 개인 존재의 근본에 대한 것이다. 자유는 매우 창조적이기 때문에 자유의 열매들은 매우 풍요롭고 다양하다. 바로 이것이 정부에 의해서 부가 형성되지 않는 이유이다. 애덤 스미스가 말하였듯이 '국부'를 만드는 것은 개개인의 사업 활동인 것이다.

2. 정부만이 통화안정을 보장할 수 있기 때문에 정부가 통화안정 조취를 취해야 하며, 정부지출과 정부차입금을 줄여야 한다는 것이 나의 신념이었다.

3. 기업에 유리한 환경을 조성하고자 하였다. 그것은 소득에 대한 벌금을 줄이고, 기업에 대한 세금을 줄이고, 어떤 종류의 세금은 완전히 철회하는 것을 의미했다. 그것은 짐이 되는 규제와 통제를 폐지하고 경제성장의 근본이라고 할 수 있는 소규모 기업 활동을 지원하는 것이었다. 그러나 가장 논란이 되었던 것은 법 위에 노조지도자들이 군림하도록 만든 노동조합의 특권을 폐지하는 것이었다. 이러한 노동 조합의 특권으로 말미암아 노동시장에서 파업과 규제적 관행이 증가하였다. 그리고 이것은 다시 생

산비용을 높이고 그 결과 실업을 증가시켰다. 그래서 이러한 것들을 바꿔놓아야만 했다.

4. 나는 사적 소유제도가 가능한 한 넓게 확산되어야 하며, 이것이 사람들의 자유와 독립의 보루이며, 미래 세대들의 책임감을 증진시키는 것이라고 믿는다. 그래서 우리는 국가 소유제도를 사유재산 제도로 되돌려 놓았다. 우리의 사유화정책은 영국이 개인 주주들 수를 3배로 증가시키는 데 기여했다. 동시에 투자자본이 부족한 부실기업들을 민영화함으로써 영국 산업계의 중요한 부문에 대한 전망을 바꿔 놓았다.

5. 나는 자유로 인하여 무정부 상태가 되어서는 안 된다는 신념을 갖고 있다. 자유는 법을 만들기 위해 필요한 것이며, 그렇지 않다면 인간은 야수가 될 것이다. 우리는 경찰력을 증가시켰으며, 사법행정을 개선시켰고, 폭력범죄에 대한 형량을 높였으며, 형사법제도에 대한 국민들의 신뢰를 유지하기 위해 법을 개정했다.

6. 나는 평화는 결코 완전하게 보장되지 않으며, 새로운 독재자가 등장할 수 있고, 새로운 독재자들은 유화정책을 쓰지 말고 패배시켜야 한다는 신념을 갖고 있다. 이러한 신념에 입각하여 우리는 재래식 군사력을 증강하고 핵방위력을 최신화하였으며, NATO를 확고하게 지원했다. 우리는 또한 미국의 전략방위계획을 지지했으며 최신기술을 보유하는 것 자체가 침략자를 저지하는 효과를 지니고 있다고 생각했다. 우리는 미국의 지도력이 자유세계에서 얼마나 핵심적인 것인가를 항상 인식하고 있었다.

7. 나는 우리나라 헌법이 유지되어야 한다는 신념을 갖고 있었다.

영국의 주권은 영국과 유럽의 다른 나라에 대해서도 봉사해 왔다. 영국의 주권에 대한 침해는 저지되어야 한다. 영국의 정치적 원칙들은 다른 나라에도 적용될 수 있다. 윈스턴 처칠은 "모든 나라의 국민들은 헌법적 행위인 비밀·자유선거에 의해서 자신들이 살고 있는 정부 형태의 성격을 선택하거나 바꿀 수 있는 권리를 가져야 한다. 표현과 사고의 자유가 영향력을 행사해야 한다. 행정부로부터 독립되고 어떤 정당에 대해서도 편향적이지 않은 사법부가 대다수의 광범위한 동의를 얻었거나, 시간과 관습에 의해서 신성하게 여겨진 법을 집행해야 한다."고 말했다. 윈스턴 처칠이 말했듯이 이것이 자유의 권리증서이다. 그리고 이것은 여전히 진리이다." 대처(2002)•

대처는 확고한 신념을 소유한 지도자가 실천적으로 이룰 수 있는 가장 이상적인 모습을 보여준 정치인이었다. 대처는 자신의 확고한 신념으로 흔들리지 않고 일관되게 정책을 이끌었다. 그녀의 신념은 일종의 타협을 거부하는 것이었다. 그녀는 영국 정치의 오랜 관행이었던 '합의'를 거부하고 신념이 '합의'를 지배하게 했다. 그녀는 자신의 목표와 임무를 명확하게 밝혔다. 그녀는 '새로운 시작'이라는 표현을 좋아했고, 자신의 신념과 정책에 헌신적인 인물들을 내각에 기용했다. 모든 부서의 업무와 계획에 직접 관여했고, 모든 정책사항들이 세부적으로 보고되길 원했다. 대처의 신념은 작은 정부를 만들고 공공부문을 민영화하고 노조세력을 약화시키켰다.

그녀의 비타협적 신념의 정치는 대외관계에도 적용되었다. 다른 나라들과의 관계에서도 자신의 입장을 미리 정해놓고 그것을 명확하게 밝힌 후에는 어떤 비판이나 조언도 무시했다. 대외적인 관계에서 대처의 비타협적 리더십이 가장 유감없이 발휘되었던 사건은 아마도 1982년 4월 2일에 발발한 아르헨티나와의 포클랜드 전쟁Falklands War일 것이다. 아르헨티나는 이 전쟁에서 타협없는 대처의 리더십에 철저하게 패배했다. 대처는 이 전쟁을 선과 악의 대결이라고 정의하면서 전쟁에서의 강력한 리더십을 행사했다.

포클랜드 전쟁의 승리로 대처는 국내문제의 어려운 국면을 극복할수 있었고 차기 총선에서도 승리했다. 대처는 포클랜드 전쟁으로 자신이 국내에서 추진하는 모든 정책의 정당성을 확보할 수 있었고, 당시 매우 골치아팠던 광부 노조 문제를 해결할 수 있었다. 뿐만 아니라 국제관계에서도 대처의 영향력은 점차 커져 갔고, 레이건 미 대통령과의 특별한 관계를 유지하면서 국제 사회의 중심적인 인물로 부상하여 전후 냉전시대가 막을 내리는데도 중요한 역할을 담당했다.

작은 정부와 공공개혁

1970년대 영국은 심각한 병을 앓고 있었다. 지칠줄 모르고 치솟는 극심한 인플레이션과 유럽 국가들 가운데 최저에 달하는 지속적인 저성장, 국가 금융위기와 쉴 줄 모르는 노사분규로 인한 심각한 사회적 갈등은 당시 영국병의 실체를 설명해준다. 영국병은 무엇보다도 영국정부의 거대한 공공부문이 야기하는 비효율성에서 비롯되었다.

1945년에 집권한 노동당은 전후 영국사회의 공공질서를 확립하면서 국유화 정책을 적극적으로 추진했다. 노동당은 자본주의 질서로부터 노동자 계급을 해방시킨다는 목적으로 국유화 정책을 추진했지만 시간이 흐르면서 국유화 정책은 거대한 관료조직만을 키웠다. 노동자계급 중심의 거대한 관료조직은 공공부문의 비효율성을 증대시켰고, 비대해진 조직은 정부의 권위를 무력하게 만들기도 했다. 정부는 적자재정을 편성하면서 공공부문의 위기를 일시적으로 극복하고자 했지만, 그로인한 피해는 시간이 흐를수록 커져갔다.

둘째, 영국병은 방만한 복지정책이었다. 요람에서 무덤까지 국가가 책임지는 복지정책은 대처 시대에 이르면서 국가의 지불능력을 넘어설 정도로 비대해졌다. 셋째, 영국병은 쉬지 않는 노조파업이었다. 앞서 지적했듯이 공공부분의 비대는 노조세력에게 엄청난 힘을 부여했고, 정부는 노조의 힘에 무력해지기까지 했다. 국가 기간산업은 빈번한 노조파업으로 장기간 발목이 잡혔고, 국가는 사실상 기능이 마비되는 상황에 이르기도 했다. 장기파업에 따른 높은 실업률 또한 사회적 갈등을 야기시키는 원인이 되기도 했다.

1979년 총선 승리로 총리에 오른 대처는 노동당 정부의 장기집권에 따른 영국병을 치유할 수 있는 해법을 첫째, 자유시장경제와 기업의 창의적인 활동 그리고 기업가에 대한 신뢰, 둘째, 개인의 자유와 자기책임의 강조, 셋째, 작은 정부와 시장중심의 경제로의 전환, 넷째, 정부기업의 민영화, 다섯째, 법의 지배의 실현 등에서 찾았다. 특히 작은 정부의 구현과 공공부분의 민영화 개혁정책은 '공동선'을 추구하는 공공 리더십의 도덕적이며 윤리적 속성을 가장 잘 보여주는 것으로서 대처는 자신의 신념을 바탕으로 성공적인 개혁을 이끌었다.

대처는 무너진 정부의 권위 그자체는 회복하되, 정부의 권위를 극히 제한시키면서 민간영역의 자율성을 극대화시키는 공공 리더십을 확연하게 보여주었다. 그녀는 정부가 기업을 소유하고 경영하는 것은 바람직하지 않다는 것이 영국의 역사에서 배울 수 있는 교훈이라고 생각했다. 그래서 정부의 역할은 민간기업이 성장할 수 있도록 법적 틀을 조성하는 것이라고 믿었고, 정부가 기업을 소유하여 권력을 확대해서는 안된다는 신념을 갖고 있었다. 이러한 대처의 신념은 자유주의의 정신이 추구하는 작은 정부의 실현과 민간주도 경제로의 전환을 추진하게 만들었다.

공공부문의 개혁은 강력한 민영화 정책으로 나타났다. 작은 정부와 민간주도 시장경제로의 전환에 있어서 가장 중요한 것은 국유화된 기간산업을 민영화하는 것이었다. 1945년 국유화 정책 추진 이후 비대해진 비효율적 국가기업들은 영국병의 근원이기도 했다. 이미 대처는 1979년 선거에서 영국경제의 가장 큰 폐해는 국유기업의 독점과 노동조합의 독점이라고 주장하면서 이의 개혁을 공약으로 내세웠었다.

대처는 자신의 공약을 이행하기 위하여 자신의 확고한 신념에 근거하여 전기, 통신, 도로, 항만, 조선 등 여러 기간산업체들의 민영화를 적극 추진했다. 대처에게 있어서 민영화는 공기업의 재정적자 요인을 제거해주고, 공기업의 주식을 매각함으로써 국고수입을 증대시켜 고질적인 정부재정적자 문제를 해결해주고, 나아가 자유시장경제 원리에 따라 민간기업의 활력을 증대시킬 수 있는 가장 효과적인 처방전이었다. 그러나 대처의 민영화 정책은 야당뿐만 아니라 보수당 내부에서도 거센 저항을 받았다. 대처는 흔들리지 않았다. 보수당의 원로였던 맥밀런^{Harold Macmillan}

전 총리는 민영화는 대대로 내려온 가보를 파는 것과 같은 어리석은 짓이라고 비난했다. 대처는 이에 대해 지금 팔아치우는 기업들은 빚이라고 정면대응했다. 기간산업의 민영화를 통해 영국사회의 활로를 찾고자 했던 대처의 민영화 정책은 "헨리 8세의 수도원 해체 이후 가장 큰 규모의 소유권 이전"이라고 불릴 정도로 엄청난 규모의 것이었다. 결국 민영화는 성공적으로 추진되었다.

대처의 작은 정부와 민영화 정책은 공공 리더십이 추구하는 공동선의 가치를 가장 극명하게 보여주었다. 국가기간산업의 민영화는 작은 정부 구현이라는 대처의 목적과 일치하는 것이었다. 정부의 힘을 민간에게 돌려줌으로써 정부의 도덕적이며 윤리적인 가치를 더욱 선명하게 드러내고 사회공동체 구성원의 자율과 책임을 높여줌으로써 공동체의 삶의 질을 높여주었다. 민영화는 영국 국민의 삶을 급진적으로 바꿔놓았다. 또한 민영화 정책은 관료화된 권위주의적 노동조합의 힘을 약화시켰다.

대처는 기간산업의 민영화 과정에서 빈번하게 발생했던 노조파업에 대해 강력하게 대처했고, 의회에서의 노동조합법과 고용법의 혁신적인 개정을 통해 철저하게 법 중심으로 노조파업에 대응했다. 특히 광부노조와의 투쟁은 보수당이 좌파에 대한 이념적 투쟁의 승리와 다를바 없을 정도로 정치적 의미가 매우 컸다. 고질적인 파업열병은 서서히 식어갔다. 노조파업의 급격한 감소는 기업의 생산성을 높여주고 고용창출의 기회를 증대하는 효과를 가져왔다. 노동조합은 정치운동이 아니라 기업생산성 제고를 위한 건강한 조직으로 다시 태어났다.

대처의 강력한 신념에 근거한 리더십은 작은 정부를 지향하고, 민간부문에 대한 정부의 간섭을 최소화하고 민간부문의 자율성을 증대하는, 나아가 국가기간산업의 민영화를 추진하면서 민간주도시장경제를 활성화시켰을 뿐만 아니라 강경한 노조를 개혁함으로써 공동체의 질서를 새롭게 창출하면서 영국병을 근원적으로 치유했다. 시장자유주의자 밀턴 프리드먼_{Milton Friedman}은 대처의 작은 정부와 민영화 정책을 통한 시장자유주의로의 전환을 '대처혁명_{Thatcher Revolution}'이라고 불렀다.

공공의 리더 대처

일반적으로 공공 리더십_{Public leadership}은 정부의 도덕적 권위에 근거하여, '공동선'을 추구한다. 공동선이란 개인의 삶에서 긍정적이며 유익한 차이를 만드는 정도에 따라 전체 사회, 혹은 사회 일부에 유익함을 주는 것을 목적으로 하는 공유된 가치다. 따라서 공의롭고 진정한 공공 리더들은 공동선을 추구한다. 그들은 이 목적을 위하여 국민들에게 영감을 불어 넣고 일종의 집단행동을 취하도록 요구하며, 사회구성원들 간의 다양한 이해관계의 대립의 경계선을 무너뜨리는 혁신적인 개혁을 취하기도 한다. 이 모든 과정에서 공공 리더십은 정부의 도덕적 권위와 정당하게 결정된 법과 공공정책들을 정의롭게 공정하게 집행한다.

1989년 영국 보수주의 여성 컨퍼런스_{Conservative Women's Conference}에서, 대처는 "우리 보수당은 신념의 정치인들로 모여있다. 우리는 우리가 믿는 것이 무엇인지 알고 있다. 우리는 우리의 신조들_{beliefs}로 결속되었다. 그리고 우리가 선거에 선출되면, 우리는 그것들을 실천한다."고 강조했다.

대처는 무엇보다도 신념의 정치인이었다. 그녀는 어떠한 상황에서도, 어떤 비판 앞에서도 결코 흔들리지 않았다. 그녀의 신념은 자신의 보수주의 가치와 이념, 그리고 그것들에 근거한 정책들을 구현하고, 목적의 성취를 위해 비타협적 리더십을 발휘하는데 있어서 가장 큰 힘이었다. 대처는 작은 정부를 지향했고, 시장경제와 기업의 자유로운 활동, 민영화, 낮은 세금, 강력한 안보, 그리고 결코 포기할 수 없는 반사회주의를 추구하면서 보수주의 이념을 엄격하게 유지했다. 대처의 도덕적 권위는 이것에 근거했다. 그녀는 자신의 도덕적 권위를 바탕으로 한 리더십으로 국민들에게 가치와 비전을 제시했고, 그들과 공유한 가치와 비전은 국민들에게 영감을 불어넣어 영국의 미래를 희망적으로 열어가도록 도왔다. 대처는 이러한 토대 위에 '영국병'의 치유와 영국의 회복이라는 공동선을 추구했다.

대처는 엄청난 부채더미 위에 올라 앉아 있는 무기력한 영국, 고질적인 노조파업으로 기업활동이 위축되고 실업률과 높은 인플레이션으로 고통받는 영국 국민들의 비참한 마음을 이해했다. 그녀는 경제, 법과 질서, 그리고 공공 서비스와 같은 빵과 버터의 문제들에 관심이 있는 영국 유권자들의 전통적인 보수적 가치인 "중산층의 영국Middle England"으로 국민들의 마음을 만졌다. 그녀는 다스리고자 하는 사람들은 국민들을 향해 그들의 생각과 마음을 기꺼이 열어야만 한다는 믿음으로 '공적 서번트public servant'로서 공공 리더십을 실천했다. 공공의 리더로서 대처는 자신과 정부의 도덕적 권위를 확고하게 세웠던 정치인이었다.

대처는 자신의 믿음의 뿌리에는 자유가 도덕적 원칙이라는 신념이 있다고 말했다. 자유는 매우 창조적이기 때문에 자유의 열매들은 매우 풍요롭고 다양하다는 것이 그녀의 생각이었다. 바로 이것이 정부에 의해 부가 형성되지 않는 이유이며, 궁극적으로 국가의 부를 만드는 것은 개인의 자유로운 경제활동이며 시장의 자유를 확산시키는 것이 대처의 믿음이었다. 그녀는 자신의 도덕적 원칙에 대해 확고한 신념을 갖고 참된 공동선의 이상은 개인의 자유가 신장되고 기업의 자유로운 생산활동이 확산되고, 자유의 확장에 따른 책임이 강조되는 사회를 만드는 것이었다. 그러므로 대처는 국가의 임무란 가능한 주어진 상황 속에서 개인의 능력과 재능이 완성될 수 있도록 하는 것이라고 믿었다.

대처는 작은 정부를 지향하면서 개인의 자유와 책임, 공공 질서, 그리고 자유시장이라는 보수주의의 가치를 국민들과 함께 구현할 수 있었다. 존 갈브레이드_{John Kenneth Galbraith}는 "모든 위대한 지도자들은 한 가지 공통점을 갖고 있었다: 그것은 그들의 시대에서 그들의 국민들이 안고 있는 중요한 불안에 대해 분명하게 맞서는 의지였다."고 말했다. 대처는 영국병으로 무너져 가는 영국의 비참한 현실 속에서 국민들의 불안에 정면으로 대응하여 그녀의 시대에서 위대한 리더십을 발휘할 수 있었고 궁극적으로 성공했다.

대처는 처칠과 더불어 20세기 영국의 두 명의 위대한 보수주의 지도자였으며, 그녀는 가장 오랜 시간 다우닝가 10번지의 주인으로 있었다. 그녀는 자신의 시대에 영국 정치에서 수 많은 피그미들_{pygmies}들 가운데 한 거인_{a giant}이였다. 대처는 강하고 확고한 신념의 지도자였다. 대처는 늙고 병들어 죽어가는 영국을 다시 살려 세계 중심에 세웠고, 영국은 대서양 연안 국가들의 리더로 영향력을 끼칠 수 있었다. 대처는 영국의 역사에서 이전 시대를 마감하고 새로운 시대를 열었던 지도자였다.

도움이 되는 책들

대처. 2002. "대처주의의 이념과 실제," 『인촌기념강좌』. 고려대학교.

하워드 가드너. 2005. 『체인징 마인드』. 이현우 옮김. 재인.

_____. 2007. 『통찰과 포용』. 송기동 옮김. 북스넛.

Aitken, Jonathan. 2013. *Margaret Thatcher: Power and Personality*. Bloomsbury.

Berlinski, Claire. 2011. *There Is No Alternative: Why Margaret Thatcher Matters*. Basic Books.

Evans, Eric J. 2004. *Thatcher and Thatcherism: The Making of the Contemporary World*. Routledge.

Gardiner, Nile. and Stephen Thompson, Stephen. 2013. *Margaret Thatcher on Leadership: Lessons for American Conservatives Today*. Regnery Publishing.

Moore, Charles. 2013. *Margaret Thatcher: From Grantham to the Falklands*. Alfred A. Knopf.

O'Sullivan, John. 2008. *The President, the Pope, and the Prime Minister: Three Who Changed the World*. Regnery History.

Reitan, Earl A. 2002. *The Thatcher Revolution: Margaret Thatcher, John Major, Tony Blair, and the Transformation of Modern Britain*. Rowman & Littlefield Publishers, Inc.

Shephard, Gillian. 2013. *The Real Iron Lady: Working with Margaret Thatcher*. Biteback Publishing Ltd.

Thatcher, Margaret. 2013. *Margaret Thatcher: The Autobiography*. Harper-Collins Publishers Limited.

Veldman, Meredith. 2015. *Margaret Thatcher: Shaping the New Conservatism*. Oxford University Press.

제 6 부

STEP 리더가 되라

STEP 리더들로부터 배워라

STEP으로 리드하라

STEP

STEP 리더들로부터 배워라

66 리더십은 공통된 목적을 가지고 사람들을 끌어 모을 수 있는
능력과 의지이며 신뢰감을 주는 인품이다.”

— 버나드 몽고메리

리더십이 특징적으로 드러나는 지점은 변화가 시작되는 곳이다. 인간은 본능적으로 변화가 일어나는 상황에서 물질적인 것이든, 심리적인 것이든, 혹은 권력을 획득하고자 하는 욕구든 강력한 욕구를 느낀다. 심리학적 측면에서 보면, 리더십 역시 변화와 욕구가 서로 역동적으로 얽혀져 있는 상황에서 시작된다. 심리학자 아브라함 매슬로Abraham Maslow에 의하면, 인간은 자신의 욕구가 충족되면 다음 단계로의 욕구 충족의 필요성을 느끼며, 필요가 더 높은 단계에 이르렀을 때 그것을 이루고자 하는 목표의식이 힘을 발휘하는 동기유발에 의해 가정과 이웃, 공동체, 조직에 대한 소속감과 사랑에 대한 욕구를 발달시킨다. 궁극적으로 인간은 이것을 뛰어 넘는 자기발전과 자기실현의 추구라는 동기부여를 통해 그 목표를 이루고자 하는 힘을 발휘하게 된다. 매슬로에

의하면, 이 단계가 가장 높은 욕구 단계가 된다.

STEP 리더들은 가장 높은 욕구단계에 이르면서까지 목표를 추구했다. 그들은 자신이 처해 있는 역사적 상황 속에서 자아 정체성을 분명하게 인식하고 다른 사람과의 상호 실현과정을 통해 보다 더 높은 가치와 목적에 대한 헌신을 보여줌으로써 추종자들과 함께 자신의 시대를 이끌수 있었다.

STEP 리더들이 우리에게 주는 중요한 교훈은 무엇인가. 첫째, STEP 리더들은 사회적 일체감을 조성하기 위해 노력했다. 그들은 자신이 처한 역사적 상황에서 변화를 이끌고 시대를 섬기기 위해서는 사회공동체 혹은 조직의 구성원들과 일체감을 조성하는 것이 중요하다는 것을 우리에게 가르쳐준다.

STEP 리더들이 사회적 일체감을 조성하기 위해 사용한 세가지 요소는 성찰, 자신의 마음과 생각의 표현, 그리고 공유된 가치와 비전의 현실화다. 먼저 STEP 리더들은 성찰에 최선을 다했다. 성찰이란 리더가 자신이 속해 있는 사회공동체 혹은 조직의 상황에 대한 인식과 문화를 통해 공동체를 이해하고 그것을 자신과 동일시하는 노력을 의미한다. 리더는 성찰을 통해 추종자들의 마음을 사로잡고 그들에게 동기를 부여하고 영감을 불러 일으키는 능력을 향상시키는데, 이 과정에서 리더는 추종자들의 마음을 읽고 그들의 정서와 가치를 공유한다. 간디, 링컨, 프랭클린 루스벨트, 도로시 데이, 마르틴 루터 킹, 만델라, 그리고 마더 테레사 등은 자신의 삶의 자리에서 공동체 구성원들의 마음을 읽고 그들의 소리를 듣고, 그들과 자신을 동일시하는 철저한 성찰을 통해 그들과 함께 공통된 정서나 가치를 공유했다.

STEP 리더들은 역사적 상황 속에서 공동체 구성원들을 감동시키기 위하여 먼저 그들의 말에 경청하였고, 그들의 문화와 심리를 파악하기 위하여 노력함으로써 그들과의 일체감을 조성했다. 링컨은 성찰을 통해 자신의 경쟁자들의 마음을 읽고 그들을 포용하는 리더십을 보여주었다. 루스벨트는 대공황의 위기 앞에서 두려움에 가득찬 국민들의 마음 속으로 들어가 그들의 고통을 듣고 읽었다. 간디, 마르틴 루터 킹, 그리고 만델라는 인종차별과 불평등의 현실에서 억압받는 자들의 마음과 소리를 듣는 성찰을 통해 비폭력 저항주의로 자유와 평등의 사회를 위해 헌신할 수 있었다.

'좋은 성찰'은 '좋은 청취'로부터 시작된다. 리더는 청중들의 마음을 읽고 그들의 소리에 귀를 기울이는 노력, 즉 경청과 소통을 통해 정서와 가치를 공유해야 한다. 공동체 구성원들과 일체감을 조성하고자 하는 노력으로서 자아성찰 없이 좋은 리더가 될 수 없다.

다음으로 STEP 리더들은 사회공동체와의 일체감을 조성하기 위해 사회구성원들에게 자신의 생각과 마음을 표현했다. 훌륭한 리더는 자아성찰의 결과를 표현할 수 있어야 한다. 지도자는 추종자들에게 자신 역시 그들이 소속된 집단의 구성원이자 동시에 집단의 목표와 가치를 지지하는 존재임을 분명히 나타낼 수 있는 능력이 있어야 한다. 이것은 리더십의 집단적 정체성 혹은 집단적 일체감을 표현하고 이를 통해 진정성을 보여주는 능력을 의미한다.

프랭클린 루스벨트 대통령은 취임연설을 통해 국가적 재난의 위기에 직면한 미국인들에게 우리가 두려워해야 할 것은 근거도 없는 두려움 그자체일 뿐이라고 말하면서 오늘의 위기를 반드시 극복하겠다는 신념을 통해 집단의 목표와 가치를 강력하게 표현했다. 린든 존슨은 빈곤에 대한 전쟁을 선포하면서 "위대한 사회"의 비전을 자신감있게 표현함으로써 모든 미국인들에게 아메리칸 드림을 꿈꾸게 했고, 마르틴 루터 킹은 "I Have A Dream"의 연설을 통해 청중들에게 동기부여와 영감을 불어넣고 폭넓은 공감과 지지를 이끌어내었다. 마가렛 대처는 모는 것을 잃어버린 영국은 오직 자신만이 다시 세울 수 있다는 신념을 적극적으로 표현함으로써 사회적 일체감을 보여주었다. 리더의 이러한 표현 능력은 리더십에 대한 긍정과 신뢰를 돋보이게 만든다.

나아가 STEP 리더들은 공동체와의 일체감을 조성하기 위해 현실화의 능력을 보여주었다. 훌륭한 리더에게는 공동체와 공유한 가치와 목적들을 현실화시키는 능력이 필요하다. 리더의 이 능력은 공동체의 성패를 가늠하는 매우 중요한 요소다.

노예해방을 선언하고 남북전쟁을 승리를 이끌었던 링컨 대통령, 경제 대공황을 극복하고 제2차 세계대전을 승리로 이끌고, '팍스 아메리카나Pax Americana'의 문을 활짝 열였던 프랭클린 루스벨트 대통령, 그리고 하나의 유럽의 탄생을 성공적으로 이끌었던 장 모네, 고질적인 영국병을 해소하고 영국을 일류국가로 다시 태어나도록 헌신적인 노력을 했던 대처 수상, 화해와 평등의 가치로 인종차별을 종식시키고 남아공의 민주적 정부를 탄생시킨 넬슨 만델라 대통령, 그들은 모두 사회적 일체감을 바탕으로 양극화 해소와 사회통합을 이루어낸 대표적으로 성공한 지도자들이다. 그들은 성찰과 표현을 통해 국민의 정서적 공감과 지지를 이끌어 공동체의 목표와 가치를 성공적으로 실현시키는 능력을 보여주었다.

둘째, STEP 리더들은 리더의 도덕적 자질의 중요성을 우리에게 가르쳐준다. 오늘날 우리는 리더들이 도덕적으로 실망된 모습을 보여주는 세상에서 살고 있다. 우리는 이 시대가 직면하고 있는 수많은 문제들을 바라보면서 윌버포스, 간디, 슈바이처, 만델라, 윌슨, 그리고 교황 요한 바오로 2세와 마더 테레사 같은 개인적인 삶과 공적인 삶에서 도덕적으로 뛰어난 자질을 보여준 리더십을 소유한 지도자들을 기대하지만 그런 리더들을 만나기가 쉽지 않다. 오히려 우리는 지도자들의 도덕적 해이_{Moral Hazard}로 인해 혼란을 겪고 있다. 그러나 STEP 리더들은 질서, 자유, 평등, 그리고 정의와 평화, 공동체성(형제자매 사랑과 같은 우애를 의미) 으로 대표되는 도덕적 가치들을 제시했고, 사회공동체 구성원들로 하여금 그것들을 함께 공유할 것을 요구하면서 공동체의 목표를 이루기 위해 자신의 시대에서 헌신했다.

지도자에게 있어서 도덕적 가치는 그로 하여금 보다 많은 사람들에게 접근하고 그들을 중심으로 폭넓은 지지자들을 형성하는 능력을 한층 강화시키면서 동의와 지지 기반을 확충시킨다. 이것은 궁극적으로 통치와 지지의 토대를 구성하여 지도자에게 힘을 실어준다. 궁극적으로 지도자의 도덕적 가치는 지도자의 이상과 고귀한 목적을 높은 수준에서 실현하기 위해 추종자들의 지지와 동의를 끌어들여 사회를 변혁하고자 하는 리더십을 위한 강력한 힘의 원천이 될 수 있다. 그러므로 지도자는 자신의 도덕적 차원에서 확고하게 드러나는 가치를 중심으로 추종자들을 모우고 그들과의 거래적_{transactional} 관계를 초월하는 노력을 기울어야 할 것이다. 이것이 리더십에게 요구되는 도덕적 차원이며, 리더십이 추구하는 궁극적 목적이다. 리더십이 이것을 충족시켰을 때 그 영향력은 대단할 것이며, 그것은 도덕적 정당성을 인정받게 된다. 리더십의 진정한 힘이 여기에 있다.

셋째, STEP 리더들은 리더십의 윤리적 특성의 중요성을 우리에게 가르쳐준다. STEP 리더들은 사명에 대한 강력한 헌신, 개인에 대한 존경과 배려, 그리고 가치와 공정성을 근거로 한 정의, 개인적 양심과 도덕에 기초한 정직을 보여주었다. 링컨, 간디, 슈바이처, 도로시 데이, 마더 테레사, 엘리너 루스벨트, 조지 마샬과 장 모네, 그리고 교황 요한 바오로 2세 등과 같은 리더들은 이러한 특징들을 바탕으로 국가 혹은 사회공동체를 세우고 추종자들에게 영향력을 행사했다.

그들은 무엇보다도 자신의 시대에서 그와 함께 높은 가치를 세우고자 하는 다른 사람들을 존경했다. 그들은 임마누엘 칸트가 강조했듯이 다른 사람들을 수단으로서가 아니라 목적으로 대했다. 사실 우리는 조직이나 공동체 속에서 다른 사람들을 수단으로 다루고자 하는 유혹을 자주 받는다. 그러나 다른 사람들은 그들 나름대로 자신들이 자율적으로 세운 목표들을 소유하고 있다. 따라서 다른 사람들을 자신의 사적인 목표들에 대한 수단으로 관계해서는 안된다. 다른 사람들을 존경하는 리더들은 창의적인 바램과 욕구를 갖고 그들이 자신들처럼 되도록 인도한다. 그런 리더들은 다른 사람들을 관계할 때 아무런 조건 없이 그리고 각 개인이 지닌 가치적 차이를 존중한다.

이러한 의식의 바탕 위에서 우리는 다른 사람들의 생각에 신빙성을 부여하고 그들을 인격적으로 상대할 수 있다. 이것은 다른 사람에 대한 존경의 마음과 태도가 리더에게 매우 중요하다는 것을 의미한다. 그러므로 다른 사람들에게 존경을 보여주는 리더들은 다른 사람들을 가치있는 존재들로 상대하여 그들을 하나로 결속하여 조직이나 공동체의 비전을 성취한다.

넷째, STEP 리더들은 우리들에게 리더의 판단력의 중요성을 가르쳐준다. 어떤 조직이나 사회는 항상 갈등으로 인한 공동체 위기를 경험한다. 그것은 갈등과 위기의 상황에서 문제의 해결을 위해 가장 우선적으로 고려될 사안이 무엇인지 판단하고 결정을 내리는 리더의 능력을 요구한다. 하버드 대학교 케네디 행정대학원_{John F. Kennedy School}의 리더십 교수인 로널드 하이페츠_{Ronald A. Heifetz}는 도전과 위기의 상황에서 리더에게 요구되는 중요한 것은 무엇이 중요한 것인가를 파악하는 능력이라고 말했다. 그는 조직이나 사회에 주어진 도전의 과제가 공동체가 감당하기에 어려운 상황에 이르렀을 때 리더는 그것을 지연시키는 전략을 취할 수 있어야 한다고 강조한다. 리더가 선택한 적절한 지연은 공동체에서 파생될 파괴적인 불균형을 감소시키고, 그 과정에서 조직이나 사회로 하여금 직면한 문제들에 대한 해결 능력을 한층 더 강화시켜 주기 때문이다.

STEP 리더들은 자신들이 속해 있던 조직이나 사회에서 끊임없이 제기되는 갈등들 앞에서 경험되는 위기 가운데서 놀라운 판단력으로 공동체의 미래를 이끌었다. 링컨, 루스벨트, 그리고 우드로 윌슨과 대처는 위험한 순간에서 국가의 운명을 결정짓는 판단을 내려야만 했으며, 마르틴 루터 킹과 만델라는 매 순간마다 죽음의 언덕을 넘어가듯 숨막히는 판단을 내려야만 했다. 윌버포스와 교황 요한 바오로 2세 역시 사상과 견해의 차이를 넘어 도덕적 선의 증진을 위한 용기있는 판단을 내렸다. 조지 마샬과 장 모네는 소련의 팽창주의에 맞서 유럽의 부흥과 통합을 위한 판단을 내려야만 했다. 그들 모두는 위기의 순간에서 뛰어난 판단력으로 빛을 발했다.

위기상황은 매우 다양한 위험한 순간들을 내포하고 있기 때문에 리더들에게 훌륭한 판단을 요구하는 가장 중요한 영역이다. 모든 조직은 위기를 경험한다. 위기가 제대로 다루어지지 못하면 좋은 판단을 내리기가 어렵다. 위기에서의 판단은 위기를 구성하는 복잡한 상황과 다양한 위험 변수들에 대한 종합적 판단을 요구한다. 리더는 이 상황에서 조직의 생존과 성공을 담보로한 심각한 압박을 받는다. 그러나 위기의 상황에서 리더의 훌륭한 판단은 빛을 발한다. 리더의 판단력은 리더가 해야할 가장 중요한 것으로 그것은 '현명한 결정'을 의미한다.

어떤 조직이든 국가든 공동체든 항상 불확실성과 모호성의 상황에 직면한다. 이러한 상황들은 서로 충돌하는 수많은 요구들과 긴장을 창출하고, 또한 예측하기 어려운 다양한 경로들로 인해 가해지는 압박들이 리더들을 어렵게 만들고 위험하게 한다. 따라서 리더들은 조직의 생존과 성공을 담보로 할 수 있는 고독한 결정을 내리고 행동으로 옮겨야만 한다. 리더의 판단력은 위기의 순간에 빛이 난다.

마지막으로 STEP 리더들은 그들이 각자가 서번트 리더이든, 변혁적 리더이든, 윤리적 리더이든, 그리고 공공의 리더이든, 그들은 공통적으로 모든 리더들은 다른 사람들을 위해 봉사하는 사람이 되어야 한다는 것을 우리에게 가르쳐준다. STEP 리더들은 매우 높은 수준에서 윤리적 이타주의ethical altruism를 행동으로 보여주었다. 윤리적 이타주의란 자신을 희생하면서 다른 사람들을 위해 봉사하는 것을 의미한다. STEP 리더들은 자신의 시대의 고통을 눈으로 보고 몸으로 함께 느꼈던 사람들이었다. 링컨은 노예해방을, 간디는 비폭력 저항주의를, 슈바이처는 생명외경을, 마르틴 루터 킹은 자유와 평등을, 만델라는 화해와 평화를, 그리고 윌버포스는 도덕적 양심으로서, 마더 테레사는 사랑으로 가난과 질병을, 도로시 데이는 정의로 사랑을, 윌슨과 모네는 평화질서의 구축을 위해, 엘리너 루스벨트는 여성의 권리향상과 세계인권선언을 위해, 그리고 존슨은 위대한 사회를 위해 봉사할 수 있었다.

STEP으로 리드하라

STEP 리더가 되라

STEP 리더들은 그들의 시대에서 국가, 사회 혹은 조직이 직면한 위기들과 부당한 현실의 문제들을 극복하는 과정에서 수많은 사람들의 동의와 지지를 얻으면서 탁월한 리더십을 발휘했다. 그들은 현실의 위기와 과제들에 대해 자신의 내면으로부터 급진적 변화를 통해 정면으로 부딪혔고, 그것들을 이겨냄으로써 새로운 시대를 열었다.

서번트 리더들은 철저하게 자신들의 내면에서 종a servant으로서 리더의 본질을 발견했고, 차별된 도덕적 가치와 이상, 자발적 순종과 온전함, 그리고 이타적 사랑으로 자기 희생적 삶을 살았다. 변혁적 리더들은 국가나 사회 공동체가 직면한 위기적 상황에서 확고한 신념과 비전의 제시, 그리고 추종자들에게 힘을 실어주는 변혁적 가치로 지속 가능한 변화를 추구하고, 새로운 미래를 열었다. 윤리적 리더들은 기존 사회의 벽을 넘어서는 높은 수준의 도덕적이며 윤리적인 가치들을 제시하고 그것들을 행동으로 실천함으로써 추종자들로 하여금 더 높은 수준에서 도덕적 윤리적 기능을 담당하도록 자극했다. 그리고 공공의 리더들은 공동선이라는 도덕적 가치를 실현하기 위하여 정부의 도덕적 권위를 확고하게 세우고 다양한 이해관계의 벽을 허무는 혁신적인 개혁을 추진하여 공동체의 희망적인 미래를 열었다.

우리는 빠르게 변하는 시대에서 살고 있다. 우리는 자신을 변화시키는 것보다 더 빠르게 세계가 변하는 지구촌에서 살고 있다. 수많은 리더들이 생성하고 몰락하는 시대에서 우리는 늘 새로운 리더, 좋은 리더를 갈망한다. 이와 같은 우리의 갈망은 우리의 시대가 리더십의 부재를 드러내고 있음을 말해준다. 국가적 혹은 초국가적 상황에서 리더십의 부재는 어제 오늘의 고민이 아니다. 그뿐만이 아니다. 우리 자신이 속해 있는 공동체 혹은 조직 내에서도 마찬가지이다.

많은 사람들이 리더가 되고자 노력한다. 그러나 리더가 된다는 것은 결코 쉬운 일이 아니다. 리더는 만들어진다. 누군가가 리더가 되고자 한다면, 어떤 외적인 수단들에 의해서라기 보다 본인 스스로에 의해 보다 더 잘 만들어져야 한다. 어떤 리더도 그 자체로서 리더로 출발하지 않는다. 리더는 자신의 강점과 약점을 알아야 한다. 그리고 어떻게 자신의 강점을 잘 활용하고, 자신의 약점을 보완해야 하는가를 알아야 한다. 오늘의 시대에서 크고 작은 조직들과 공동체를 이끌고, 미래의 공동체와 세계를 이끌어갈 리더들은 복잡하고 다양한 시대적 추세와 변화를 분명하게 읽고 그것들에 대처할 수 있는 대안을 준비할 수 있어야 한다.

필자는 오늘날 리더십 부재의 시대에서 독자들이 각자가 속해 있는 조직 혹은 보다 더 큰 사회 공동체와 국가 등 어느 집단에 속해 있든지 간에 그곳에서 단순한 개인의 성공이나 처세를 위해 리더십의 기술들_{leadership skills}을 활용하거나, 자신이 관할하는 영역 안에서 제한된 허용과 금지만을 명령하고 관리하는 수준에서 영향력을 행사하는 메뉴얼 보스_{manual boss(자신의 직위에서 주어진 규정에만 의존하는 리더, 필자)}가 아니라, 높은 수준의 윤리적·도덕적 가치를 추구하면서 조직이나 공동체를 섬기고 변화를 이끄는 영향력있는 리더가 되길 바란다. 그러기 위해 독자 여러분 모두가 STEP 리더를 꿈꾸며 미래를 준비하여 새로운 희망의 문을 열어가길 소망한다.

리더는 꿈을 꾸는 사람이다. 리더는 꿈을 통해 비전을 만들고 그것을 성취하기 위해 끊임없이 조직이나 공동체 안에서 자기를 성찰하며 그것의 가치와 목적으로 자신을 동일시하여 조직이나 공동체의 미래를 열어간다. 마르틴 루터 킹은 리더의 꿈은 세상을 변화시킬 것이라는 믿음을 자신의 연설에서 다음과 같이 표현했다.

"나에게는, 어느 날 모든 골짜기들이 메워지고, 모든 언덕과 산들이 낮아지고, 거친 곳은 평평해지고, 굽은 곳은 퍼지고, 하나님의 영광이 나타나고, 모든 사람들이 다함께 그 영광을 보게 될 것이라는 꿈이 있습니다. 이것이 우리의 희망이며, 이것이 내가 남부로 돌아갈 때 함께 하게 될 믿음입니다. 이 믿음으로, 우리는 절망의 산을 깎아 희망의 돌을 만들어 낼 수 있을 것입니다. 이 믿음으로, 우리는 우리 나라의 소란한

불협화음을 아름다운 형제애의 교향곡으로 변화시킬 수 있을 것입니다." ― "나에게 꿈이 있습니다" 중에서

필자는 STEP 리더들의 삶과 행동에서 배운 리더십의 교훈을 바탕으로 독자 여러분들에게 건강한 STEP 리더가 되기 위해 필요한 몇 가지 요소들을 제시하고자 한다.

첫째, 높은 수준의 도덕적 가치들을 추구해야 한다.

리더가 추구하는 높은 수준의 도덕적 가치들은 추종자들의 동의와 지지를 획득하는 가장 중요한 요소다. 우리는 우리가 사는 시대에서, 우리가 활동하는 조직 혹은 공동체 안에서 도덕적 해이로 인해 무너지는 많은 리더들을 보았다. 정치, 경제, 그리고 종교 등 다양한 분야에서 리더들의 도덕적 · 윤리적 의식의 부재는 통합과 화해의 커다란 장벽이 되고 있다. 리더의 도덕적 가치들은 추종자들로 하여금 리더에 대한 무한신뢰를 보여준다.

윌버포스, 간디, 슈바이처, 도로시 데이, 마르틴 루터 킹, 마더 테레사, 그리고 만델라는 그들이 보여준 높은 수준의 도덕적 가치들로 수많은 사람들의 신뢰를 받으며 그들의 비전을 추구할 수 있었다. 자유, 평등, 인권, 사랑과 정의 등과 같은 리더의 도덕적 가치들은 분열된 사회가 통합될 수 있는 모멘텀을 제공할 뿐만 아니라 그 힘을 통해 사회적 변혁을 추구한다. 우리는 STEP 리더들을 통해 이것을 발견할 수 있다.

둘째, 비전을 지녀야 한다.

STEP 리더가 되고자 하는 사람은 자신이 속해 있는 조직이나 공동체의 구성원들과 공유할 수 있는 비전을 소유해야 한다. STEP 리더들

은 추종자들에게 그들의 분명한 비전을 제시했다. 링컨은 노예해방의 비전을, 간디는 비폭력 저항주의가 화해와 평화를 가져올 것이라는 비전을 보여주었고, 마르틴 루터 킹은 인간이 피부색이 아니라 그들의 재능과 능력에 의해 존중받는 사회를 꿈꾸는 비전을, 프랭클린 루스벨트는 뉴딜로 미국의 미래를, 장 모네는 유럽의 통합을 통한 안전과 평화의 비전을, 린든 존슨은 빈곤으로부터 해방된 위대한 사회의 비전을, 그리고 마가렛 대처는 고질적인 영국병의 치유를 통한 일류국가의 재탄생이란 비전을 보여주었다.

누군가의 관심을 유발하고, 그들의 마음을 끌기 위해서는 비전이 있어야 한다. 비전은 개인적인 것일 수 있지만, 다른 사람들의 마음을 변화시키는 비전은 자신이 속한 사회나 조직의 현실에 대한 깊은 이해와 분석에서 나타난다. 이 과정에서 리더는 자신과 조직 혹은 사회가 일체화되는 경험을 하게 되며, 이것의 결과로 부터 나타나는 리더 자신과 조직 혹은 공동체의 비전의 통합은 엄청난 시너지 효과를 가져온다. 높은 수준의 리더십의 영향력은 여기서부터 시작된다.

셋째, 이야기Story를 갖고 있어야 한다.

리더는 추종자들에게 들려줄 핵심적인 메시지를 갖고 있어야 한다. 자신과 조직 혹은 사회의 비전을 통합하여 다른 사람들에게 그것을 전달하고 비전을 따르도록 만들기 위해서는 그들의 마음을 이끄는 '이야기'를 지니고 있어야 한다.

STEP 리더들 그들의 시대에서 사람들의 마음을 끄는 그들의 이야기를 갖고 있었다. 윌리엄 윌버포스는 하나님께서 자기 앞에 노예제도의 폐지와 관습의 개혁이라는 두 가지 사명을 두셨다는 소명의식으로 사람들의 마음을 끌어들이는 메시지를 전했다. 윌슨은 엄격한 도덕주의로 전쟁 없는 국제평화질서를 구축하기 위해, 린든 존슨은 미국인 모두가 풍요로운 삶을 살 수 있는 아메리칸 드림의 이야기로 그 시대 미국인들의 마음을 사로잡았다. 교황 요한 바오로 2세는 도덕적 힘의 이야기로 냉전체제를 종식시키고 서구 자본주의의 도덕적 실패에 경종을 울렸다. 마가렛 대처는 갈 길을 잃어버린 영국을 어떻게 다시 회복시켜야만 하는지 그리고 이 일은 오직 자신만이 할 수 있다는 강력한 메시지로 영국인들의 마음을 이끌었다.

STEP 리더들은 자신들의 이야기로 많은 사람들에게 영향력을 끼쳤고, 그들의 시대를 이끌었다. 리더의 이야기는 감동적이며 영향력있는 메시지가 될 수 있다. 리더는 자신의 비전을 화려하지는 않아도 진정성이 담겨진 레토릭으로 표현하는 능력을 지녀야 한다. 정부, 기업, 교육, 그리고 종교기관 등 다양한 사회조직에서 리더가 되고자 한다면, 반드시 자신의 '이야기'가 있어야 한다. 자신의 비전과 경험에 근거한 리더의 새로운 이야기는 작은 조직의 규모를 넘어 보다 더 큰 규모의 집단을 설득하고 움직일 수 있도록 사람들의 마음을 이끌 것이다.

넷째, 분명한 자기 목소리Voice를 가져야 한다.

비전 하나만으로는 리더가 되기에 부족하다. 자기 목소리가 필요하다. 여기서 자기 목소리란, 비전의 성취를 위한 분명한 목적, 자기 확신, 자아 의식, 그리고 감성지능이 포함하는 모든 능력들의 집합을 의미한다. 그것은 윌버포스, 링컨, 간디, 루스벨트, 린든 존슨, 마르틴 루터 킹, 그리고 대처와 만델라가 보여준 확고한 신념과도 같은 것이다.

어떤 조직이든 조직의 구성원들은 분명한 자기 목소리를 갖고 있는 리더를 따른다. 자기 목소리가 결여된 리더는 청중들에게 신뢰감을 심어주지 못한다. 아무리 훌륭한 비전도 그것을 이루고자 하는 확고한 신념의 자기 목소리가 없으면 공상에 불과하다. 리더의 자기 목소리는 추종자들에게 미래에 대한 확신을 심어주고 그것은 반드시 이루어 질 수 있다는 믿음을 갖게 한다.

프랭클린 루스벨트는 두려움을 극복하는 확신에 찬 목소리와 노변정담의 정감어린 소통을 통해 자기의 목소리를 국민들에게 전하면서 그들의 지지를 바탕으로 변혁을 이끌었다. 마르틴 루터 킹이 들려준 꿈은 차별과 억압받는 사람들의 삶의 현실에서 발견된 희망의 목소리였으며, 그는 수많은 사람들에게 그 꿈이 반드시 이루어질 것이라는 확신과 믿음을 심어주었다. 그리고 만델라는 화해와 용서가 평등과 민주국가의 이상을 현실로 가져다 줄 것이라는 신념의 목소리로 그들의 꿈과 비전을 이루었다.

다섯째, 온전함을 갖추어야 한다.

19세기 중반 미국의 초월주의 운동을 이끌었던 시인이자 철학자인 랄프 왈도 에머슨은 오랫동안 만나지 못했던 가까운 친구들에게 "우리가 마지막으로 만난 이래 너희들에게 분명해진 것이 무엇이냐"고 물으면서, 그는 자신에게 있어서 이전보다 분명해진 한가지는 온전함Integrity이 지도자의 가장 중요한 속성이며, 지도자는 반복해서 그점을 드러내기 위하여 준비되어야만 한다고 말했다.

온전함은 리더십의 가장 중요한 요소이다. 온전함이란 한사람의 말과 행동 그리고 생각에서 발견되는 정직, 도덕적이며 윤리적인 그리고 영적인 가치들의 개념을 총칭하는 단어이다. 리더에게 온전함은 리더의 생명과도 같다. 리더의 말과 행동의 일치는 리더의 온전함을 보여주는 가장 대표적인 것들이다. 온전함은 리더가 추종자들에게 자신의 내면의 성숙함을 보여주는 중요한 자질이며, 그것은 리더의 높은 수준의 도덕적 기준을 보여주는 것으로서 추종자들로 하여금 보다 높은 기준을 세우도록 자극한다.

간디는 차별의 모순을 바로잡기 위해 자발적 복종으로 자신을 향한 폭력에 대해 무저항을 실천함으로써 자신의 말과 행동의 일관성을 보여주었고, 마더 테레사는 '부르심의 부르심'에 순종하여 스스로 낮은 자가 되어 가난과 질병으로 고통받는 자들을 사랑으로 치유하는 삶을 실천하였다. 그리고 슈바이처는 생명외경의 사상을 스스로 실천하면서 인류애적 사랑의 힘이 무엇인지 보여주었다. 윌버포스는 스스로 부패한 영국사회의 도덕적 개혁을 실천하는 도덕적 양심과 열정을 통해, 그리고 마샬은 공인으로서 갖추어야 할 공적 이익의 우선과 엄격한 윤리적 속성으로 온전함을 보여주었다.

서번트 리더들과 윤리적 리더들은 온전함을 통해 추종자들에게 영향력을 미쳤다. 그들은 온전함으로 추종자들로 하여금 그들에 대한 존경심을 불러 일으켰다. 그들은 온전함을 통해 자신들의 도덕적 열정을 표현했는데, 그들에게 있어서 온전함은 그들이 추구하는 도덕적이며 윤리적 가치들을 구현하는 강력한 힘이었다.

온전함은 고된 훈련을 통해 성취된다. 온전함은 누구에게나 주어지는 것은 결코 아니다. 그것은 철저한 자기훈련과 내부의 신뢰, 그리고 우리의 삶의 모든 상황에서 끊임없이 반복되는 정직에 근거한 의사결정 등에 의해 얻어지는 결과라고 말할 수 있다.

리더에게 있어서 온전함은 어느 것과도 비교될 수 없는 귀한 가치이다. 그것은 여러분이 소유할 수 있는 가장 중요한 자산이다. 훌륭한 온전함은 여러분으로 하여금 산을 옮기게 할 수 있지만, 빈약한 온전함은 산이 여러분 위에 있게 할 것이다. 도덕적이며 윤리적인 진실과 신뢰성으로 여러분의 길을 걸어 가라. 그러면 여러분은 온전함을 갖춘 훌륭한 리더가 될 것이며, 여러분의 삶 속에서 여러분이 시도하는 모든 일들 가운데서 성공을 눈으로 볼 수 있을 것이다.

여섯째, 행동$_{Action}$이 필요하다.

리더는 자신이 제시한 비전, 청중들에게 들려준 이야기, 그리고 그들의 마음 속에 심어준 자기 목소리를 현실에서 반드시 실천해야 한다. 직접 행동으로 옮겨야 한다는 것이다. 리더가 자신이 주장한 이야기와 다른 행동을 하거나 도덕적으로 위선적인 모습을 보여준다면 그의 비전과 이야기는 공상적이 되고, 설득력을 상실하게 된다. 따라서 리더는 말과 행동이 일관성이 있어야 한다.

STEP 리더들은 그들의 비전과 이야기를 행동에 옮기는 힘이 있었다. 윌버포스, 링컨, 간디, 마더 데레사, 만델라, 마르틴 루터 킹, 엘리너 루스벨트, 장 모네, 린든 존슨, 그리고 대처 등은 그들은 환경의 변화와 주변의 다양한 변수들과 적응하면서 적극적인 행동을 통해 그들의 비전과 이야기를 성취해갔다.

리더의 행동능력과 관련하여 중요한 리더십 이론을 소개하겠다. 리더가 자신의 비전과 이야기를 행동으로 실천하는 과정에서 필요한 역량이 있는데, 그것은 적응력$_{Adaptive\ capability}$이다. 리더가 아무리 행동력과 실천력이 있어도 비전과 이야기를 현실에서 풀어가는 과정에서 적응하는 능력이 부족하면 어려움에 직면할 수 있다. 적응력이란 명확한 해답이 없는 그리고 끊임없이 변화하는 현실에 대하여 리더로 하여금 빠르게, 정확하게, 주의깊게 그리고 지능적으로 반응하도록 만드는 것을 의미한다.

로날드 하이페츠R. Heifetz는 주어진 상황으로부터 확실한 답을 찾기 어려운 불확실한 상황에서 예측되는 결과를 통해 개인이나 조직을 돕기 위해서 리더에게 요구되는 중요한 자질은 '적응력Adaptibility'이라고 보았다. 그는 이러한 능력이 강조되는 리더십을 "적응하는 리더십Adaptive leadership" 이라고 불렀다.

리더의 적응과정은 다양하고 복잡한 이유들이 뒤엉켜 있는 상황에서 대립적인 이해관계로 인한 갈등관계를 파악하고, 관리하고, 그리고 조정하고, 궁극적으로 해결하는 모든 것을 포함한다. 리더는 이 과정에서 대립하는 다른 이해관계를 넘어 새로운 방향으로 이끌기 위해서는 대립의 경계선을 무너뜨리는 개혁을 할 수 있어야 한다. 이것을 위하여 리더는 조직이나 사회가 직면한 문제의 유형은 무엇이며, 그러한 문제에 대한 조직과 사회체계에 대응하는 탄력성의 수준과 문제의 심각성, 그리고 적절하게 또는 과감하게 행동하는 시간의 선택을 판단할 수 있어야 한다. 오늘날 리더들에게 적응력은 일종의 창의성이며, 그것은 기회를 포착하고 손에 잡는 능력을 포함한다. 그러므로 적응력은 리더가 되는데 있어서 매우 중요하다.

마지막으로 전문지식을 갖춰야 한다.

21세기 테크놀로지 시대에서 STEP 리더에게 요구되는 중요한 자질은 전문지식이다. 21세기는 스마트 파워Samart power가 지배하는 시대다.

정보, 기술, 문화, 그리고 전문지식의 힘은 개인과 집단을 넘어 국가간에도 영향을 끼친다. 오늘날 대부분의 리더들은 자신의 분야에서 뛰어난 전문성을 가지고 있다. 지금처럼 테크놀러지가 개인과 사회공동체의 삶에 지대한 영향을 미치는 시대에서 리더는 문화적 가치와 필요한 전문지식을 갖추어야 한다. 사실 어떤 전문 분야에서 한 개인이 다른 사람보다 뛰어난 전문성을 갖고 있지 못하면 그 분야에 속한 다른 사람들의 관심을 받을 수 없다. 물론 지금까지 정치인이나 관료들처럼 전통적인 리더십이 조직과 사회를 이끌수 있지만, 현재를 포함하여 미래 사회에서는 가치와 문화, 그리고 정보가 조직과 사회를 이끌 것이다.

이미 특정한 전문 분야에서는 이런 변화가 시작된지 오래되었다. 전문 분야에서 얻어진 정보와 힘은 새로운 지식을 창출하고 사회를 변화시킬뿐만 아니라 초국가적 형태로 영향을 끼친다. 예를 들어, 마이크로 소프트웨어의 빌 게이츠, 이미 고인이 되었지만 애플의 스티브 잡스, 아마존의 제프 베조즈, 페이스북의 마크 저커버그, 그리고 구글의 래리 페이지 등이 대표적이다.

오늘날 그들이 세계인의 삶과 사고와 행태에 끼치는 영향은 한 국가의 정치지도자가 국민에게 미치는 영향보다 훨씬 높은 수준에서 이루어지고 있다. 그들은 이미 창의적이며 혁신적인 생각과 아이디어, 그리고 다양한 문화적 가치들로 세계인의 마음을 이끌고 있을 뿐만 아니라 국가의 영역에까지 파고들었다. 예를들어, 2013년 2월에 빌 게이츠는 '빌 & 멜린다 게이츠 재단Bill & Melinda Gates Foundati"을 통해 향후 15년간 의학과 농업분야의 발전을 토대로 국가의 경계를 넘어 가난한 자들을 위해 헌신하겠다고 선언했다. 2015년 12월 2일 저커버그 부부는 딸 맥스의 출생과 더불어 향후 페이북 99%의 지분으로 재단을 설립하여 '인간 잠재력 증진'과 '평등 구현'을 위하여 교육, 의료, 그리고 정보화 분야에 투자하여 국가의 경계를 넘어 가난한 자들이 빈곤에서 해방되도록 노력하겠다고 약속했다.

STEP 리더에게 스마트 파워의 지식이 필요하다. STEP 리더는 자신이 속해 있는 조직이나 공동체 구성원들과 가치와 비전을 공유하고 건강한 성장과 변화를 이끌기 위해 자신의 분야에서 높은 수준의 문화적 가치들과 전문지식을 갖기 위해 부단한 노력을 기울여야 한다.

STEP으로 리드하라

리더십은 '리더$_{Leader}$'와 '십$_{Ship}$'이란 두 단어로 나눌 수 있다. 이것은 공동운명체인 배를 이끌고 어떤 풍파와 역경을 극복하면서 목적지까지 분명한 방향성을 갖고 안전하게 도달하는 능력을 의미한다. 리더는 항해 중인 배가 목적지에 안전하게 도착할 수 있도록 항해에 방해되는 장애물들을 극복하기 위한 전략을 수립하고, 항해 중 만나게 되는 예상치 못한 기후조건 등으로 인한 어려움을 감내하면서 목적지를 향해 분명하게 나갈 수 있어야 한다.

좋은 리더는 한 배에 탄 구성원들로 하여금 예상치 못한 도전에 직면했을 때 목적과 비전의 성취를 위하여 가치관을 조정하고 새로운 변화에 적응하는 습관과 행동의 규범을 만들어 그들과 함께 할 수 있어야 한다. 이 목적을 위하여 리더는 자신이 원하는 것, 자신이 그것을 원하는 이유, 그리고 자신이 원하는 것을 다른 사람들과 소통하는 방법을 알아야 한다. 궁극적으로 리더는 자신의 목적을 달성하는 방법을 알아야 한다.

리더는 높은 수준의 도덕적 가치들을 추구하고, 비전을 공유하고, 그것을 전달하고 사람의 마음을 끄는 이야기가 있어야 하며, 어떤 상황에서도 흔들리지 않은 일종의 신념으로서의 분명한 자기 목소리를 내야한다. 그리고 도덕적 열정과 헌신을 보여주는 신실함을 소유해야 할 뿐만 아니라, 빠르게 변하는 환경에 적응하는 능력과 진실된 행동이 필요하다.

STEP 리더들은 우리들의 훌륭한 멘토다. 그들이 호흡하며 살았던 시대에서 훌륭한 발자국을 남긴 위대한 리더들을 통해 우리는 좋은 리더, 효율적인 리더로 성장할 수 있는 길을 발견할 수 있다. 그들은 우리의 훌륭한 리더십의 교과서이자 나침반이며 롤 모델_{Role model}이다. 좋은 리더가 되고자 한다면, 우리는 STEP 리더들의 삶과 사상, 비전, 행동, 그리고 그들의 리더십 스타일까지 체계적으로 배우고 이해하는, 그리고 성찰하는 노력이 필요하다. 이것을 통해 우리는 그들로부터 리더십의 귀중한 정신과 교훈을 발견할 수 있다.

우리 주변에는 리더십의 공학에 뛰어난 사람들이 많다. 그러나 우리에게 리더십의 공학이 부족해서 리더십 부재를 걱정하는 것이 아니다. 리더다운 리더를 찾기 어렵기 때문이다. STEP 리더들은 우리에게 리더다운 리더의 참 모습을 보여준다. 서번트 리더들, 변혁적 리더들, 윤리적 리더들, 그리고 공공의 리더들은 비전을 현실로 바꾸면서 자신의 시대에서 수 많은 사람들의 사고와 감정, 그리고 행동에 영향을 미쳤다. 그들은 우리에게 그들과 같은 훌륭한 리더가 되는 길을 제시했을 뿐만 아니라 오늘날 우리가 속해 있는 조직이나 사회, 그리고 지구촌의 변혁적 상황에서 진정한 리더십의 본질과 정신이 무엇인지 새롭게 일 깨워준다. STEP 리더들은 여러분의 미래의 문을 여는 리더십의 위대한 멘토들이다. 독자들이여, STEP 리더들로부터 배우고, STEP 리더가 되라! 그리고 리드하라!